講談社選書メチエ

KODANSHA SENSHO MÉTIER

419

橋本 努

# 経済倫理＝あなたは、なに主義？

# 経済倫理＝あなたは、なに主義？

目次

## 第三章　最近の経済倫理問題について考えよう



## 第四章　「市場の倫理」と「統治の倫理」

# はじめに

## あなたはなに主義？

あなたはなに主義ですか？　リベラリズムですか？　平等主義ですか？　マルクス主義ですか？　共同体主義ですか？　それとも……？

世の中には、実にさまざまな主義主張がある。けれどもいったい、自分が「なに主義」の立場なのか、よく分からない人も多いのではないだろうか。

世間や論壇で流布されているような「大勢」に従っておけば、それなりにスルスルとやっていけるかもしれない。けれども時代の趨勢にのってばかりいると、今度は「日和見《ひよりみ》主義者ではないか」と批判されることもある。「日和見主義」とは、なんとなく時代の空気にのって活動し、それでけっきょく、骨のない人間になってしまう人の思想のことだ。

例えば、次のような人生はどうだろう。二〇〇一年に9・11テロ事件がおきると「反米主義者」になり、二〇〇三年にイラク戦争がはじまると、石油の利権確保のために「親米保守派」になる。小泉純一郎首相が靖国神社を参拝すれば「急進的な愛国主義者」になるが、サッカー選手の中田英寿が貧困撲滅キャンペーンを呼びかけると、今度は世界を救う「普遍主義者」になる、といった具合の人生。

あるいは次のような人生はどうか。中学生のときは担任の先生に従い、高校生のときは政治経済の先生が示す社会批判に傾倒する。大学生のときは、とりあえず、ＮＨＫや朝日新聞でいわれているような論調にしたがい、就職したら今度は、自社の観点から社会発展の一翼を担っていく、というような人生。

こうした遍歴はきわめて人間的であって、「人間味があっていいじゃないか」と思われるかもしれない。およそ人は、逡巡《しゅんじゅん》を重ねるものだ。「迷いの数だけ、人間性が養われる」というのも、事実であろう。人間らしく、イデオロギーに高揚し、あるいは失望し、そして傷つき、痛い思いをしながら、自分のイデオロギーを変更していく。人生はそれでいいのかもしれない。

ところが後になって自分の人生を振りかえってみると、けっきょく自分は「大勢志向の追従主義」に陥っていたのではないか、という疑念に苛《さいな》まれることがある。マスメディアの情報や時代の趨勢に左右されてばかりいると、自分が見えなくなる。そしてそんな自分に、自信がもてなくなることがあるだろう。

「時代の空気に呑みこまれたくない」——自分に少しでもプライドがあるなら、誰しもそのように願うのではないか。ならば一度、イデオロギーの問題について、「自己の内なる情念」と対話しておきたいものだ。そこで本書では、さまざまなアンケートを通じて、自分の主義主張を言語化してみよう、というわけである。

イデオロギーといっても、ここで扱う事柄は、ごく日常的・初歩的なものにすぎない。とくに本書の前半は、「経済倫理」に焦点を当てている。だから本書は、経済倫理の入門書でもある。現代社会において、イデオロギーの問題は、経済の問題と密接に関連しているのだが、この二つの関係はあまり論じられることがない。そこでこの際、経済とイデオロギーの関係を、体系的に分析しようというのが本書の狙いだ。

毎日の新聞やテレビのニュースには、「経済倫理」の問題があふれているだろう。インサイダー取引や談合問題、耐震偽装の発覚やリコールの通知、食品衛生のずさんな管理や、生命保険会社の不正など、いずれも深刻な問題ばかりである。こうしたニュースを多く耳にしていると、私たちは、自身の倫理感覚を否応なく問われてくる。

例えば、「発火の恐れのある製品をすべてリコールする」というのは、あまりにも行きすぎた対応ではないだろうか。「生命保険会社の不正」に対しては、もっときびしく対処すべきではないだろうか。あるいは「耐震偽装問題」についていえば、チェックできる専門人が絶対的に不足しているのだから、私たちは結局、建設会社のモラルを信頼するしかないのではないだろうか。云々。

私たちはこのように、さまざまな疑問や不満を抱きながら、日々の生活をすごしている。私たちは、あるときには市場社会の「効率性」を評価し、またあるときには市場社会の「失敗」をきびしく批判したりする。ところが経済倫理の感覚は往々にして曖昧であり、ある判断を他の事例へ拡張してみると、ピントがボケてしまう。例えば、「郵便局の民営化は、〈新自由主義〉の政策であるから、望ましくない」という場合、この判断を一般化して、「〈新自由主義〉の政策は、すべて望ましくない」とみなすことができるだろうか。こうした判断の拡張において、私たちは否応なく、自分自身の「倫理感覚」を問われてくるだろう。いったい自分の倫理感覚は、どこまで一貫しているのだろうか、と。

問題をストレートに問えば、「市場社会」は全体として、倫理的にどのように評価されるべきだろうか。「市場社会」は、どこまで倫理的に非難しうるのか。あるいは、どこまで倫理的に営まれるべきなのか。この種の問題に対して、一貫した答えを与えようというのが、「経済倫理（学）」の課題である。経済倫理（学）とは、決して「立派な倫理」を身につけようという学問ではない。むしろ、私たちのふだんの「倫理感覚」から出発して、その感覚を「一貫したものへ鍛えよう」というのがその狙いだ。読者とともに、本書ではさまざまな時事問題を手がかりに、経済倫理の問題を掘り下げてみたい。

## 倫理というお説教

最初に注意しておきたいのは、経済倫理の問題をストレートに考えていくと、その答えはたんなる「お説教」に至りかねない、という点である。

例えば、「企業の社会的貢献」について考えてみると、倫理的に素朴に言えば、「企業はできるだけ地域社会に貢献すべきである」ということになるだろう。しかし企業は、社会的な貢献をしなくても、市場で貢献すれば生き延びることができる。私たちにできるのは、企業に「倫理」を呼びかけることであって、経済倫理を法的に強制することではない。これはつまり、経済倫理学の主張は、「もっと倫理的になろう」というお説教に終わるかもしれない、ということである。

なるほど、ビジネスに携わる人々がもっと倫理的に行動すれば、市場社会はよりよくなるにちがいない。だから経済倫理学者たちは、「もっと倫理的になろう」と呼びかける。しかし「もっと倫理的になろう」というお説教が嫌いな人は、反対に、「現実の厳しさ」を突きつけるだろう。例えば、「ビジネス界のトップたちが倫理的に行動するはずないよ」とか、「経済活動が倫理的になるだろうというのは楽観的すぎるよ」といった現実認識だ。経済倫理学者たちは、「倫理的になろう」と呼びかける。しかし他方では、必ずしも倫理的にはならない経済の現実を実証することも、この分野の研究課題となっている。

例えば、一九九六年にアメリカで行われたある調査によると、企業のトップ管理職の四七％、また経理部長の四一％（あるいは大学院を卒業した実務研修生の七六％）は、「罪悪感を覚えることなく、税金を抑えるために帳簿の数字を実際と少し違ったものにして、会社の利益を低くみせかける」と答えたという。企業のトップは、利益を上げるために、しばしば不正を働くことがある。

トップ管理職にかぎらず、私たちは日々の経済活動において、「倫理的であること」よりも、「自己の利害」を優先する場合があるだろう。倫理的には「後ろめたさ」を感じながらも、自己の効用満足を優先させることがあるだろう。例えば私たちは、地球の温暖化にはよくないと分かっていながらも、夏はクーラーの効いた部屋で一日を過ごしたいと思う。あるいは私たちは、排気量の多い高級車にあこがれたり、電力消費量の多い薄型巨大画面テレビにあこがれを抱いたりしてしまう。私たちは、大量のガソリンや電力を消費しながらも、その後ろめたさを払拭するために、わずかなエコ関連商品を購入している、というのが現実ではないか。

最近話題となっている「フェアトレード（公正な貿易）」についても、似たようなことが言える。「フェアトレード」というのは、例えば、途上国の農家から有機栽培のコーヒー豆を少し高めの価格で買うことによって、途上国の人々の暮らしや教育を支援しようという消費運動である。たんなる市場価格で取引するのではなく、例えば、その地域に図書館や学校を建てるといった社会貢献を伴うかたちで、経済取引をする。これがフェアなトレード（交易）である。けれども、こうしたフェアトレードの支持者といえども、消費のすべてをフェアトレードにしているわけではない。

例えば、「国際フェアトレード認証機構（FLO）」で二年間働いた経験をもつ北澤肯さんは、自分が「熱烈なフェアトレード支持者」を自任する一方で、ある月に支払ったフェアトレード消費の総額は、七一七円であったという。スターバックスの「本日のコーヒー」にフェアトレードの日があって、トール・サイズのコーヒーに三三〇円を使う。自然食品店でピープル・ツリーの「レーズンとカシューナッツのチョコレート」を買うと、これが二五〇円。ミニストップでは「トップバリュ・フェアトレード缶コーヒー」を買って、一三七円を使う。こうして合計、七一七円をフェアトレードに消費したという。はたしてこの程度の消費で、世界を変えることができるのだろうか、と北澤さんは自問している［北澤 2007］。

疑問はいくらでも湧いてくる。例えば、スターバックスのフェアトレード・コーヒーなど飲まないで、むしろ「マイボトル」を用意して毎日水を飲んだほうが、環境にやさしい生活ではないか。あるいは、別の店で最も安いコーヒー豆を買い、自宅でコーヒーをいれたほうが、世界で最も貧しい人々の収入を増やすことになるのではないか、云々。商品を選択する際に、私たちはその都度、さまざまな疑問に直面するだろう。

問題は、「倫理的に行為すべきか、それとも自己利益を追求すべきか」ということではない。もしこのように問題を立ててしまうと、経済倫理学は単純で浅い射程しかもたないだろう。私たちが考えるべきは、「倫理」や「利害」といった概念にはいろいろな基準があって、いったいどのような基準を用いるべきなのか、という問題だ。

例えば「倫理」という場合、求められているのは「公正」なのか、それとも「秩序の安定」なのか。「自由」と「平等」のいずれを優先するのか。「政府介入」をすべきか、それとも「中間集団を強化」すべきなのか。「直接介入」が望ましいのか、それとも「制度的介入」が望ましいのか。「一時的対応」にすべきか、それとも「長期的対応」にすべきか。云々。このように、私たちが倫理という言葉を使う場合にも、考えなければならないことがたくさんある。

同様に、「利害（interest）」といっても、いろいろな基準があるだろう。それは例えば、現在の自分の利害か、それとも自己の善き生への関心（インタレスト）か。一時的利害か、長期的利害か。私的生活の利害か、それとも公共的生活の利害か。云々。

「倫理」や「利害」といった概念にはいろいろなレベルがあるので、私たちは「倫理か、それとも利害か」という問題に、さまざまな基準でもってアプローチしていかなければならない。ところがこれまで「経済倫理（学）」といえば、市場経済を倫理的に包摂するというコミュニタリアニズム（共同体主義）の考え方が主流であった。コミュニタリアニズムによれば、市場社会は、人々の倫理的紐帯のなかに、できるかぎり「埋めこまれて」いなければならない。言いかえれば、市場社会は、地域社会や国家社会の文脈のなかに、できるかぎり根ざしていなければならない。こうした考え方が支配的であった。代表的な著作としては、アルトゥール・ウッツ著『経済社会の倫理』や、ペーター・コスロフスキー著『倫理的経済の原理』、および、塩野谷祐一著『経済と倫理』がある。ウッツやコスロフスキーや塩野谷は、経済社会を倫理によって包摂するための、包括的な経済倫理学を展開している。

一見すると、こうしたコミュニタリアニズムの考え方はとても倫理的で、反対にリバタリアニズム（自由尊重主義）は反倫理的であるようにみえる。しかし実際には、リバタリアニズムの立場も、倫理について徹底した考え方をもっている。マルクス主義や新自由主義もまた、倫理について重要な考え方を示している。「倫理」の基準について深く考えていくと、私たちはさまざまなイデオロギーの立場に遭遇するであろう。

経済倫理の問題は、つまるところ、イデオロギーの問題となる。経済倫理には、「これが答えだ」と言えるものがない。「倫理」の基準は、イデオロギーの数だけ存在する。だから経済倫理の課題は、ある問題に対して一つの答えを導くことではない。経済倫理の課題は、倫理的に一貫したさまざまなイデオロギー的立場について、体系的に検討することである。コミュニタリアニズム、リベラリズム、リバタリアニズム、マルクス主義、平等主義、などなど、経済倫理の一貫した立場には、さまざまなバージョンがある。こうした立場をできるだけ深く検討して、最終的には自分なりの一貫した立場を築いていく、そして他の学説を批判して人々を説得していくことが、経済倫理の目標となる。

もちろん私たちは、諸々のイデオロギー的立場について、ふだんはあまり考えなくても暮らしていけるだろう。誰かが説得力のある説明をしてくれれば、適当に自分の見解を変えて、その都度なんとか対処していけばよい。あとは専門家の人たちに任せておいて、それで快適に暮らしていくこともできるだろう。

けれども私たちは、経済倫理の問題について、一度は突き詰めて考えておきたいものだ。自分なりの意見を形成し、どんな社会が善いのかについて、展望や構想をもちたい。というのも私たちは、いまの社会に迎合し追従しているだけの自分を、恥ずかしいと思うことがあるからだ。あるいは私たちは、いまの社会を批判ばかりして、オルタナティヴを出すことのできない自分に、不満を感じることがあるからだ。なぜ自分は、もっとストレートに「こういう社会が望ましい」と言えないのか。

本書の素材を手がかりに、読者は自らの立場（イデオロギー）を明確にしていくことができれば幸いである。よい経済社会とは、どんなものか。自分が最も生きやすい日常とは、どんな経済社会なのか。正面から考えてみたい。

## イデオロギーは生活環境に依存する

それではストレートにお伺いしよう。「あなたはなに主義ですか？」

この質問に対して、もし自信をもって答えることができれば、本書を読む必要はない。けれどもこういうことがある。ある学生は本書の中で行うアンケートに答えてみて、ショックを受けてしまった。その学生はこれまで、自分がかなり個性的な人間であると思い、イデオロギーの点でも、他人とは異なる見解を抱いてきた、という。ところが本書のアンケートに答えてみると、自分が穏和な見解をもった人間であることが分かり、自分はこんなに凡庸なのか、と思い知らされたというのだ[1]。

実を言えば、私もこの本を執筆するまで、自分が「なに主義」であるのか、よく分からなかった。自分でいろいろとイデオロギーを分類してみて、それで自分がある立場に分類されることになった。ところがいざ分類されてみると、自分の立場に動揺してしまった。「いや、そんなはずではないのだが」と感じてしまった。分類とは恐ろしいもので、自分があいまいにしておきたかった事柄を、明確にするようにつきつけてくる。私のある友人は、自分が最も嫌っていたイデオロギー的立場に分類されてしまい、かなり落ちこんでいたようである。

人は誰しも無意識のうちに、生き方の指針というものをもっているだろう。またその指針から、社会のさまざまな現象に対して、「これはいい、あれはいやだ」という無意識の反応を、すでに形成しているだろう。その性向を少しずつ明確にしていくと、自分の抱いているイデオロギーが形をなしてくる。無論、読者はその明確になった自分のイデオロギーに、満足しないかもしれない。自分の内なる無意識の声を嫌悪するかもしれない。ひょっとすると、そのイデオロギーに慄《おのの》いて、自己逃避してしまうかもしれない。

私たちが無意識に抱いているイデオロギーとは、往々にして、これまでの自分の生活環境に規定されている。例えば、親の考え方や家庭環境、あるいは、現在の自分の食生活や収入などに依存している。マルクス的に言えば、人々の「イデオロギー」は、「下部構造（物質的な生活環境）」によって、すでに決定されている。そのイデオロギーを言語化してあぶり出してみると、自分の考え方がいかに「これまでの生活環境に縛られてきたか」、ということを理解するだろう。

最近、私が放送大学の面接授業で行ったアンケートでは、ある二人の生徒がほとんど同じイデオロギーを抱いていることが判明した。なぜ、二人は似たような考え方をもっていたのか。その場でお互いに探り合ってもらったところ、二人は例えば、ＮＨＫを主たる情報源としている、妹がいる、環境保全運動をしたことがある、等々の共通点をもっていた。自分で深く考えてきたつもりの見解が、実はメディア環境や生活環境に強く規定されていたのである。

さて、ここからが問題である。

「あなたはなに主義?」という問題に対して、自分の無意識のイデオロギーを、そのまま答えとして提示する必要はないだろう。自分のイデオロギーは、往々にして環境に規定されたものであり、また、考えるたびに変化していくからである。いや、ある意味で、自分のイデオロギーは考えなくても変化していく。年齢とともに、少しずつ変化していく。若い頃は「リバタリアン（自由尊重主義者）」

や「ポストモダン左派」であっても、老齢になれば「保守主義」や「権威主義」に傾倒するというのが、平均的な人間の歩む道である。しかし年齢とともにイデオロギーを変えていくというのは、あまりにも自発性がなさすぎるのではないか。

「あなたはなに主義？」という問題に答えを与えるためには、やはりまず、「世の中にはどんな主義（イデオロギー）があるのか」について、一通り見渡しておきたいものだ。そして「最もすぐれた主義主張」というものを、自分自身でつかみとりたいものだ。さらに言えば、自分がよいと思うイデオロギーについて、友人に語ったり、ネットに書きこんでみたり、あるいは、人々に訴えたりして、この世界を少しでもよい場所へと変えていきたい。そのような活動は、それ自体が公共的な意義をもっている。

もちろん本書は、あくまでも入門書であって、少々荒っぽい分類の作業を試みようというにすぎない。読者は、本書で展開されるさまざまな分類を、鵜呑みにしないでいただきたい。もしかすると読者は、自分の考え方が「ネオコン」と分類されて驚愕するかもしれない。「えっ、私はネオコンだったのか！」と驚いたら、まず、本書の分類方法を疑ってみよう。そこから、さまざまな省察をはじめてみよう。自分の無意識のイデオロギーに直面してうろたえる。あるいは自分のイデオロギー傾向にドキドキする。そんな思考作業から出発して、自己を捉え返してみたい。

最後に、あらかじめ断っておきたいことがある。およそ採りうるイデオロギーの立場として、本書の分類には現れない二つの類型があるという点だ。

その一つは、「それってどうなの主義」である。

斎藤美奈子氏によれば、なにか変だなあと思ったときに、とりあえず「それってどうなの」とつぶやいてみるのが、「それってどうなの主義」であるという［斎藤 2007］。たとえつぶやいても、状況が急に変わるわけではないのであるが、とりあえずつぶやいてみる。こうしたつぶやきの実践は、大きな主張をもたないとしても、さまざまな効果をもっている。

第一に、「それってどうなの」という疑問は、「違和感」の表明であり、世間に流通している常識や流行や報道を疑い、世のなかを冷静に見る癖をつけてくれる。第二に、「それってどうなの」という疑問は、頭の熱を下げ、自分を取りもどす時間を与えてくれる。第三に、「それってどうなの」と発言すると、相手がふと立ち止まるキッカケになるかもしれない。第四に、会議の席で、あれよあれよと物事が決まっていくことに抵抗感を感じたときに、「それってどうなんでしょうか」と発言すると、意外な賛同者が現れて、流れが変わるかもしれない。こうして「それってどうなの」主義は、言い出しにくい雰囲気に風穴をあけ、小さな変革を生み出す効果をもっている。

ただし「それってどうなの主義」は、本書の分類には現れない。そもそも本書の話題はすべて、「それってどうなの」という疑問から出発しているからだ。読者はすでに、それってどうなのという疑問を、共有することになるだろう。

本書に現れないもう一つの立場として、「チャンプラリズム」というものがある。「チャンプラリズム」とは、「あれもいい、これもいい、みんないい」という考え方のことだ。「チャンプル」はマレー語に由来する言葉で、日本語では「ちゃんぽん」となる。例えば沖縄の芸能家、照屋林助[2]は、『てるりん自伝』（一一七―一一八頁）のなかで、次のようなことを述べている。世界を平和にするためには、相手の異なる文化を、すべて認める必要がある。しかし相手の文化を認めるというのは、理屈としてはよくわかっても、現実にはとても難しい。だから、チャンプラリズムによって、相手の文化を認めるのではなく、取り入れる。例えば、大人が子供に対して権威的に振る舞うのではなく、大人が子供文化を取り入れるべきだ、というのである。

チャンプラリズムとはなんじゃいな／遙かな海のかなたより／波の間に間に漂いながら／流れついたる寄り物を／神の恵みと拾い上げ／暮らしの中に取り入れて／ごたまぜにして楽しんだ／「あそびの文化」のことじゃいな（同書ii頁）

「チャンプラリズム」は、平和をねがう沖縄人の知恵と言えるかもしれない。日本やアメリカや中国といった、大国の文化伝統にコミットメントするのではなく、あらゆる文化資源を混ぜこぜにして、文化の融合を試みる。そしてその融合の仕方によって、自分なりの「イズム（主義主張）」を形作っていく。もし私たちが、そのような仕方でイデオロギーをチャンプルすることができれば、新しい文化的地平の誕生となるだろう[3]。

ただし、以上の二つ、「それってどうなの主義」と「チャンプラリズム」は、本書では検討することができない。これら二つの立場は、思考のスタイルであって、思想の内容ではないからである。もし読者が本書の内容に疑問を感じたら、この二つのスタイルに立ち戻って、自分のイデオロギーを再検討してみよう。私の場合、自分の思想形成に行き詰まったら、とりあえず「それってどうなの？」と疑問を発することにしている。それから、「あれもいい、これもいい、みんないい」という、ある種の笑いから思索を再出発することにしている。「それってどうなの主義」と「チャンプラリズム」

は、思考の出発点であると同時に、思考のたえざる再‐出発点となるかもしれない。

では、「それってどうなの主義」と「チャンプラリズム」から出発して、あなたは、どのような主義に至りつくだろうか。さあ、思考の冒険をしてみよう。

## 各章の内容

本書の内容をざっと紹介してみたい。全体の構成であるが、第一章から第三章までは、経済倫理の時事問題から説き起こして、現代のイデオロギー問題を論じている。第四章と第五章は、政治と経済の両面から、現代イデオロギーを検討しており、最後の第六章は、政治心理学のアプローチから、イデオロギーの背後に想定される「価値観」の問題について検討している。各章の内容は比較的独立しているので、読者はどこからでも、自由に読み進めることができるだろう。

ただし第一章は、本書のなかで重要な位置を占めている。私はここで、経済の時事問題から出発して、新たな理論を作ることを試みている。新聞等で論じられる経済の時事問題から、四つの主要な経済倫理問題を抽出し、これら四つの問題に対する規範的な判断の組み合わせからイデオロギーの八類型を構成するという、類型理論を展開している。現代のイデオロギーを、経済の時事問題に照らして理論化してみようというわけである。

第二章は、前章の類型論を受けて、イデオロギーの主要な八類型の中身を紹介し、また、この八類型に分類されなかった他の可能な立場についても検討している。この章は、現代版のイデオロギー・ガイドであり、第一章の分析を補う位置にある。なお、これまでに私が試みたアンケート調査から、次のようなことが言える。すなわち、現代人のイデオロギーは、もはや既存の主要なイデオロギーには拘束されていない。マイナーな考え方で、名前すらついていないイデオロギーを支持している人も、少なからずいる。現代においては、まだ思想的に論じられていない重要なイデオロギー的立場が、複数存在する。それらの未知のイデオロギーがどのようなものであるかについて、本章は検討している。

第三章は、第一章／第二章とは異なるアプローチから、経済倫理の問題を検討している。第一章／第二章が「二十世紀」の主要なイデオロギー類型に照準したとすれば、第三章は、「二十一世紀」のイデオロギー状況を捉えるための理論装置である。例えば現代において、旧来のマルクス主義は、イデオロギーとしてはもはや消滅している。代わって台頭しているのはリベラリズムであり、しかもリベラリズムの内部にも多様な意見がある。そこで私は次のようなイデオロギーの四類型を試みた。すなわち、(1)祭司型包摂主義、(2)主体化型包摂主義、(3)ヒューマニズム型非包摂主義、および、(4)サバイバル型非包摂主義、である。この四類型に照らして、本章では最近の時事問題——「派遣社員を減らすべきか」「マクドナルドを廃止すべきか」「たばこを規制すべきか」「グレーゾーン金利を撤廃すべきか」「ホワイトカラー・エグゼンプションを導入すべきか」「会社は誰のものか」——を検討している。

第四章は、「政治の倫理」と「経済の倫理」の関係について扱っている。政治と経済は、それぞれどのような倫理作法を必要としているのか。本章ではこの問題を、近年話題となったジェイコブズの『市場の倫理　統治の倫理』から説き起こしている。ジェイコブズのこの著作は多くの人々に読まれ、かつ称賛されてきたが、私見によれば、彼女の理論は穴だらけであり、間違っている。本章では、ジェイコブズの類型論の難点を克服しつつ、これを発展的に継承した類型論を提示する。

第五章は、「政治経済の羅針盤」というアンケートを手がかりに、政治と経済のイデオロギー的布置連関を検討している。「政治経済の羅針盤」とは、イギリス版「ポリティカル・コンパス」を、現代日本の文脈に即して私なりに改良したものであり、一方における政治的・文化的・道徳的な「自由／不自由」と、他方における経済的な「自由／不自由」を組み合わせ、四つのイデオロギーを析出している。このアンケートによって、読者は自身のイデオロギー的な立ち位置を、現代の政治経済問題に照らして知ることができるだろう。

最後に、第六章は、イデオロギーの背後にある「価値観」の問題を扱っている。近年、政治心理学の分野で面白い研究成果が生み出されている。S・H・シュヴァルツとR・イングルハートの研究である。シュヴァルツは、個人レベルと文化レベルの二つの異なる価値類型論を提示しつつ、個人レベルでは世界的で普遍的な価値のマッピング（序列化）ができることを示し、また文化レベルの価値観は各国で異なることを明らかにしている。またイングルハートは、「伝統的価値」対「世俗‐合理的価値」、および、「生存価値」対「自己表現価値」という二つの評価軸から、社会の形態が「前近代社会→近代社会→ポスト近代社会」へと移行するにつれて、どのような価値意識が支配的になるのかという問題を国際的に研究している。その成果として示された「イングルハートの価値マップ」は、驚くべき知見に満ちている。人々の価値観は、いったいどんな要因によって規定されるのか。この問題を説明すべく、本章はシュヴァルツとイングルハートの研究成果を検討する。

以上、本書の内容を簡単に紹介してきたが、本書を貫いているテーマは、いわば、マルクス哲学のいう「イデオロギー批判」といえるだろう。およそ私たちは、自分の考え方を形成するといっても、その考え方の中身は、親や友人、メディアや住環境といった、さまざまな要因によって社会的に規定されている場合が多い。マルクス的に言えば、私たちの考え方（意識＝上部構造）は、既存の社会環境（とくに経済関係＝下部構造）によって規定されている。この規定関係を自覚し、相対化することが、マルクス哲学のいう「イデオロギー批判」に他ならない。イデオロギー批判によって、私たちは自己の考え方を相対化し、境遇の異なる他者との共存関係を探ることができる。人類が共存するためにも、イデオロギー批判の営みは必須と言えるだろう。

むろんマルクス派の企ては、イデオロギー批判では終わらない。批判の先に、社会変革の実践がある。批判的に捉え返された自己の価値意識は、では、どんな社会を最も望ましいと考えるのか。そして何を実践するのか。そのための理念となる思想体系を私たちが積極的に構築していくために、本書で展開した諸々の理論が少しでも役に立てば幸いである。

# 第一章

# 一貫した経済倫理の立場を形成してみよう

およそ「思想」とか「イデオロギー」といった「主義主張」には、二つのタイプがあるだろう。一つは、思想書のかたちで結晶化したものであり、もう一つは、生活実践のなかでにじみ出てきたものである。多くの場合、「主義主張」というのは、生活実践に根ざしたものであって、非言語的なものに留まっている。だから、「あなたはなに主義?」と問われても、「私は○○主義です」と明快に答える人は、それほど多くはない。

それでも人々は、無意識のうちに何らかの主義主張をもっていて、そのイデオロギーはすでに、その人の人格の一部をなしている。以下に試みたいのは、生活実践に根ざした私たちの「思考パタン」を言語化して、さらにそれを一貫したイデオロギーのかたちに形成してみることである。

無意識に抱いているイデオロギーを、明快なイデオロギーへと変換する。そのために、ここでは主として日々の新聞記事を手がかりに、「経済倫理の主要問題」を四つ立ててみたい。はたして「あなたはなに主義」なのか。本章はいわば、読者が一貫した立場を形成するための、ナビゲーションを目指している。

## *1* 四つの経済倫理問題

### 唯一正しい解答はない

最初に、経済倫理の主な争点を、次の四つにまとめてみよう。

A．企業は、短期には損失を被るとしても、あるいは社員に不利益を強いるとしても、長期的な視野に立って道徳的に行動すべきであろうか。

B．経済政策や制度の理念として、「公正」と「秩序の安定・成長（全体の利益）」のいずれを優先する社会が望ましいだろうか。

C．企業が連帯的ないし家父長制的な組織を保持したい場合には、それを自由に認めるべきであろうか。それとも、どの企業であれ、組織内部において開かれた人間関係を構築すべきであろうか。

D．企業は、基本的には金儲け第一主義で行動してよいだろうか。それとも、社会全体のなかに、倫理の一翼を担う存在として包摂されるべきであろうか。

以上の四つの問題に対して、あなたはそれぞれ、どのような立場をとるだろうか。またその理由はどのようなものであろうか。さらに、四つの問題に対する答えを組み合わせたときに、自身の立場は一貫したものになるだろうか。

経済倫理の問題には、「これが唯一正しい解答」だというものがない。求められているのは、できるだけ一貫した立場を形成することであり、そして一貫した主義主張によって、多くの人々を説得することである。経済倫理学とは、望ましい社会に向けて実践的な影響力を与えるために、「説得の技法」を鍛えることを課題としている。まだあいまいな意見しか形成していない他者に対しては、自分の意見を説明して説得する。あるいは、すでに一貫した主義主張をもった他者に対しては、それよりももっと一貫した別の見解を示して説得する。こうした説得の実践によって、よりよい経済社会の倫理的指針を見出そうというのが、経済倫理学の狙いである。経済倫理学を学ぶことによって、お互いに説得術を磨くことができれば、それ自体が善い社会といえるかもしれない。

なおここで問題になっている「倫理」は、自分がどのように振る舞うかではなく、企業や国家、あるいは多くの人々が、社会のなかでどのように振る舞うべきか、についての判断である。自分はさておき、社会のなかで他の人々がどのように振る舞うべきか、自分なりの意見を形成してみよう。倫理という判断を集積しつつ、それらを一貫させたところにイデオロギーというものが立ち現れる。

では、四つの問題について考えてみよう。先に挙げたAからDまでの問題は、それぞれ二者択一になっている。それぞれの問題について、応答可能な立場を組み合わせていくと、合計十六の立場が得られる。もちろん、十六の立場のなかで、一貫した説明力をもつ立場は、おのずと限られてくる。どんな立場も可能ではあるが、その立場を一貫した理由によって擁護することは、なかなか難しい。

例えば、現在の企業の行動をすべて肯定するという「現状肯定派」は、経済倫理的な立場としては、すぐれた説得力をもたないだろう。「現状がそうだから」という理由でそれを肯定することでは、「すぐれた経済社会とはなにか」に対する応答にはならないからである。また反対に、現在の企業がなしていることをすべて否定するという「現状否定派」も、すぐれた説得力をもちえないだろう。「現状はすべてダメだ」とみなす立場は、それだけの理由では、どのような企業文化が望ましいかについて、積極的なビジョンを与えないからである。もちろん企業文化というものは、一枚岩ではない。だから、企業文化の現状をすべて肯定したり否定したりするという選択肢は、実際には存在しない。そこで私たちは、どのような企業文化を応援し、どのような企業文化を倫理的に批判していくのか。また、どんな企業の商品を積極的に買い、あるいはどんな企業の商品に対して不買の圧力をかけたいのか。そうした判断の積み重ねによって、経済倫理の問題を考えていくことになるだろう。

では、AからDの問題について、具体的な問題に即して検討してみよう。

## A.「利益」対「道徳」

最初の争点は、短期的利益を優先するか、それとも道徳的行為を優先するか、という問題である。はたして企業は、短期には損失を被るとしても、あるいは、短期的には社員に不利益を強いるとしても、長期的な視野に立って道徳的に行動すべきであろうか。

この問題について、二つの事例を挙げて考えてみよう。一つは「企業は商慣行に従うべきか」という問題であり、もう一つは「企業は自らの倫理綱領を作成すべきか」という問題である。

### ①企業は既存の商慣行を守るべきか

まず、「企業は、既存の商慣行を守ってビジネスを営むべきであろうか」、という問題を考えてみよう。例えば企業社会の慣行として、年始には取引先への挨拶まわりをするとか、地元の商工会議所が開いているパーティには必ず参加するとか、あるいは、通常業務においては地味なスーツに地味なネクタイを着用しなければならないといったノルムがある。こうした慣行は、それに従ったほうが、結果として商売の利益に結びつく可能性が高いので、短期的にみた場合にも、採用するだけの十分な理由があるだろう。一般論として、私たちが「世間の作法」に従うことの利益は、それが人間関係を円滑なものにするからであり、また、一定の作法を共有することによって、対人関係の信頼形成力が高まると期待されよう。商取引もまた例外ではなく、人と人との社会的関係のなかで経済的な利益を上げていくためには、一定の商慣行に従うことが合理的である。

しかしここで問題は、ある状況において、多くの企業が、一定の商慣行に従わずに利益を上げるような場合である。一九九〇年代に勃興したＩＴ産業においては、新しい発想をもった企業が続々と登場し、既存の商慣行が通用しない事態が生じた。例えばライブドア社の堀江貴文元社長のように、シャツやネクタイを着用せず、法の抜け穴を潜って他企業の経営権を掌握するようなケースが世間の注目を集めた。ライブドア社は結局、風説流布などの違法行為を働いていたことが発覚し、経営陣の交代という危機に陥った。しかしもし、この会社が違法行為をしていなければ、私たちは堀江元社長を、どのように評価したであろうか。新たな経済活動の分野を切り開く「時代の先駆け」として、あなたはホリエモンの活躍を支持したであろうか。あるいは反対に、堀江元社長は「時間外取引」という「法の抜け穴」をすり抜けることで、「社会の秩序」を乱したと非難したであろうか。

「短期的利益」を優先する立場からすれば、たとえ「社会の秩序」を乱したとしても、企業は経済的合理性を追求できると考えるであろう。これに対して「道徳」を優先する立場は、「社会の秩序」を乱す人を、たとえ法的に罰しないとしても、道徳的に非難するであろう。

なるほどライブドア社だけが法の抜け穴をすり抜けるというのであれば、「社会の秩序」はそれほど大きな崩壊には至らない。問題が生じるのは、他の企業もまた、先駆的な企業のやり方をまねして、既存の商慣行がなし崩し的に侵食されるような場合である。「経済倫理」の問題が問われるのは、時代を切り開くような「創造的破壊力」がない人までも、商慣行に従わなくなるケースである。はたして人々の多くは、長期的な視点に立って、既存の商慣行に従うべきだろうか。それとも既存の商慣行は、それが利益に反するかぎり、いつでも無視してかまわないだろうか。

ここで問題は、あなた自身が商慣行を無視するかどうかではない。他の人々がこれを無視する場合に、あなたはそれを、道徳的にかまわないと考えるかどうかである。

もちろん、かりに多くの人々が既存の商慣行に従ったとしても、それによって長期的な利益が生まれるとはかぎらない。歴史的にみれば、例えば、問屋制家内工業から大規模な工場制へと生産システムが転換していく過程において、それまでの商慣行は衰退していった。長期にわたって利益をもたらすような商慣行がいかなるものであるかについては、はっきりとしたことは分からない。既存の商慣行に従っているだけでは、必ずしも長期の利益を最大化するとはかぎらない。

そこで問題は、既存の商慣行を大きく無視してかまわないのか、それとも、少しずつ変化させていくべきなのか、という点である。長期的な視野に立つ人は、商慣行の微調整を模索していくことが大切であると考える。これに対して、経済合理性は利潤追求にあるとの立場からすれば、「道徳的な商慣行」は無視してかまわない、ということになる。

### ②企業は倫理綱領を定めるべきか

第二の問題として、「企業の倫理綱領」について検討してみよう。一九七〇年代から九〇年代にかけて、アメリカでは各企業が自主的に、社員の倫理規定を綱領化するという動きがみられた。例えば、取引や契約上の権力関係を利用して、先方に対してプライベートに不利な行為をしないとか、国内法では取り締まりの利かない国外において節度ある行為を遵守する、といった綱領である。こうした綱領は、「企業憲章」とか「企業理念」と呼ばれることもある。もともと企業は、暗黙の倫理慣行をもっていた。そうした慣行は、近年、企業が不祥事を未然に防止するための理念として、しだいに明確にされている。

企業の倫理綱領は、それ自体としては、社会一般の道徳律を明確にしたものにすぎない場合が多い。しかし倫理綱領が明確になることで、社員の不祥事に対する処分はこれまでよりもいっそう厳しいものになっている。例えば、ある社員が電車内で痴漢行為をして逮捕された場合、その処分は刑法にもとづく社会的制裁に加えて、会社側でも何らかの処分が検討されることになろう。場合によっては「会社の名誉を傷つけた」という理由で、解雇されるかもしれない。そこで問題は、はたして企業は、社員が業務以外の領域において道徳的に振る舞うことを要求すべきかどうか、という点である。

痴漢行為までいかなくても、例えば「風俗店やパチンコ店の利用を自粛すべし」という倫理綱領はどうであろうか。もしこれらの店舗に出入りしているところを見つかったら、会社側が給与や昇進面で処分する、というような倫理綱領は、はたして望ましいであろうか。

別の例として、飲み屋で酔いつぶれて警察のお世話になった場合、会社側はその社員に対して、何らかの処分をすることが望ましいであろうか。全国の主要企業百社を対象にした朝日新聞の調査(二〇〇六年十一月五日付の記事)によると、「事故がなくても飲酒運転が発覚しただけで解雇がありうる」と答えた企業は四二%。また、「『物損事故』なら最高で解雇」と答えた企業は一二・四%、「『人身事故』なら最高で解雇」と答えた企業は二三・六%であった。実に、企業全体の八割近くが、社員のプライベートな生活に踏み込んで倫理綱領を定めている。

倫理綱領を作成すれば、企業は社員を道徳的に拘束し、それによって自らの信頼を高めることができるだろう。社員の道徳的拘束は、長期的な利益に結びつく。しかし倫理綱領は、社員のプライベートな生活に干渉することを意味している。はたして経済活動は、社員の生活に干渉してかまわないのだろうか。それは経済的権力による私生活の侵食と言えないだろうか。

## 思想家たちの立場に即して見れば

以上の二つの問題、すなわち、「企業は商慣行に従うべきか」、および「企業は自らの倫理綱領を作成すべきか」という問題に対して、あなたはどのように応答するだろうか。ある人は、経済行為に対して非合理的な（不利益となる）道徳を要求すべきではない、と答えるかもしれない。また別の人は、経済社会全体を道徳化することが望ましい、と答えるかもしれない。「経済は道徳の中に埋めこまれているべきだ」とする見解は、経済学者カール・ポランニーの社会的経済論を支持するであろう。ポランニーは、純粋な資本主義経済を「悪魔の碾き臼」であると批判している。

これに対して、既存の道徳に縛られる必要はないとする見解は、(1)経済の徹底的な純化を求めるであろう。あるいは、(2)既存の道徳そのものを変革する、というニーチェ的な超人思想を支持するであろう。前者の立場は、企業は合理的に利益を追求すべきであり、それ以外の倫理的要求を満たす必要がない、と考える。例えばノーベル経済学者、ミルトン・フリードマンは、企業の唯一の目的は「株主の利益を最大化すること」であって、それ以外の社会的責任を引き受ける必要はない、と主張している。これに対して後者の立場は、シュンペーター的な「創造的破壊」の精神である。シュンペーターは、すぐれた企業家の創造的な活動によって、社会の構造そのものが大きく変化すると考えた。またシュンペーターは、企業家の創造精神が公的機関にも適用されて、社会主義の社会が運営可能になるとも考えた。シュンペーター流の社会進化論は、既存の道徳の中に経済活動を埋めこむという発想の対極に立っている。シュンペーターであれば、企業は商慣行に従うべきではなく、むしろ創造的な進化を試みるべきだ、ということになる。

| A | X：利益 | Y：道徳 |
|---|---|---|
| | (1)企業は経済的合理性を追求しうる。経済制度は純化すべきである<br>(2)創造的破壊によって社会の進化をもたらすべきである<br>((5)政治的市民＝主体の経済的自立を目指すべきである) | (3)経済社会は一定の商慣行に埋めこまれた倫理的なものになるべきである<br>(4)企業は社員の生活の倫理的包摂を目指すべきである |

**表1-1 「利益」対「道徳」**

この進化の立場は、革命的マルクス主義にも当てはまる。また経済社会を市民の活動によって政治的に管理しようとする「市民派」も、基本的には、道徳よりも経済的な自立を優先しており、「利益」の側に分類されるであろう。なるほど市民派は、利益を第一目的とするのではなく、利益を手段としつつ、組織の経済的自立を目的とする。しかしこの場合の自立は、既成道徳に包摂されない価値理念であり、むしろ既成道徳に抗する近代主体の理想である[4]。

以上の議論を整理すると、**表1-1**のようになる。

この分類のなかで、(2)の創造的進化の立場は、必ずしも「利潤最大化」を目指すのではないが、しかし「道徳」よりも「破壊と進化」を目指す点で、「X」に分類される。

なおここで、「利益」対「道徳」の対立は、「企業の社会的貢献度」とはあまり関係がない、という点に注意したい。私たちは、企業がなんらかの「社会的責任（CSR）」を果たす場合に、それを道徳的に評価するであろう。そしてまた、すぐれた社会的責任を果たす企業の製品を、優先的に購入するかもしれない。しかし現在のところ、「CSR」は、基本的にそれが「儲かる」から行われているのであって、企業が「CSR」を実践したからといって、「利益」よりも「道徳」を優先したことにはならない[5]。つまり「CSR」の理念は、「道徳は儲かる」というメッセージであり、「利益」かそれとも「道徳」か、という二者択一の問題を考えるときには、あまり役に立たない。だからCSRの問題については、ここでは無視していただきたい[6]。

## B.「公正」対「安定・成長」

次に、望ましい経済制度とは、「公正」と「秩序の安定・成長」のいずれを優先するものなのか、という問題について考えてみよう。経済活動の制度条件として、私たちは「公正」という道徳理念を原理的に重んじるべきであろうか、それとも、「秩序の安定・成長」という理念に照らして、制度条件をよりすぐれたものへと調整していくべきであろうか。

### ①銀行の危機を政府は救済すべきか?

これについて最も分かりやすい事例は、倒産の危機に瀕した銀行を、政府が救済すべきかどうかという問題である。一般的な企業活動とは異なり、銀行業の場合には、ある銀行が倒産すると、「取り付け騒ぎ」が起きる危険がある。「もしかしたら他行も潰れるかもしれない」という群集心理が働いて、別の銀行もドミノ式に倒産する可能性がある。最悪の場合には、人々はどの銀行も信用せず、預金をすべて「タンス預金」に替えて、金融システム全体が滞ってしまうだろう。こうした金融不安ないし金融恐慌は、歴史を遡れば、たくさんの実例を見つけることができる。

金融不安や金融恐慌は、経済秩序を収縮させる点で、望ましくないと言える。けれども、政府が潰れそうな銀行を救済する場合、そうした介入策によって最も利益を得るのは、まずもって金融業界の人々であり、また、巨額の資産を銀行に預けているお金持ちたちである。いったい、資金の運用を問違った金融エリートや資産家たちを、政府がなぜ救う必要があるのだろうか。「公正さ」という観点からみた場合、政府介入による金融秩序の維持は、弱者よりも強者をいっそう保護する点で望ましくない、と言えるかもしれない。また、政府は実際には、「金融恐慌」の心配がほとんどないにもかかわらず、経済秩序の維持という理由から、ある銀行を救うことがありうる。政府は「経済秩序の安定のために」と称して、強者たちの資産を救うのである。その理由は、強者たちが圧力団体を形成して、政府の政策に圧力をかけるからであろう。

もし「公正さ」を徹底して求めるのであれば、事業に失敗した銀行は倒産させることが望ましい。公正に考えれば、市場社会の強者を優先的に救う理由はない。たとえ金融不安や金融恐慌が起こるとしても、また経済活動が停滞して失業率が高まるとしても、「公正さ」を原理的に求めるのであれば、政府はある銀行を特別に救う必要はないだろう。これに対して、「公正さ」よりも「秩序の安定的な維持や持続的な成長」を優先する立場は、たとえ強者の厚生水準をいっそう有利にするとしても、弱者の厚生水準を悪化させないために、金融業界に対する政府介入を正当化する。はたして「公正さ」は、「秩序の安定や成長」といった基準よりも、「原理的な善」として優先されるべきだろうか。あるいは、秩序の安定や成長は、弱者の厚生水準を引き下げないため、という理由から、「秩序の善」として優先されるべきであろうか。

### ②インサイダー取引はどこまで取り締まるべきか

類似の問題として、インサイダー取引について考えてみよう。インサイダー取引とは、企業の内部情報にアクセス可能な人々（例えば経営者の家族や親戚）が、その情報が一般に公開される前に、当該株の取引を行うことである。証券取引法はこれまで、インサイダー取引を禁止してきた。例えば、企業の合併や新商品の開発などによって、その企業の株が確実に上がると見込まれる場合には、その内部情報を得た者は、情報が一般に公開されるまで、株取引してはならない。情報上の有利な立場を利用して利益をあげることは、公正な取引ではない、と考えられるからである。

しかし最近になって、インサイダー取引を取り締まることは、ますます難しくなっている。インサイダー取引をした人を処罰するとして、具体的に、どのような情報を内部情報とみなすのか、また誰を「企業のインサイド」にいる人とみなすのか、という判断基準が、複雑かつ曖昧になってきたのである。インサイダー取引の境界線をきちっとルール化することができなければ、この法律は運用することが難しく、行き当たりばったりの恣意的な運用となってしまう。そこで問題は、この法律を複雑にしてでも厳しく運用するのか、それとも、ルールをもっと単純化して、取り締まりを緩和するのか、という点である。「公正」を優先する立場は、たとえコストが膨大になるとしても、政府による細やかな介入と処分によって、インサイダー取引に対する取り締まりを強化すべきである、と主張するであろう。これに対して経済秩序の安定や成長を優先する立場は、恣意的な法の運用が市場の調和を乱すことを懸念して、インサイダー取引をある程度まで認めつつ、証券市場の安定と活性化を期待するであろう。

### ③「一般職OL」の処遇——同一労働同一賃金の是非

三つ目の事例として、「同一労働同一賃金」の原則について考えてみよう。同一労働同一賃金の法則とは、男女の賃金、あるいは非正社員と正社員の賃金を、公正に設定するための原則的な基準である。現実問題として、例えば女性は、結婚や出産によって退職する確率が高いので、同じ労働でも「一般職」として扱われ、「総合職」の男性よりも職務評価を低く見積もられるケースがある。あるいは「妊娠」が判明した直後に「降格」されるといったケースもある。こうした処遇は、妊娠や出産というハンディを負った女性に対する不当な評価であって、「公正さ」に欠けている、と考えられよう。一定の期間内に、同一の技能、責任、努力、作業条件を満たしている場合には、男女の賃金を同一にすべきであるというのが、「同一労働同一賃金」の原則が要求する「公正さ」の主張である。

しかし、経済の安定や成長という観点からすると、「同一労働同一賃金」の原則は、必ずしも望ましくない。もしこの原則を機械的に導入すると、企業はかえって、女性の雇用を減らすかもしれない。女性に対して男性と同一の賃金を支払って、妊娠や出産のハンディまで考慮しなければならないとなると、企業の利益にならないからである。また、女性の安い労働力によって経営が成り立っている中小企業に対してこの原則を適用すると、倒産してしまうかもしれない。「同一労働同一賃金」の原則は、女性の雇用を促進するどころか、反対に、減少させてしまう可能性がある。経済の安定と成長を望む立場からすれば、「公正さ」の要求よりも、「女性の雇用維持と拡大」という理念を基準にして、女性の賃金体系を考えるべきだ、ということになろう。この立場は、男性と女性のあいだに賃金の格差が生じることを、それ自体としては否定しないであろう。

### ④累進課税の倫理

「公正」か、それとも「安定と成長」か、という問題は、「所得税の累進性」をめぐる議論についても当てはまる。所得税の問題について、倫理的に検討してみよう。

従来、「公正」を重視する立場は、所得税の累進性を強化すべきであると主張してきた。経済的に恵まれない人々が「健康で文化的な生活」を送るためには、相当な額の所得移転を必要とすると考えてきた。また「公正さ」を重視する人々は、「勤勉な労働に対する対価としての所得」を理想として、資本家階級と労働者階級のあいだの所得格差を批判してきた。ともに勤勉に働くならば、この二つの階級のあいだに大きな所得格差が生まれてはならない、と考えてきた。

こうした「公正」の観点から相当額の所得移転（およびそのための所得税の累進性）を擁護する立場を「平等主義」という。この立場の議論に対しては、「リバタリアニズム（自由尊重主義）」の反対論がある。リバタリアニズムはこれまで、「経済活動の自由」を重視する立場から、諸個人が自ら稼いだ所得を、政府が強制的に移転させてはならないと主張してきた。所得税の累進性を通じた所得移転は、各個人の「所有権」に反する不当な侵害になる、と主張してきた。

所得に対する累進課税をめぐっては、このように、「公正」を重視する平等主義と、「自由」を重視するリバタリアニズムの立場が対立している。しかし、経済秩序の「安定・成長」という観点から所得税の問題を捉えた場合、第三の立場を考えることができる。ここで第三の立場を、暫定的に「安定－成長派」と呼ぶことにしよう。「安定－成長派」の立場からすれば、平等主義もリバタリアニズムも、いずれも問題がある。というのも、どちらの立場も、経済の規模がたとえ縮小するとしても、それぞれの原理が貫かれなければならない、と要求するからである。

経済秩序の安定・成長を求める立場からすれば、所得税の累進性は、「強者が抵抗しない程度に」、また「弱者が不満を政治的闘争にもちこまない程度に」、そして「経済成長を阻まない程度に」、という理由から導入することが望ましいだろう。

例えば、経済的に恵まれない階層の子供たちにすぐれた教育機会を与えることによって、国が長期的な経済成長を見込むことができる場合には、所得税の累進性を強化して、社会的弱者たる子供に対して相応の所得移転を行うことが望ましい。あるいは反対に、もし所得税の累進性が高すぎて、国内の優秀な人材や企業が国外へ逃避することになるとすれば、国内経済の発展を考えて、税の累進率を引き下げることが望ましいだろう。実際、福祉国家として成功した北欧諸国は、一九九〇年代になってから所得税の累進率を大幅に引き下げ、最高税率を八〇％から四〇％程度にまで下げている。「安定－成長派」の立場からすれば、所得税の累進率と所得の移転先は、国内経済の維持発展という理念に照らして、柔軟に変更していくことが望ましい。

加えて「安定－成長派」は、経済が活性化するなら、最低賃金を引き上げることに賛成するであろう。労働運動総合研究所の試算によると、最低賃金を全国一律で時給一〇〇〇円に引き上げた場合、GDPは〇・二七％（一・三兆円）上昇するだろうという。現在、時給一〇〇〇円未満で働く労働者の数は六八三万人であり、この人々の賃金がすべて一〇〇〇円に引き上げられると、企業の負担は二兆一八五七億円増える。しかし家計の消費支出は一兆三三三四億円増えるため、企業は生産を拡大することができる。またその結果として、GDPを押し上げる波及効果が望める[7]。「安定－成長派」は、もし経済が成長するのであれば、賃金格差を縮めることに賛成するだろう。しかしもし最低賃金を引き上げることで、結果としてGDPの成長を見込めない場合には、これに反対するであろう。

所得の再配分をめぐっては、これら三つの立場のほかに、革命的マルクス主義の見解がある。すなわち、階級闘争によって資本主義社会を転覆させて、「強者（支配階級）の没落」と「弱者（被支配階級）の浮上」を企てる立場である。この立場は、所得税の累進性のみならず、私有財産の否定を求める点で、革命的である。しかし現代のマルクス主義、例えば分析的マルクス主義は、搾取の問題を「公正」の観点から捉え返す点で、平等主義の立場に立っている。

以上、四つの立場を区別してみた。現実の政治においては、所得税の累進性を引き上げるべきか、それとも引き下げるべきか、という問題が直接の争点になろう。ただしこの問題を「経済倫理」の面から捉えた場合には、「公正な税制」を優先して求めるのか、それとも「安定・成長のための税制」を優先して求めるのか、という点が争点となる。

## ⑤配偶者控除をめぐる争点

類似の問題として、配偶者に対する所得税の控除を認めるべきか、という問題について考えてみよう。現行の制度では、夫のみが働いている家庭と、夫婦共働きの家庭とでは、税制上の不公平な待遇がある。妻がパート労働のみをしている専業主婦の家庭では、妻の主婦としての労働を評価して、パートから得た所得に対する税制上の優遇措置が受けられるようになっている。具体的には、妻の年間の収入が一〇三万円以下の場合には、所得税控除の対象となる。

こうした優遇措置は、専業主婦を優遇するものであるから、見方によっては、税の担い手として各人を平等に遇するという「公正さ」の理念を欠いている。個人の政治的な平等を重視する「リベラル」の立場からすれば、配偶者に対する税制上の優遇は廃止すべきである、ということになろう。

リベラルの立場に対しては、従来、保守主義の立場が対立してきた。保守主義者たちは、既存の家父長制道徳を尊重して、専業主婦のいる家庭を優遇する税制に賛成してきた。しかし、リベラルとも保守主義とも異なる立場として、秩序の安定‐成長派の見解を挙げることができる。この立場は、およそ次のように考える。

まず、家庭をもって子育てする人々を優遇しなければ、国家はすぐれた次世代の担い手を再生産することができない。だから配偶者控除は、養育している子供の数に応じて設けることが望ましい。例えば、子供をもたない主婦のパート労働には、配偶者控除を適用しない、という具合である。また、国家は将来的にみて、女性の労働力人口を増加させなければ、経済成長を維持することができない。だから、できるだけ女性の雇用と労働にインセンティヴを与えるべく、税制上の優遇措置を講ずるべきであろう。例えば、女性労働者の割合に応じて法人税率を低くしたり、あるいは、共働きの家庭に対して一定の所得税控除を適用したりする、という具合である。

以上の二つの制度的提案は、組み合わせることができる。すなわち、女性は働けば働くほど、また子供を多く育てれば育てるほど、税制上の優遇を受けることができるような制度構想である。これが秩序の「安定‐成長派」の見解として、最も理想的な構想となるだろう。

はたして国家は、課税の単位を家族から個人へと還元して、各人の所得に応じて「公正」に税を徴収すべきであろうか、それとも、既存の道徳を重視して、専業主婦に対する税制上の優遇を続けるべきであろうか。あるいは第三の立場として、国家は将来の労働力の担い手を育てるために、また家族を単位とする社会秩序を安定化させるために、働く女性や育児をする女性に対して、税制上の優遇を与えるべきであろうか。公正か、保守か、それとも安定‐成長か、それが争点である。

### ⑥医療を市場に委ねるべきか

最後に、医療の市場開放をすべきかどうか、という問題について考えてみよう。現在、医療制度の一部に市場原理を導入して、無駄を省いた効率的な制度運営が可能になるかどうか、という問題が議論されている。もし医療制度をすべて自由化すれば、コストのかかる治療は市場競争のなかで淘汰され、十分な提供をなしえないであろう。また受診料や医療費の患者負担率を上げることは、人々の医療コスト感覚を刺激して、結果として国民の医療費全体を下げることになるであろう。

これに対して、患者のニーズに応じた「公正」な医療制度を求める立場は、市場競争の導入に対して批判的である。市場が効率的であるためには、参加者が十分な情報を得ていなければならない。しかし医者と患者のあいだには「情報の非対称性」があり、知識のギャップはなかなか埋められない。医療を「完全情報下での効率的な競争秩序」の制度に近づけることは、困難であると考える。

しかし第三の見解として、「医療制度の安定と成長」を求める立場は、市場原理を部分的にうまく導入すれば、価格の自己調整機能が働いて、国民は同じ料金を支払っていても、これまでよりもすぐれた医療を受けることができると考える。もっとも市場メカニズムの導入は、患者数が少ないためにコストのかかる治療行為を淘汰するかもしれない。医療制度のすべてを民営化するというわけにはいかない。そこで半官半民の混合体制によって、制度の安定と成長を目指そうというのが、「安定-成長派」である。

### 経済倫理学の主戦場——公正vs.安定・成長

以上、「公正」対「安定・成長」という争点をめぐって、六つの事例を挙げながら検討してきた。問題の対立点を整理すると、**表1-2**のようになるだろう。

以上の分類においては、さまざまな立場を、一つの対立軸に照らして位置づけてみた。すなわち、

| B | X：原理としての善 | Y：秩序としての善 |
|---|---|---|
| | X—1：公正<br>(1)原理的公正派（経済秩序が収縮・崩壊するとしても、公正を貫け。政策運営にコストがかかるとしても、公正を貫け）<br>(2)特殊共同善派（秩序全体が収縮・崩壊するとしても、地域ごとの共同善を守れ） | Y—1：安定・成長<br>(3)秩序派（低所得層の厚生水準を悪化させないために、高所得層をいっそう利してでも、現行の秩序を維持せよ）<br>(4)成長派（国民経済の持続的発展という観点から望ましい政策を判断せよ。市場の活況や雇用の促進を殺ぐような「公正」の要求を退けよ） |
| | X—2：その他<br>(5)原理的自由派（経済秩序が収縮・崩壊するとしても、自由を貫け）<br>(6)原理的革命派（強者は没落すべきであり、弱者は浮上すべきである） | Y—2：その他<br>(7)保守派（経済が衰退するとしても、既存の家父長制道徳を維持・回復せよ） |

**表1-2 「公正」対「安定・成長」**

「原理としての善」を求める立場と、「秩序としての善」を求める立場である。「原理としての善」を求める立場は、はたして社会秩序が衰退するか発展するか、といった問題には無頓着である。この立場には、公正を求める立場のほかに、特殊共同善派や、原理的自由派（すなわちリバタリアニズム）、あるいはマルクス的革命派（強者没落／弱者上昇を支持するラディカルな立場）が含まれる。これに対して、「秩序としての善」を求める立場は、「公正」を原理的な要求とはみなさず、むしろ秩序の維持・安定・発展を優先して考える。この立場には、「秩序派（強者優遇による弱者保護）」、「成長派（国民経済の企て）」、「保守派（家父長制の擁護）」という三つの類型があるだろう。こうした類型のなかで、経済倫理学上の争点は、主として「公正（X—1）」と「安定・成長（Y—1）」のあいだにある[8]。

なお、以上の問題を考える際に注意すべき

は、「公正」と「安定・成長」の争点は、政府介入の有無とは切り離すことができる、という点である。この争点は、理論的には、政府の規模を大きくすべきか小さくすべきかという問題とは、関係がない。というのも、政府の規模を小さくすることが、時に経済の成長を導き、また時に経済の停滞を招くことがあるからである。

また、三度強調したい点として、経済の「安定」を「公正」よりも優先する秩序派の理念は、実際には、強者にいっそうの利益を与えてはじめて達成されることがある。はたしてこの点に納得した上で、あなたは「安定・成長」の立場を支持することができるだろうか。例えば、ケインズ主義的な雇用政策は、失業者の救済と称して、実際には大企業の誤った投資や生産を埋め合わせる効果をもっている。弱者を救うためには、強者をいっそう救わなければならない。それを「秩序の安定・成長」という理念のもとに、政治的に要求しうるであろうか。公正派の立論によれば、私たちは政治によって、わざわざ市場を刺激する必要はないのであって、むしろ市場競争に敗れた人や、強者に搾取されている人々を助けることが、政治の第一の役割であるということになる[9]。

### C.「自由な関係性」対「人為的なリベラル制」

第三の争点として、人々が組織を作る場合の「自由」の問題について考えてみよう。企業は、どこまで法の介入なしに、「自由な人間関係」を営むことができるだろうか。企業は、自己責任よりも「連帯」や「忠義」の関係を、自由に優先してかまわないであろうか。ここでは、「自由が生み出す関係性」と「人為的なリベラル制」の対立について、検討してみたい。

## 「自由な人間関係」の多様さ

一般に「自由な人間関係」とは、自律した個人同士が、互いに束縛することなく交流すること、といわれる。市場であれば、自律した個人が合意のもとに取引することであり、企業組織であれば、人々が互いに契約し、共通の目的のために働くことである。

けれども「自由な人間関係」という場合、必ずしも「自律した個人」を前提とするわけではない。自由な組織には、例えば、「自由なコミューン（共同体）形成」とか、「自由な家父長制」といった形態もある。人は必ずしも、自律した強い個人ではない。個人としては脆弱であるからこそ、互いに力を合わせ、相互依存関係のなかで連帯意識を育み、共通の目的に向けて力を出していくことができる。だから「自由な人間関係」の理想を、「連帯的なもの」に見出す人たちもいる。

なるほど人間は、集団的な価値の文脈を離れて、必ずしもタフに生きていけるわけではない。けれども組織を形成する場合に、できるだけ自律した個人の理想を追求し、また各人の人権を法によって実現しようとする立場を、ここでは「リベラル」と呼ぶことにしよう。「リベラル」の立場は、組織内部でのいじめやハラスメントといった、悪しき人間関係に介入する。リベラルは、人為的な介入でもって、集団の内部においても、個人主義のすぐれた関係性を維持しようとする。

これに対して、自由な人間関係において「依存や連帯の関係」を認め、法による個人主義の要請を求めない立場を、ここでは「自由な関係性」と呼ぶことにしよう。「自由な関係性」は、自律していない個人が築く人間関係を、自由に認めようとする。連帯したい人、服従したい人、支配したい人、馴れ合いたい人、それぞれの人たちの自由な振る舞いを認めようとする。あるいはもっと積極的にいえば、「自由な関係性」は、企業組織が「連帯的・共同体的な価値」を重んじるべきだ、と考える。

もちろん、実際の企業組織には、「リベラル」な側面と「自由な関係性」の側面の両面がある。そこで問題となるのは、この二つの側面のいずれを強調するか、という点だ。

## ①過労死問題に対応できるのはどちらか

「過労死」の問題について考えてみよう。過労死とは、企業に忠誠をつくすモーレツ社員が、まさに燃え尽きるようにして死に至るようなケースである。

「自由な関係性」の立場からすれば、過労死は企業の責任ではない。というのも、組織内部での自由な忠義の関係に対して、法は介入すべきでないからである。これに対して「リベラル」の立場からすれば、企業は社員に対して、過剰なコミットメントを要求したがゆえに過労死を招いたのであって、そのような価値共同体の暴走に歯止めをかけるためには、過労死の責任を企業に負わせるべきだ、ということになる。

過労死の問題について、「自由な関係性」と「リベラル」のいずれが正しいだろうか。最近では、企業の責任を問うべきだとする「リベラル」の立場が優勢になりつつある。けれども、すべての過労死を企業の責任にすべきかどうかをめぐっては、意見が分かれるだろうし、また、過労死の問題を徹底して考えてみると、思考の布置連関が反転してしまう。

次のような仮想的ケースを考えてみよう[10]。ある企業では、残業時間を制約しつつも、業務改善のためのサークル活動や、自主的な勉強会、あるいは、自発的な企画会議をさまざまに開いているとしよう。この場合、社員がこれらの諸活動に積極的に参加したがゆえに、過労死したケースについては、どのように判断すべきであろうか。

この仮想例は、難しい判断を要求している。社員たちが自主的・自発的な意志でモーレツに働いている場合、「リベラル」の側からすれば、それで過労死した責任は個人にある、ということになろう。けれども「自由な関係性」の立場からすれば、会社組織は、社員に対して「自律した個人」であることを強要すべきではない。むしろ個人は、相互依存関係のなかで連帯意識を育むことが求められている。社員たちの自主的な活動といえども、実際には、組織全体の連帯的な活動の一環なのであって、これに参加して過労死した場合には、企業側の責任ということになろう。

ここでは興味深いことに、「リベラル」と「自由な関係性」の立場は、逆転している。すなわち、「リベラル」は「過労死の認定を制限せよ」と主張するのに対して、「自由な関係性」は、「過労死の認定を強化せよ」と主張することになる。

現代の企業は、法律上、過度に長い残業を強制することができない。その代わりに、自主的・自発的な残業やその他の活動を奨励することで、社員の人的資源を高めようとしている。こうした自主的な活動の奨励は、暗に労働を強要しているのではないか、とも考えられる。はたして私たちは、自主的なサークル活動や勉強会、あるいは自発的な企画会議を、「個人の自己責任原則」で捉えるべきであろうか。それとも、「組織の連帯的な活動の一環」として捉えるべきであろうか。「自由な関係性」を支持する立場は、自由な連帯組織という観点から、過労死の責任を企業に問うだろう。反対に「リベラル」の立場は、自律した個人の理想を実現するために、自主的・自発的なものは額面通り自主的・自発的と受けとめ[11]、企業に過労死の責任を帰さないであろう。

## ②内部告発に対する態度

次に、「自由な家父長制」という問題を考えてみよう。例えばある社長が、家父長制的・封建的な組織を運営したいという場合、私たちはそれを自由に認めるべきであろうか。それとも、どんな企業であれ、組織の内部においては、リベラルな人間関係を構築しなければならないであろうか。「自由な関係性」の立場からすれば、ある社長が「封建的な会社組織を作りたい」と望む場合、基本的には、認められる。その会社の方針に賛同しない人は、その会社と取引をしなければよいのであって、制度的にはなにも問題は生じない。

しかし例えば、最近になって社会問題化している「内部告発」について考えてみると、やっかいである。はたして、社員がその会社の不正を告発することは、会社に対する背徳行為であろうか。それとも倫理的に正しい行為として、法的・制度的に保護されるべきであろうか。内部者が会社の不正(不正な取引、不正な認証書の発行、談合など)を告発すれば、それは社会全体にとって利益になる。しかし当該の会社は重大な損失を被るので、企業としては、内部告発を未然に防ぐために、告発した人を処分するルールを作っておくだろう。例えば企業は、内部告発者に対しては、退職金を支払わないで解雇する、といったルールである。

内部告発者は、さまざまな理由から告発をする。はたして告発者が、本当に告発すべきであったのかどうかについては、いろいろな価値判断が成り立つであろう。けれどもここでは、問題を絞り込んで、内部告発者の処遇について考えてみよう。内部告発者は、会社の「守秘義務」を守らなかったがゆえに、あるいは会社に対する「忠誠心」が欠けていたがゆえに、解雇処分を受けるべきであろうか。それとも内部告発者は、不正を正して社会に利益をもたらしたがゆえに、社内でのいかなる処分も法的に不当とみなすべきであろうか。

「自由な家父長制」を重んじる立場は、内部告発者の解雇処分を正当とみなすであろう。これに対して、内部告発者を解雇から守るために、企業内での「守秘義務」や「忠誠心」に対して制約を課す立場は、「人為的なリベラル制」と呼ぶことができる。人為的なリベラル制とは、中間集団の組織内部において、「開かれた人間関係」を構築するように求める立場である。そのために、組織の掟に対して、制度的な制約を課す立場である。これに対して「自由な家父長制」は、個人の権利や保護よりも、集団組織の自由な活動を優先するだろう。この立場は、企業活動の自由を制約する点で反自由主義的であるが、個人の権利を重視する点ではきわめて個人主義的である。経済倫理の問題として、自由を重んじるのか、それとも個人を重んじるのか。それが問われることになろう。

### ③談合の「機能」をどう捉えるか

もう一つの例として、談合の問題を考えてみよう。談合とは、公共事業の入札をめぐって、入札に参加する業者たちが、あらかじめ相談して受注価格や受注業者を決めることである。談合は、違法であるとはいえ、これまで暗黙の取引慣行として存続してきた。談合が不正であると分かっていても、そのやり方は、業界内の利害調整をするためには一定の合理性があると考えられてきた。入札による競争ではなく、話し合いによって受注の仕方を決めたほうが、多くの労働者は失業のリスクに晒されずに生活することができるからである。

そのような配慮から、談合は、公共事業の発注元である公的機関や政治家が関わっている場合も多い。談合は、長年続けられてきた家父長制的な慣行であり、インフォーマルな競争回避装置であると言える。それは温情的な雇用調整の慣行である。こうした慣行に根をおろした制度を変革することは、けっして容易ではない。

「自由な家父長制」の観点からすれば、談合は、長年続いてきた競争回避手段であるから、これを「必要悪」として容認すべきだということになる。これに対して「人為的なリベラル制」の観点からすれば、談合は、さまざまな人為的手段を行使して抑止すべきである、ということになろう。例えば、談合を回避するための入札システムを開発し、それを改良していく努力が必要であろう。また談合を告発する者に対しては、特別の処遇を与えるようなインセンティヴ・メカニズムを開発する必要がある[12]。

### ④家事労働に値段はつけられるか

最後に、家事労働の有償化について検討してみたい。かつてイヴァン・イリイチは、家事労働を「シャドウ・ワーク」と呼び、資本主義社会において多くの労働が無償でなされている事実を浮かび上がらせたことがある［Illich 1981＝1990］。資本主義社会では、給与を稼いだ人が評価され、給与を稼いでいない人は評価されない傾向にある。例えば、家庭内においては、給与を稼いでいる夫の方が、専業主婦の妻よりも社会的な評価が高いとされることがある。そうした評価が背景となって、夫は妻に対して、「いったい誰が稼いでいると思っているのだ」といった権力的発言をしたりもする。また夫は、家事労働を妻に強いることによって、妻を搾取しているのではないか、と言われることもある。では家事労働は、有給の労働と比較してどのように評価することが望ましいであろうか。

あるフェミニストたちによれば、家事労働（炊事・洗濯・掃除など）をすべて市場価格で計算し

| C | X：自由な関係性 | Y：人為的なリベラル制 |
|---|---|---|
| | ・連帯の価値を守れ<br>・内部告発は背徳行為である<br>・談合は自生的慣行としての「理」をもつ以上、「必要悪」として認めよ<br>・家庭内の封建道徳は個人の私的自由として認めよ | ・個人の自己原則を貫け<br>・内部告発者を救済せよ<br>・すぐれた入札システムの開発によって談合を阻止せよ<br>・家事労働の有償化計算を奨励し、私的次元での男女対等社会を実現せよ |

**表1–3 「自由な関係性」対「人為的なリベラル制」**

て、主婦の労働を正当に評価すべきだ、という。家事労働を有償化して計算してみると、主婦は労働者としての自覚を得ると同時に、また、夫と対等の権力関係に立ち、例えば家事の分担問題について、相互に尊重しあいながら家庭を営むことができるというのである[13]。ここで問題は、家事労働を実際に有償化することではない。むしろ、そのような計算によって、従来の家父長的な家族関係を、ラディカルに見直すことである。家庭における家事の分担を反省して見直し、男女対等の望ましい家族関係を築いていこうというわけである。実際、日本政府は、一九九七年に「無償労働の貨幣評価について」(経済企画庁)という報告書を出している[14]。こうした計算結果の公表は、「人為的なリベラル制」の理念にもとづくといえよう。

これに対して、「自由な家父長制」を認める立場からすれば、主婦の家事労働は、貨幣計算によって捉えるべきではない。家事労働は、「無償の愛」によって家族に捧げられた営みであり、貨幣によって計算するとその価値はたちまち台無しになってしまう。家族の営みに物象化された貨幣の関係をもちこむならば、その共同性はかえって崩壊してしまうかもしれない。家族性を維持するためには、貨幣や価格の言語を控えるべきだ、というのが「家父長制」を支持する側の主張である。

もっとも、「家父長制」にもとづく家族形態は、男女が互いに対等な人格を認め合うという「愛の共同体」とは異なるであろう。ただし歴史的にみると、核家族の下での家父長制道徳は、近代の資本主義とともに、また「恋愛」のイデオロギーとともに形成されたという側面がある。近代以前（正確には家内制工業の段階まで）の家族は、生産の単位とみなされ、それゆえ家族においては当然、女性を労働力としてみなしてきた。しかし近代家族においては、女性の家事労働が正当に評価されず、結果として「家父長制」的な関係と「愛」の共同性が共存している。こうした状況を意識的に変革して、家父長制なき愛の共同性を育むことは可能である。「対等な愛の共同体」を実践できる人は、それを実行すればよいだろう。ただここで問題は、「対等な愛の共同体」を自発的に形成しない家族に対して、いかなる立場をとるか、という点である。

「リベラル」の立場からすれば、多くの家族が「対等な愛の共同体」を築くために、政府は教育や広報を通じて、家事労働の有償化計算を勧めるべきだ、ということになるだろう。また、家事労働を有償労働として計算した場合の「国富」について検討し、専業主婦に対しても相応の福祉給付を認めるべきだ、ということになるだろう。これに対し、家族形態の自由を重んじる立場は、たとえ対等な愛の共同体が望ましいとしても、政策的には政府はなにもなすべきではない、と考えるであろう。

以上、「自由な関係性」と「人為的なリベラル制」の争点について、四つの具体例を検討してきた。問題の対立点を整理すると、**表1－3**のようになる。

### 社長の専制、コネとカネ

この他にも、「自由な関係性」対「人為的なリベラル制」をめぐる議論として、参考までに二つの問題を挙げておきたい。

一つには、企業組織の内部において、社長の専制を認めるか、という問題がある。自由な関係性の社会においては、例えば社長は女性社員を自由に処遇することができるのであって、もしその接し方が気に入らなければ、女性社員は自由に別の企業を探せばよい、とみることもできる。セクハラやパワハラなどの問題に対して、「イヤなら自由に辞めよ」という発想は、組織における「自由な関係性」を認める立場だといえる[15]。これに対して、どんな組織に対しても、法による個人権の保護を求める立場が「人為的リベラル制」である。

もう一つ、はたして企業は、コネやカネ（賄賂）で人を雇ったり昇進させたりすることが望ましいか、という問題がある。真の実力主義・成果主義ではなく、血縁関係や取引関係を優先して採用するような企業が増えると、社会は全体として不公平になるかもしれない。私たちは、コネによる就職を認めるのか、それともこれをできるだけ倫理的に抑制すべきなのか。コネ社会を認める立場は「自由な関係性」であり、反対に、できるだけコネを排する立場が「人為的なリベラル制」である。こうした問題についても、自由の内実が問われよう。

### D.「包摂主義」対「非包摂主義」

最後の争点として、はたして企業は、基本的には金儲け第一主義で行動してもよいだろうか。それとも、社会全体のなかに、倫理の一翼を担う存在として包摂されるべきであろうか。

私たちは第一の争点において、企業は自ら倫理綱領を作成すべきか、という問題を論じた。倫理綱領の作成は、企業組織によって、社員の生活全体を倫理的に包摂する試みであった。ただし、個々の企業における個人の包摂は、中間集団の倫理化であって、社会全体（すなわち国家）の倫理的包摂を意味しない。これに対して以下では、社会全体の問題として、はたして政府は、諸個人の経済活動を倫理的に包摂すべきかどうか、という問題について考えてみよう。具体的なテーマとして、有害図書、ハゲタカファンド、優先雇用、企業の解雇権、という四つの問題を取り上げてみたい。

### ①「有害図書」は規制すべきか

幼児ポルノや自殺マニュアルといった本は、青少年の健全な育成のためとの観点から、禁止されたり、「有害図書」に認定されたり、あるいは、出版社の側で自主規制がなされることがある。自律した判断力をまだもたないとされる十八歳未満の青少年が、たまたま本屋で見つけた自殺マニュアル本を読んで自殺したとすれば、それは行政側の対応に落ち度があった、ということになるだろうか。あるいは例えば、十八歳未満にかぎらず、成人が幼児ポルノを享受するような社会は、道徳的に堕落した社会であるという理由で、これを禁止すべきであろうか。

幼児ポルノは、多くの人々が道徳的に望ましくないと思っている商品である。けれどもそうした商品が流通するのは、そもそも、人々が愚かな考え方や、愚かな欲望をもっているからであって、愚かな行為をする権利を人々に認めないと、社会は生き難いものになってしまう、という意見もある。また、「多くの人々が望ましく思っていない」という理由で「表現の自由」が制約されると、大衆によるマイノリティの抑圧をもたらすことにもなる。

幼児ポルノや自殺マニュアルが、特定の犯罪や自殺に結びつくという因果関係が明らかな場合には、それを規制の対象にすることができよう。しかし多くの場合、そうした因果関係は明白ではない。自殺した人は、自殺したいと思ったから自殺マニュアルを読んだのであって、マニュアルを読んだから自殺をしたわけではない、といった理屈も成り立つ。また別の話題として、私がニューヨークに留学していた頃、ニューヨークではアニメ番組の「クレヨンしんちゃん」が放送禁止になっていたが、それによってニューヨークの子供たちが日本の子供たちよりも「品行方正」になったのかと言えば、それは調査してみなければ分からないが、疑わしいだろう。

因果関係が明白ではないにもかかわらず、幼児ポルノを規制すべきであると主張する人々は、経済活動全体を倫理的な観点から包摂するという、「包摂主義」の観点に立っている。これに対して幼児ポルノを規制すべきでないと主張する人々は、人間の愚かさを認める「弱さの自由」を権利として主張するか、あるいは、幼児ポルノの排除を政府に任せず、家庭や地域などの単位で自主的に排除するような取り組みに希望をいだくであろう（この場合、大都市の歓楽街では幼児ポルノの販売が認められるかもしれない）。いずれにせよ、ここで問題は、経済活動は、有害図書を含めて、基本的に「金儲け第一主義」であることを認めるかどうかにある。

## ②ハゲタカファンドは反倫理的か？

第二に、ハゲタカファンドの問題を考えてみよう。通常、「ハゲタカ」と呼ばれる投資ファンドは、経営に無駄が多い企業や、倒産寸前の企業を買い取って、リストラや事業の再編をすすめ、それによって企業価値を高め、そこから収益をあげることを目標に活動している。場合によっては、ハゲタカファンドは、その企業のおいしい資産だけを切り売りして、残りを消滅させてしまうこともある。ハゲタカファンドは、企業を買い取って効率化したり、あるいは、その非効率な部分を捨て去ることで、収益をあげる。こうした活動はしかし、従業員に苛酷な生活を強いる一方で、自らはマネーゲームによって儲けているようにみえるので、倫理的に批判されることが多い。

そこで問題は、はたして政府は、ハゲタカファンドの活動に規制をかけるべきであろうか、それともハゲタカファンドの自由な活動を認めるべきであろうか。マネーゲームを非倫理的とみなす立場は、包摂主義の観点から、ハゲタカファンドへの規制を求めるであろう。反対に、非包摂主義の観点からすれば、ハゲタカファンドは経済社会の効率化に貢献しているのだから、市場の論理にまかせるべきということになろう。ハゲタカファンドが行っていることは、まさに自然界でハゲタカが行っていることと同じであり、ゴミタメとなった企業を掃除することである。非包摂主義者であれば、ハゲタカの役割を批判する前に、企業の価値を貶めた経営者の責任を問うべきだろう。

### ③「優先雇用」の問題

次に、「優先雇用」の問題について考えてみよう。女性の雇用を促進するための「構造調整政策」というものがある[16]。企業はこれまで、女性が結婚や育児を理由に退職する可能性を考慮して、女性よりも男性を優先的に雇用し、昇進に際しても男性を優先してきた。雇用や昇進に際して男性を優先するという慣行は、企業文化のなかに埋めこまれている。しかし、企業が戦力として男性を優先するかぎり、女性は働くインセンティヴを殺がれてしまう。短期的にみれば、女性の優先雇用は、直接の利益に結びつかない。しかし長期的にみれば、女性の労働をうまく活用した社会のほうが、経済的に望ましい。またそのような社会は、「男女共同参画社会」という理想にも適っている。

そこで政府が企業に対して、女性の優先雇用を促進すべきであるとの立場が「包摂主義」である。例えば政府は、企業に対して育児休暇の充実を求めたり、あるいは女性が昇進に際して不当な扱いを受けた場合には、司法の側で女性を手厚く保護するといった政策を推進することができる。

同様の問題として、身体障害者の雇用問題がある。身体に障害をもっている人でも、仕事のできる人は多い。しかし実際には、職場内で生じうる社会的差別が障壁となって、企業はこれまで、障害者をあまり雇用してこなかった。障害者は、職場で差別されるがゆえに、実力を発揮できないことが多い。短期的にはともかく、障害者を優先的に雇用するならば、長期的には人々の差別意識が変化して、障害者にとって働きやすい職場環境となることが期待できよう。福祉の先進諸国では、そのようなケースがみられる。そこで日本においても、短期的には利益を損なうとしても、政府は長期的な経済的利益と善き社会の実現という両方の観点から、障害者の優先雇用を促進すべきとみなす立場が「包摂主義」である。ただしここでは、身体障害者の優先雇用が、長期的な経済的利益を損なわない範囲で問われている。もし損なう場合には、経済と福祉のいずれを優先するか、が問題となる。しかしこの問題は、先に論じたBにおける「原理としての善」対「秩序としての善」の争点と重なるので、ここでは問わない。

**④「解雇されない権利」と雇用**

最後に、企業の「解雇権」の問題について。企業は、経済活動の自由という観点から、解雇権を自由に行使してもよいであろうか。それとも解雇権は、道徳的な観点から制約されるべきであろうか。

日本の労働基準法は、被雇用者の「解雇されない権利」を定めているわけではない。しかし最高裁では、「解雇権利の濫用」を無効とする判決が出ている。アメリカでは「任意雇用」という、理由のいかんにかかわらずいつでも任意に解雇できることが、雇用者の権利として認められている。ところが日本では、そうした解雇は「労働者の人格に対する尊敬を欠いている」という理由で、法によって解雇権の行使を制約してきた。例えば、経営者の都合によって解雇する場合には、「人員整理の必要性」、「解雇回避の努力」、「人選の合理性」、「解雇理由に関する説明と納得への努力」、という四つの要件が満たされなければならない。企業の経営者は、いったん労働者を雇った以上、その労働者に対して不当な扱いをしてはならない、というのが解雇権制約の理由である。

しかしこうした解雇権の制約は、それを強化しすぎると、企業はかえって、正社員を雇うことに慎重になってしまう。正社員よりも、派遣社員や契約社員を多く雇うことになるだろう。派遣社員やパート労働者であれば、契約の更新時に、「更新手続をしない」というかたちで解雇できるからである。企業の解雇権を大きく制約すると、それは正社員にとって「人格の尊厳」を高める制度になるとしても、派遣社員や契約社員にとってはなんの利益もない。むしろ企業側の解雇権を厳しく制約すると、多くの人々が派遣社員や契約社員になり、結果として雇用不安が高まるかもしれない。

解雇権は、それを自由に認めれば、労働力の流動性が高くなる。他方でそれを厳しく制約すれば、多くの労働者が派遣社員化・契約社員化することによって、やはり労働の流動性が高くなる[17]。だから問題は、中途半端な解雇権の制約にある、と言われるかもしれない。しかしここで問題は、労働力の流動性ではなく、解雇権の制約によって、人々の生活を社会的に包摂するか、それともそのような包摂は「正社員」と「非正社員」のあいだに二重基準（したがって二重道徳）を生み出すことから、望ましくないとみなすか、という点である。言いかえれば、包摂か、それとも非包摂か。

およそ雇用であれ福祉であれ、「国家による倫理的包摂」の理想は、実際には、社会の成員すべてを対象にすることができず、「包摂される人／排除される人」という差別を生み出すことがある。そこで、たとえ差別が起きるとしても、できるだけ多くの人々を国家が包摂しようというのが、「包摂主義」の立場である。これに対して、できるだけ差別を生じさせないようにするためには、国家による包摂の水準そのものを引き下げるべきだ、と考えるのが「非包摂主義」の立場である。

## 倫理／信条／願望を切り離そう

なおここで、「倫理」の問題と「信条／願望」の問題を区別しておこう。「倫理」の問題とは、自分はさておき、社会のなかで他の人々がどのように振る舞うべきか、に関する問題である。これに対して「信条」の問題とは、他人はともかく、自分がどのように振る舞うべきか、に関する問題である。また「願望」の問題とは、人々を強制したり、あるいは人々に誘引を与えたりせずに、社会が自生的に善い方向に向かってほしいと望むかどうか、に関する問題である。例えば、「不利益になるとも女性を雇用すべきか」という問題に対して、「自分だったらそのようにする」と答えるのは「信条」の問題である。これに対して、「他の経営者に対しても法的・制度的なインセンティヴを与えて女性の雇用を促進すべきである」と答えるのは、「倫理」の問題である。そして、「できることなら人々が自発的にすぐれた道徳を身につけて、政府の介入には頼らずに、道徳的な経済システムが形成されてほしい」というのが「願望」の問題である。「倫理」と「信条」と「願望」とは、一つの問題に対する応答として、それぞれ切り離して考えることができる。例えば、「信条」においてすぐれた道徳律を

| D | X：包摂主義 | Y：非包摂主義 |
|---|---|---|
| | (4)倫理家（政府は企業の活動を道徳的に制約ないし促進して、これを倫理的国家全体のなかに位置づけなければならない） | (1)信条家（企業は自らの信条において自由に行動すべきである。信条のある人が、長期的な視点をもって行動すればよい）<br>(2)願望家（長期的視点をもった企業が自生的に増加することによって、短期的利益のみを追求する企業は、市場で淘汰されればよい）<br>(3)利己主義者（企業は、短期・長期の利益について、自由に自己責任をもって判断すべきである） |

**表1-4 「包摂主義」対「非包摂主義」**

もった人が、必ずしも「倫理」の次元では同じ発想をするわけではない。「信条家」は、自分だったら「女性を優先的に雇用する」と発想するが、他の企業に対しては、それを強制すべきではない、と考えるかもしれない。

ここで「包摂主義」対「非包摂主義」において問われているのは、「倫理」の問題である。すなわち、政府が倫理的包摂のために何らかの制度的強制や促進をなしうるかどうか、に関する問題である。したがって「信条」や「願望」における包摂は、非包摂主義に分類されることになる。

もう一つ注意すべき点として、ここで問題にしている「倫理」は、それを採用することによって、結果として経済成長を見込むことができるかどうかには関係がない。包摂主義と非包摂主義はともに、経済成長を促進する場合と制約する場合がある。経済成長そのものを志向すべきかどうかについては、Bにおける「原理としての善」対「秩序としての善」という争点を参照されたい。

以上に論じてきた「包摂主義」対「非包摂主義」について、これを「倫理」と「信条／願望」の区別を踏まえて分類してみると、**表1－4**のようになる。

この分類では、善き社会の実現のために、政府が何らかの対応策を講ずるべきかどうかに照準して、諸々の立場を分類している。しかしこの分類で「非包摂主義」の側に割り振られた三つの立場、すなわち、「(1)信条家」と「(2)願望家」と「(3)利己主義者」の道徳的応答は、それぞれ異なる。とりわけ(2)の「願望家」の立場は、それがもし強固な願望となれば、実践的には、(4)の「倫理家」の主張に近づくであろう。というのも、ある道徳的行為の自生的な出現を願う人は、その出現を少しだけ制度的に支援するような政策を支持する可能性が高いからである。例えば、女性や身体障害者を優先的に雇用した企業に対して、多少の金銭的インセンティヴや社会的表彰を与えることは、道徳的な企業を増やすための制度条件として、支持されるかもしれない。こうして(2)の立場は、実際には(4)の立場へと歩み寄ることができる。

ただし、ここで問題にしているのは、あくまでも「倫理」の次元である。すなわち、政府の介入を認めるかどうかである。「経済倫理」の問題は、最終的には、政府による制度的な調整を正当化しうるかどうか、という事柄に関わる。道徳の自生的な出現を求める「願望家」は、そのような出現を政府の支援なしに楽観するのか、あるいは、政府の支援によって少しでもその出現を促進してみようと考えるのか、いずれかの立場に立っていただきたい。道徳の自生的発展を楽観する人は「自生派の願望家」であり、これに対して促進を望む人は「自生化主義の倫理家」、つまり、自生的な出現を制度的に促進することに関心をもった倫理家である。

## 2　八つの倫理的立場

## 争点の一覧と主要な思想との関係

これまでの検討によって、私たちは経済倫理上の主要な問題を明らかにしてきた。それぞれの争点について立場を明確にしていくと、あなたはどのような倫理的立場に立つことになったであろうか。あなたは「なに主義」であろうか。ここで、争点の一覧表（表1－5）を挙げておきたい。

ここに挙げた争点について、それぞれ立場を明確にすると、ありうる立場は合計十六になる。そのなかでも、思想的にポピュラーな立場は、表1－6のように八つに類型化することができる[18]。

例えば、Aの論点についてはX：利益を選び、Bの論点についてはY：安定・成長を選択、Cの論点ではX：自由な関係性、最後の論点DではY：非包摂主義を選ぶという場合、A～Dの論点についての立場をまとめて表すと、X，Y，X，Yとなる。これは表1－6を見ると「新自由主義（ネオリベ）」の立場となることがわかる。

さて、あなたは「なに主義」の立場をとることになったであろうか。もし自分の立場が以上の八類型に当てはまらない場合には、その立場をどのように説明するだろうか。また、私の単純な類型説明を超えて、自分の立場をいっそう一貫した論理によって説明できるだろうか。最初に述べたように、経済倫理学の課題は、現実に生じるさまざまな経済問題に対し、一貫した立場を形成することである。そしてその立場から、他の人々を説得して、自らの立場を積極的に主張することである。一貫した論理を構築した人は、社会にビジョンを与え、他者を説得することができる。論理的一貫性の威力は、けっして侮ることができない。一貫した論理は、人間を説得し、社会変革の実践を喚起していく。その威力がきわめて政治的であることに気づいたら、読者は、イデオロギーの問題に敏感にならざるを得ないだろう。

| A | X：利益 | Y：道徳 |
|---|---|---|
| | (1)企業は経済的合理性を追求しうる。経済制度は純化すべきである<br>(2)創造的破壊によって社会の進化をもたらすべきである<br>((5)政治的市民＝主体の経済的自立を目指すべきである) | (3)経済社会は一定の商慣行に埋めこまれた倫理的なものになるべきである<br>(4)企業は社員の生活の倫理的包摂を目指すべきである |
| B | X：原理としての善 | Y：秩序としての善 |
| | X—1：公正<br>(1)原理的公正派（経済秩序が収縮・崩壊するとしても、公正を貫け。政策運営にコストがかかるとしても、公正を貫け）<br>(2)特殊共同善派（秩序全体が収縮・崩壊するとしても、地域ごとの共同善を守れ） | Y—1：安定・成長<br>(3)秩序派（低所得層の厚生水準を悪化させないために、高所得層をいっそう利してでも、現行の秩序を維持せよ）<br>(4)成長派（国民経済の持続的発展という観点から望ましい政策を判断せよ。市場の活況や雇用の促進を殺ぐような「公正」の要求を退けよ） |
| | X—2：その他<br>(5)原理的自由派（経済秩序が収縮・崩壊するとしても、自由を貫け）<br>(6)原理的革命派（強者は没落すべきであり、弱者は浮上すべきである） | Y—2：その他<br>(7)保守派（経済が衰退するとしても、既存の家父長制道徳を維持・回復せよ） |
| C | X：自由な関係性（連帯／家父長制） | Y：人為的なリベラル制 |
| | ・連帯の価値を守れ<br>・内部告発は背徳行為である<br>・談合は自生的慣行としての「理」をもつ以上、「必要悪」として認めよ<br>・家庭内の封建道徳は個人の私的自由として認めよ | ・個人の自己責任原則を貫け<br>・内部告発者を救済せよ<br>・すぐれた入札システムの開発によって談合を阻止せよ<br>・家事労働の有償化計算を奨励し、私的次元での男女対等社会を実現せよ |
| D | X：包摂主義 | Y：非包摂主義 |
| | (4)倫理家（政府は企業の活動を道徳的に制約ないし促進して、これを倫理的国家全体のなかに位置づけなければならない） | (1)信条家（企業は自らの信条において自由に行動すべきである。信条のある人が、長期的な視点をもって行動すればよい）<br>(2)願望家（長期的視点をもった企業が自生的に増加することによって、短期的利益のみを追求する企業は、市場で淘汰されればよい）<br>(3)利己主義者（企業は、短期・長期の利益について、自由に自己責任をもって判断すべきである） |

**表1-5　経済倫理上の主要な争点（一覧）**

| | A | B | C | D |
|---|---|---|---|---|
| 新保守主義（ネオコン） | Y | Y | X | X/Y* |
| 新自由主義（ネオリベ） | X | Y | X | Y |
| リベラリズム（福祉国家型） | X | Y | Y | Y/X** |
| 国家型コミュニタリアニズム | Y | Y | X | X |
| 地域型コミュニタリアニズム | Y | X | X | X |
| リバタリアニズム（自由尊重主義） | X | X | X | Y |
| マルクス主義／啓蒙主義(1) | X | X | Y | X |
| 平等主義／啓蒙主義(2) | X | X | Y | Y |

*新保守主義は、女性の優先雇用や解雇権の制約には消極的なので、DについてはXとYの混合を支持する。
**リベラリズムは、Dの包摂主義の政策を、もし「主体の自律化」のための温情的な措置であると捉えるならば、Xに賛成するかもしれない。Xを包摂とみなさず、自律支援とみなす場合もある。

**表1-6　八つの倫理的立場**

# 第二章
# イデオロギーの立場を分類してみよう

前章では経済の問題を手がかりに、イデオロギーの八類型を提示した。経済倫理に関する四つの問題について、それぞれ立場をとっていくと、およそ十六の立場が分類される。そのなかで主要な立場は、八つの類型（九つのパタン）として提示された。読者の立場は、これら八つのカテゴリーに当てはまったであろうか。あるいは、いずれのカテゴリーにも分類されなかったであろうか。分類されなかった場合、はたして自分のイデオロギーを、一貫したものとして示すことができたであろうか。

本章では、前章の分析を補うべく、二つのテーマについて論じたい。第一に、前章で類型化した八つのイデオロギー内容を紹介しながら検討したい。第二に、前章で類型化されなかったイデオロギー的立場についても検討してみたい。私はこれまで、前章の問題を、いくつかの機会にアンケートしてきた。その結果をふまえて、経済倫理のイデオロギー分析を一歩すすめてみよう（なお本章は前章の補説であり、読者は適宜、必要な箇所を読んで先に進まれたい）。

## *1* 八つのイデオロギー類型について

前章で類型化した八つの立場とは、「新保守主義（ネオコン）」、「新自由主義（ネオリベ）」、「リベラリズム（福祉国家型）」、「国家型コミュニタリアニズム」、「地域型コミュニタリアニズム」、「リバタリアニズム（自由尊重主義）」、「マルクス主義／啓蒙主義(1)」、および、「平等主義／啓蒙主義(2)」の八つであった。以下ではこれらの立場について紹介しつつ、理解を深めていこう（それぞれの立場の基本文献については、巻末ブックガイドを参照いただきたい）。

## (1)新保守主義（ネオコン）――Y，Y，X，X／Y

### 「権威の危機」へのリアクションから

「新保守主義（ネオコン）」とは、最近ではジョージ・W・ブッシュ政権におけるイラク攻撃推進派の主張として注目を浴びているが、もともとアメリカの左派知識人の政治的志向に根ざすもので、一九六〇年代の後半、リベラリズム（リベラル文化やカウンター・カルチャー）に対抗して登場してきた思想である。それまでのアメリカ社会においては、WASP（アングロサクソン系プロテスタントの白人たち）が支配していた。ところがベトナム戦争が泥沼化し、また福祉国家にもとづく経済成長が頭打ちになると、WASPは没落しはじめる。代わって登場したのが、多文化主義的なリベラリズムを信奉する新しい中産階級の人々であった。ところがこの新しい勢力に対して、再びエスタブリッシュメントの文化を復興しようと企てたのが、「新保守主義」である。

当時の新保守主義者たちは、アメリカおよび西洋社会が「権威の危機」に陥っていると考えた。資本主義の新たな担い手たちは、いわゆるホワイトカラーのビジネスマンたちであり、彼らはたんに、快適な生活を求めるだけのニヒリスト（価値や善の問題に無関心な人）ではないのか。彼らは社会全体の正当性を危機に陥れているのではないか、と新保守主義者たちは考えた。これに対抗すべく、新保守主義者たちは、健全なナショナリズムを訴えていく。具体的には、①極端な「市民的不服従」には反対し、ベトナム戦争への兵役義務を強化する。②犯罪者に対しては、その人の人権を守るよりも、むしろ死刑を支持し、罰則強化や検閲の強化を求める。③ベトナム戦争は悲劇的であったが、しかし国家犯罪ではないとみなして、国家の正当性を疑わない。④反共政策によって、国家的統一を促進する。⑤白人至上主義を捨てて、キング牧師の見解を支持する一方、これまで宗教・家族・西洋文明が築いてきた「ハイ・カルチャー（エスタブリッシュメント文化）」に対しては、敬意を払う。⑥快楽主義や欲望主義を否定して、望ましい公共哲学（例えば、過去の遺産の継承や、将来世代に対する義務）を示す。⑦いわゆる「アメリカ文化」に対する世界的な嫌悪感情を取り除くために、国際協調主義の立場をとる。およそ以上のような提案である。

また、当時の新保守主義者たちは、「福祉国家のゆるやかな拡張」には賛成する一方で、福祉予算や軍事予算が急激に増えることを憂慮した。彼らによれば、近代の民主主義体制は、民主的な要求が多くなりすぎると、過多に陥ってしまう。そこでこの体制を維持するために、新保守主義者たちは次のような政策を訴えた。①中間集団（隣人、家族、教会）のエンパワメント、②人々の紐帯を掘り崩すような教育（例えば人種宥和政策）の拒否、③医療制度などにおける福祉拡張の見直し（したがって「結果の平等」に対する批判）、④第三世界の経済的要求に対する不支持（すなわち、世界資本主義の搾取説と世界規模の福祉国家論に対する不支持）、⑤成長志向の政策によって、価値の多様性を宥和していくこと、⑥一九七二年の大統領選においては、リチャード・ニクソンの再選を支持する、⑦エリート教育の確立に努め、エスタブリッシュメント文化を刷新する、といった政策である。

およそ以上のような政策理念が、一九七〇年代の新保守主義を規定するものであった。こうした特徴は、リベラリズムに対して正面から対抗するというよりも、むしろリベラリズムの再定義を目指したものといえる。新保守主義は、福祉国家がラディカルな左翼によって支配されることを牽制しつつ、政治的には「自律した近代主体」の確立を求めて、制度の至るところに「規律訓練権力」を配備しようとしたのである。新保守主義のゴッド・ファーザーといわれるアーヴィング・クリストル（批評家、編集者）によれば、新保守主義とは、「現実の苛酷さを味わったリベラル」である。つまり新保守主義とは、実行可能な選択肢のなかで、リベラルな社会を実現していく思想、というわけである。新保守主義者たちは、「将来の政体に希望をもった左派」と「移民の右派」から出発しており、左右の両翼に広がる理念をもっている。

## 新保守主義の現在の立場

さて、以上のような新保守主義の思想は、二十一世紀に入ってどうなったのか。新保守主義は、二〇〇三年のイラク攻撃を正当化したことから、大きな批判にさらされている。しかし批判には誤解も多く、私たちはこの思想に対する俗流理解を避けなければならない。また私たちは、新保守主義の「国内政策」に関心を寄せているので、国際関係の問題については、とりあえず留保しよう[19]。

では現代における新保守主義の国内政策とは、どのようなものか。すでに第二世代となった新保守主義思想は、いまやアメリカのエスタブリッシュメント文化のなかに根を下ろしており、この思想はアメリカの支配階級の思想として、かたちを変えて存続していくかもしれない。ここでは二点に絞って、その特徴を描いてみたい。

第一に、新保守主義は「低俗な欲望を道徳化すること」に関心を抱いており、具体的には、ポルノグラフィーの全面的な禁止を主張している。また第二に、この思想は、〈大いなるもの＝国家〉への依存体質を克服すべきであるとの観点から、福祉給付と家族の問題における中間集団の主体性と自律性を重視している。具体的には、「新しいパターナリズム」と「チャリタブル・チョイス」という、きわめて論争的な政策が、アメリカではすでに実行されている。

「新しいパターナリズム」とは、福祉受給者を福祉依存状態から脱却させるために、地域コミュニティを媒介にした雇用創出と就労支援を通じて、人々を労働者として社会に包摂する、という政策である。これに対して「チャリタブル・チョイス」とは、薬物依存症やアルコール依存症からの脱却、あるいは、就労支援や職業リハビリテーションなどにおいて、宗教団体が国の公的資金を得てサービスを行うことである。一九九六年の福祉制度改革法によって、宗教団体はその宗教的性格を維持したまま、政府の福祉サービスを請け負うことができるようになった。この制度改革は、サービスの受け手が、慈善団体の活動を積極的に利用できるように促すものであるため、「チャリタブル・チョイス」条項と呼ばれている。

以上のような新保守主義の諸政策は、思想的にはガートルード・ヒンメルファーブの政治思想にもとづいている。ヒンメルファーブは、イギリスにおける後期ヴィクトリア時代（十九世紀後半）の研究で著名な歴史家で、彼女は、この時代に福祉国家のさまざまな道徳的基礎が生まれたことに注目している。ヒンメルファーブによれば、福祉国家は、その制度的な成功とともに、道徳的基礎を失っていった。そこで私たちは、福祉国家の初期へと回帰し、人々を道徳的かつ主体的に形成するような社会を、もう一度展望すべきだというのである。ヴィクトリア時代の理念を継承して、「自発的な慈善事業」としての福祉活動を再興すべき、というのがヒンメルファーブのメッセージである。

新保守主義は、資本主義経済を倫理化することに積極的である。その倫理は、保守的な家父長制を容認するものであり、女性労働者の優先雇用や解雇権の制約に対しては消極的である。他方で新保守主義は、経済が全体として成長することを志向している。また同時に、健全なナショナリズムの育成によって、社会全体を道徳的なものへと変革しようと企てている。それゆえ新保守主義は、前章の表においては、Y，Y，X，X／Yという立場をとるであろう。こうした新保守主義の政策的立場は、先進諸国において、ある程度まで現実のものとなっている。国内政策に関するかぎり、この立場は、ブッシュ政権の戦争支持とは区別して理解しなければならない。

## (2)新自由主義――X，Y，X，Y

### 企業の自由と成長、自生的な倫理

これに対して「新自由主義（ネオリベ）」とは、アメリカの近代経済学者たちをその中心的な担い手とする立場であり、ミルトン・フリードマン、ジェームズ・ブキャナン、フリードリッヒ・ハイエクなどの論客に代表される。それは主として、一九八〇年代以降の先進諸国の経済政策、とりわけ民営化政策を導く理念となってきた。新自由主義は、企業の利益追求の自由を認めつつ、経済秩序全体の成長を志向する。また道徳に関しては、中間集団における家父長制の営みを自由に認め、国家が倫理的存在として人々の生活を包摂することに対しては反対する。新自由主義によれば、倫理や道徳は自生的なものであって、社会の倫理化をあえて企業が企てる必要はない。また自生的な道徳の発展に代わって、国家が社会の倫理化を企てるべきではない、と考える。

新自由主義は新保守主義と違って、ポルノ規制に反対する。また、新保守主義は現在のアメリカ型福祉国家の規模をもう少し拡大してもかまわないとみなすが、これに対して新自由主義は、福祉国家の規模を縮小すべきだと考える。以上の理由から、新自由主義の立場は、前章の表ではX，Y，X，Yとなる。

歴史的に言えば、新自由主義の思想は、一九六〇年に出版されたF・A・ハイエクの記念碑的労作、『自由の条件』にさかのぼることができる。それ以前の一九五〇年代といえば、先進諸国において福祉国家の建設が成功し、福祉国家は今後、社会主義的な計画経済へと発展するのではないか、と思われていた。市場経済は、不安定・非効率・不公正であるから、これを「合議」と「平等」の理念によって、計画的に制御しなければならない。これが五〇年代の支配的な考え方であった。しかしそうした時代潮流に対して真っ向から反対し、自由主義の新たなビジョンを示したのが、ハイエクの『自由の条件』であった。ハイエクは具体的に、労働組合強制加入に対する批判、インフレ的貨幣政策への批判、産業立地統制に対する批判、農産物価格維持政策に対する批判など、当時の時代状況においてラディカルな（しかし現在では穏当な）批判を展開した。ネオリベラリズムの「ネオ」とは「後」という意味で、「福祉国家の後の段階」を指している。ハイエクは福祉国家の最盛期にあって、その「後」の社会ビジョンを探ったといえるだろう。

またM・フリードマンは、ハイエクとはやや異なる観点から、新自由主義の諸政策を訴えている。重なる点も多いが、独創的な点では、例えば、学校選択の自由化（クーポン制度）や、「k％ルール」と呼ばれる貨幣供給量の増加率固定化案といった政策案がある。

### リバタリアニズムとの違い

大まかに言えば、新自由主義は「小さな政府」を求める思想である。いまかりに、新自由主義を次のように特徴づけてみよう。すなわち、所得税の減税とその累進率の引き下げ、公的組織（国鉄・電信電話公社・郵便事業・道路公団など）の民営化、各種規制の緩和ないし撤廃、関税の撤廃、外国人による株の売買と投資の奨励、政府献金の禁止、インフレ率の抑制、公的社会保障の廃止、年金の廃止、等々の政策を、できるかぎり実行する思想理念である、と。論理的には、警察や裁判を含めて、すべての分野において国家の業務を民間にゆだねることができるだろう。だから新自由主義の徹底は、リバタリアニズム（自由尊重主義）に至る。しかし新自由主義は、リバタリアニズムほどラディカルな政策を訴えない。

リバタリアニズムの立場は、原理的な自由を重んじて、「たとえ経済秩序が収縮・崩壊するとしても自由を貫徹せよ」と要求する。これに対して新自由主義は、「低所得層の厚生水準を悪化させないために、高所得層をいっそう利してでも現行の秩序を維持せよ」と発想する。あるいは新自由主義は、「国民経済の持続的発展という観点から、望ましい政策を判断せよ。そして市場の活況や雇用の促進を殺ぐような『公正』の要求を退けよ」と発想する。つまり、リバタリアニズムは「原理的な自由」を求めるのに対して、新自由主義は、「秩序と成長」のために「自由」を求める。新自由主義は、原理的な自由を徹底する思想ではなく、むしろ福祉国家を容認している。もし市場経済が、分散的な統治によって活性化するのであれば、その場合には、政府の支出が多くてもかまわない、と新自由主義者は考えるであろう。

ここで新自由主義の特徴を、定義風にまとめてみよう。「新自由主義」とは、(1)市場経済のグローバル化によって生じた先進諸国（民主主義と福祉国家の建設において成功した諸国）の体制がもつ一特徴であり、それは、(2)結果としての所得不平等を容認すると同時に、(3)公的サービスの提供の仕方に貨幣原理や選択原理などを導入しようとする。またこの体制は、(4)地域－国家－国際機関の民主的運営を目指すよりも、多国籍企業の支配力を優先するものであり、そこにおいては、(5)物質的な充足を追求する画一的な消費文化というものが支配的な影響力をもち、(6)企業が収益性を求めて行動する結果として、人々の社会的紐帯が脆弱化すると同時に、(7)労働者たちが解雇をおそれて企業に忠誠を誓うという「従順な主体化」を促している。さらにこの体制は、(8)社会階層の分断化と階層間移動の非流動化を容認しつつ、(9)人的資本を高めるような訓練の機会を十分に提供できないでいる。

以上の定義は、このイデオロギーを批判すべき対象として描いたものである。その基本的特徴は、(1)から(3)までであり、(4)から(9)は、副次的な特徴である。もし(4)から(9)の副次的特徴を克服した新自由主義があるとすれば、それを「洗練された新自由主義」と呼ぶことができるだろう。例えば、多国籍企業の支配力を牽制し、画一的な消費文化を克服し、地域コミュニティを活性化させ、労働者の自主性が高まり、階層間移動の人口流動化も高まり、人的資本を高めるような就労支援が拡充される。そのような社会は、「洗練された新自由主義」社会、と呼ぶことができよう。

## (3)リベラリズム――X, Y, Y, Y／X

ここで「リベラリズム（福祉国家型）」とは、経済的自由主義とは異なり、経済的には福祉の公正な配分を認め、政治的には「自律した主体」=「政治的自由」の制度を求める立場である[20]。リベラリズムは、人々が既存の伝統や慣習から解放されて、自律した主体になることを目指している。したがって、経済活動における既存の慣行の合理性を認めず、また、経済活動よりも政治活動のほうが、「自律した生き方」に相応しい営みであると考える。この立場からすれば、談合は間違った慣行であり、また女性の家事労働は、それが慣習的であるかぎり「自律した女性」の理想に相応しくない。さらにリベラリズムは、所得の問題を「自律のために必要な経済的厚生水準」の問題として捉え、ケインズ的なマクロ政策にもとづく失業対策に賛成して、人々の厚生水準の増大を志向する。ただし、リベラリズムは、ポルノグラフィーや自殺本についてはこれらを「寛容」の観点から容認し、たばこの規制については「自律した生活の支援」という観点から賛成するだろう。また女性の優先雇用や解雇権の制約については、「自律」の観点からこれらに賛成するであろう。したがってリベラリズムの立場は、Dの問題については両義的であり、表ではX, Y, Y, Y／Xとなる。

思想上のリベラリズムとは、個人の権利と機会の平等を掲げる理念のことで、具体的には、言論の自由、開放的なコミュニケーション、信仰の自由（寛容）、政府の権限制約、透明性のある合理的な政府運営、法の支配の確立などを求めている。

リベラリズムは元来、政府の強制から個人を解放する思想であったが、人々は政府の強制から解放されても、依然として従来の悪しき慣習や、中間集団の専制といった支配から解放されることがない。そこでリベラリズムは、政府の統治力でもって、前近代的な悪しき人間関係を制約すべきだ、と考えるようになった。この点でリベラリズムは、近代の人間主義（ヒューマニズム）と結びついている。人間が真に人間的であるためには、たんに政府から強制されないだけでなく、前近代的な、野蛮な状態を克服する必要がある。リベラリズムはそのような発想から、投票する権利、教育をうける権利、健康に暮らす権利、働く権利などの社会権を求めてきた。

英語の「リベラル」という言葉には、「自由で高貴で寛大な」という意味がある。この場合の「自由」とは、「言論によって自己主張する市民になること」であり、「高貴」とは、「他人に媚びへつらうことなく生活すること」であり、そして「寛大」とは、「人間の愚かさを咎《とが》めず、意志の弱い人に憤らずに暮らすこと」である。こうした諸々の理念を実現するためには、経済面で、次のような政策が必要であろう。すなわち、①女性は家事労働に引きこもるべきではない、②不当解雇を認めない、

③内部告発を奨励する、④ポルノグラフィーを容認する、等々の政策である。リベラリズムは、「自由で高貴で寛大な」という理念にもとづいて、これらの政策を支持する傾向にある。

こうしたリベラリズムの考え方には、そもそも人間は、尊厳をもって生きるべきだとの信念がある。人がプライドをもって生きるためには、既存の倫理や道徳に縛られてはならない。また、できることなら、経済状況の変動に左右されない生活が望ましい。リベラリズムはこのように考え、既存の慣行や市場経済の変動から、できるだけ隔離されたところに、人間の尊厳を見出す傾向にあるようだ。実際、リベラリズムの主要な担い手たちは、弁護士、公務員、大企業に勤める正社員、職業学者などの、安定した仕事に就いている（あるいはそれを理想視している）場合が多い。

リベラリズムは、既存の慣行からの自由と、経済変動リスクからの自由を求める。この立場は、経済が道徳に埋めこまれているべきだとは考えない。リベラリズムは、一方ではフェミニズムにおける女性の解放を支持し、他方ではケインズ主義の経済政策によって、失業リスクと経済変動リスクを減じる政策を支持するだろう。

(4)国家型コミュニタリアニズム――Y，Y，X，X

(5)地域型コミュニタリアニズム――Y，X，X，X

## 二つのコミュニタリアニズム

「コミュニタリアニズム（共同体主義）」とは、コミュニティ（共同体）を重んじる思想である。この思想は、とりわけ一九七〇年代ごろから、リベラリズムやリバタリアニズムに対する対抗軸を提供し、「リベラル－コミュニタリアン論争」と呼ばれる一連の議論も展開されてきた。大きく分けて、コミュニタリアニズムには、国家を共同体の単位とみなす「国家型コミュニタリアニズム」と、地域を共同体の単位とみなす「地域型コミュニタリアニズム」の二つがある。

この二つのコミュニタリアニズムに共通する特徴は、次のようなものだ。第一に、各人のアイデンティティは、すでに一定の文脈（共同体）のなかに埋めこまれており、また文脈の中に深く埋めこまれてこそ、アイデンティティはすぐれた形成を遂げる、と発想する。文脈が断片化したり、人間関係が浅薄化してしまったところでは、人は価値ある人格形成を遂げることがない。人は、共同体を「価値あるもの」として再生しなければ、「善き生」を送ることができない。この考え方にしたがえば、およそすぐれた社会は、個々バラバラな個人の自発的な結びつきや契約によって成り立つのではなく、むしろ、既存の共同体が善き価値を掲げ、そのなかに諸個人を包摂することによって可能になる。コミュニタリアニズムは、例えば、犯罪が少なく安心して暮らすことのできる社会や、失業してもセーフティネットやワークシェアのおかげで一定の雇用が確保されるような社会を求めている。

第二に、コミュニタリアニズムは、人は一定の自治活動に参加することを通じて、はじめて美徳を身につけると考える。したがって政治に必要な理念は、各々の共同体が「自治・参加・美徳」などの理念（＝善）を掲げ、そのような理念を、たんなる「正義」よりも優先することである。例えば、公民館や図書館、学校行事や年中行事などを充実させたり、あるいは、プライベートな生活よりも社会的・社交的な生活を充実させる社会が、コミュニタリアニズムの理想となる。

ただしコミュニタリアニズムといっても、国家型と地域型では、政策面で大きな違いが生まれてくる。「地域型コミュニタリアニズム」の観点からすれば、およそ国家は、共同体をはるかに超えた権力装置であって、共同体たりえない。そもそも国家は、既存の地域共同体を崩壊させて成立したのであり、国家の縮小と分権化こそ、共同体の再生にふさわしい。これに対して「国家型コミュニタリアニズム」は、国家を一つの共同体として擁護する。国家は、既存の共同体が抱える非近代性や排他性といった難点を克服した、近代的な共同体である。近代社会はこれまで、自由権のみならず、社会権や生存権の保障といった、「連帯」の理念にもとづく福祉制度を築いてきた。その成果を保持しつつ、社会を価値ある秩序へ形成していくことが、国家型コミュニタリアニズムの目標となる。

## 社会全体の秩序を追求するコミュニタリアニズム

国家型コミュニタリアニズムとは、例えば、アミタイ・エッツィオーニ、チャールズ・テイラー、マイケル・サンデル、ベンジャミン・バーバーなどに代表される立場であり、主として一九七〇年代以降、政治社会学や政治思想の分野で台頭してきた。国家型コミュニタリアニズムは、国家全体を一つの共同体として捉え、地域の活性化を国家の活性化へと導くことが社会的に重要であると考える。またそのためには、経済活動は、さまざまな倫理的関係のなかに埋めこまれているべきであり、また同時に、国家全体の包摂的な道徳のなかにも埋めこまれる必要がある、と考える。

「国家型コミュニタリアニズム」は、ロールズ流の正義論に反対し、また自己所有権を原理的に正当化するリバタリアニズムに対しても反対する。倫理を原理的に主張するのではなく、むしろ社会全体をひとつの秩序として安定化させ、人々の暮らしを「安心」「安寧」「分かち合い」によって構成することが優先されるべきと考える。そのための国家の役割は、リベラルな人権を確立することではなく、むしろ、ルソーやヘルダーやデュルケームに代表されるような、近代のロマン主義以降に生じた共同性の道徳を確立することである。そのビジョンは、資本主義のもとで生成した家父長制の理念と一部重なる点もある。とりわけ家族道徳については、いわゆる近代家族の理念を支持するだろう。国家型コミュニタリアニズムの立場は、表ではY，Y，X，Xとなり、これは新保守主義の立場とほぼ重なる。しかし国家型コミュニタリアニズムと新保守主義は、次の三点で大きく異なる。

第一に、国家型コミュニタリアニズムは、「連帯」という観点から、労働者階級の生活水準を全般的に高めるべきだと発想するのに対して、新保守主義は、最も恵まれない貧困層に対してのみ、「思いやりの施し」をしようとする。言いかえれば、国家型コミュニタリアニズムは、所得格差や資産格差を縮小するための政策を歓迎するが、これに対して新保守主義は、「格差」ではなく「貧困」が問題であるとみなし、政府の役割を貧困対策に限定する。第二に、国家型コミュニタリアニズムは、経済成長をターゲットとするマクロ経済学にはほとんど関心を寄せないのに対して、新保守主義は、経済成長と道徳の発展を明確な目標としている。第三に、国家型コミュニタリアニズムは、国家による企業の倫理的包摂を目指すのに対して、新保守主義は、必ずしもそのような包摂に賛成するわけではなく、場合によっては、国家に包摂されない企業活動の意義を認め、その代わりに、国家による倫理的な包摂を、文化・政治面で実現しようとするだろう。

「国家型コミュニタリアニズム」と「リベラリズム（福祉国家型）」の違いについても明確にしておきたい。この二つの思想は、アメリカではいずれも、福祉国家体制を擁護する民主党の理念とされてきた。アメリカでは、「国家コミュニタリアニズム」を代表するサンデルと、「リベラリズム（福祉国家型）」を代表するロールズが、「リベラル－コミュニタリアン論争」において対峙したものの、しかしサンデルもロールズも、経済政策という点では、福祉国家体制を擁護する点で一致する。二人の違いは、国家型コミュニタリアニズムが「連帯」という共同体の価値に訴えて福祉政策を擁護するのに対して、リベラリズムが「正義」の観点から福祉政策を擁護する点にあるだろう。

### ローカルな共同体を志向するコミュニタリアニズム

次に、「地域型コミュニタリアニズム」について検討しよう。この立場は、国家権力を地域に対する暴力とみなして、それぞれの地域が、それぞれの文脈に応じた価値の共同体を形成することを支持している。例えば、アラスデア・マッキンタイアやマイケル・ウォルツァーの立場は、そのようなローカルな共同体を志向する思想であろう。地域型コミュニタリアニズムは、経済活動はさまざまな倫理的紐帯のなかに埋めこまれているべきだと考えるが、しかし他方で、国家はその規模を縮小して、逆に地方自治体の財源を豊かにすべきだと考える。地域型コミュニタリアニズムにおいては、社会全体の秩序は問題にされず、人為的なリベラル制を国家が構築する必要はない。国家は人権を保障せずとも、また秩序を維持せずとも、ローカルな共同体を支援することが最優先される。

ただし地域型コミュニタリアニズムは、政府がポルノグラフィーや自殺本を規制したり、あるいは、失業対策のために手段を講じることに対して、ある程度まで賛成するであろう。いやむしろ、こうした問題は、国家から補助金を得た地域コミュニティが、草の根的な運動を通じて解決することが望ましいと主張するであろう。この立場は、国家による財の再配分を求めないが、しかし国家による地域共同体の促進を求める点で、包摂主義の一変種であるとも言える。地域型コミュニタリアニズムは、表ではY,X,X,Xとなる。

地域型コミュニタリアニズムは、国家が社会秩序の全体を維持しなくても、それぞれの地域の共同体的価値（これは原理的な善に相当する）を保持することができる、と考える。ただし地域型コミュニタリアニズムのなかにも、政府をすべて否定するアナキズムの立場から、政府が積極的に分権統治を促すべきとする分権派の立場まで、いろいろある。地域型コミュニタリアニズムが優先する「原理としての善」とは、各々の共同体に特殊な価値なのか、それともたんに、各々の共同体に分割されて具現された普遍的諸価値なのか。地域型コミュニタリアニズムは、普遍主義に抗する「特殊主義」をかかげる場合もあれば、分権・分散型の統治を求める場合もある。もし地域型コミュニタリアニズムが特殊主義の徹底を求める場合には、後に述べるような「アナキズム」の思想に至るであろう。

以上、コミュニタリアニズムの思想について、「国家型」と「地域型」に分けて分析してきた。ただ実際、コミュニタリアニズムの思想論議においては、国家型と地域型は、あまり区別されることがない。むしろ「地域共同体の活性化は国家共同体の活性化につながる」とみなされるようだ。しかしこうした素朴な発想では、経済倫理の問題に切りこむことができないだろう。実際、コミュニタリアニズムは、これまで経済秩序についてほとんど論じていない。コミュニタリアニズムは、第一級の思想書レベルでは、「美徳」や「至高善（hyper goods）」といった倫理について深い洞察をめぐらせ、卓越主義の倫理学を発展させている。ところが現実の政治経済政策においては、卓越主義の要求は退き、家庭・学校・健康・環境などの諸問題に対する処方が論じられる。いずれにせよ、コミュニタリアニズムは、経済政策や企業倫理についてほとんど語らないため、この分野をコミュニタリアン的に埋め合わせる議論は、従来のマルクス主義や社会民主主義左派の経済学が提供している。日本では例えば、西川潤他編『連帯経済』などが最近の研究成果である。

実は、前章におけるY，Y，X，Xの立場は、ここでは「国家型コミュニタリアニズム」ないし「新保守主義（ネオコン）」と呼んでみたが、過去においては、「全体主義」の立場もまた、この類型に当てはまる。全体主義の統制経済思想は、もはや過ぎ去ったイデオロギーであるから、ここで論じても仕方ないと思われるかもしれない。しかし現代の政治思想において、全体主義に対する批判は、いまだ盛んである。その理由はおそらく、「国家型コミュニタリアニズム」や「新保守主義」の思想は、統制経済においても実現されるので、これらの思想を支持する場合には、全体主義や統制経済の危険を、きびしく警戒しなければならないからであろう。

なお、「新保守主義」の立場は、Y,Y,X,X／Yであるが、もしDの論点において、非包摂型（すなわちY）を選ぶなら、それは「古い保守主義」と呼ばれよう。古い保守主義は、道徳や美徳を称揚するとはいえ、その実践を国家によって包摂すべきではないと考える。

### (6)リバタリアニズム――X,X,X,Y

**あらゆる政府の干渉を最小限に**

「リバタリアニズム（自由尊重主義）」は一般に、新自由主義の主張を原理的に徹底させたものとして理解されている。前章の分類では、リバタリアニズムと新自由主義の違いは、「原理としての善」を求めるのか、「秩序としての善」を求めるのか、という点にあった。リバタリアンは原理的であり、新自由主義者は秩序優先的である。この他の点では、リバタリアニズムと新自由主義は一致している。すなわち両思想は、企業の利益追求を認め、自由な関係性を認め、そして国家による倫理的な包摂を否定する。前章の表の分類においては、リバタリアニズムは、X,X,X,Yとなる。

「リバタリアニズム」とは、政治的にも経済的にも、政府からの干渉を最小化しようとする思想である。日本語では、「自由放任主義」、「自由尊重主義」、あるいは「自由至上主義」などと訳される。かつて経済学者のJ・M・ケインズは、「自由放任主義（レッセ・フェール）の終焉」という講演のなかで、もはや自由放任主義は過ぎ去ったと宣言し、政府干渉を拡大していくべきだと主張した。ところがその後、福祉国家体制がかげりをみせる一九七〇年代ごろから、リバタリアニズムは思想として大きな発展を遂げていく。一九七四年に刊行されたノージック著『アナーキー・国家・ユートピア』は、リバタリアニズムの記念碑的労作である。日本でも九〇年代になって、とくに森村進によってリバタリアニズムの理論的刷新が企てられ、現在でも活発な思想的展開がみられる。

リバタリアニズムの立場は「自由」を徹底して求めることから、しばしば「非倫理的」と非難される。しかしそのような批判は的外れであろう。例えば一九七〇年代、成田空港を建設する際に、政府は周辺農民の私有地を没収しようとした。この問題に対して、周辺農民の立場に立って、かれらの私有地を守ったのはさまざまな社会運動家たちであったが、その運動の背後で論理を提供したのはリバタリアニズムであった。リバタリアニズムによれば、個人の私有財産は原理的に擁護されるべきであり、政府はこれを奪い取ってはならない。私有財産の自由な処分こそ、倫理的に正当だからである。

リバタリアニズムには、さまざまなバージョンがある。功利主義的にみて、政府が介入しなければ最大の結果（経済的富）を得ることができるとみなす帰結主義の立場（L・ミーゼス）、自己所有権の諸原理によって、私有財産の不可侵性を基礎づける立場（ノージック、森村進）、仮説的な社会契約の原理によって、政府のなしうることを決める契約論の立場（J・ナーヴソン）、等々。さらに、政府がどの程度の干渉をなしうるのかについても諸説がある。ノージックは国防や裁判や警察などのサービスを国家が提供することを認めたが、こうしたサービスについても民営化を求めるのが、M・ロスバードである。ロスバードは、ノージックのいう最小国家すらも認めない。

ノージックやロスバードのような論客は、経済システムがたとえ衰退しようとも、個人の権利を擁護するようなリバタリアニズム社会が望ましいと考える。言いかえれば、リバタリアニズムは、経済秩序の安定よりも、原理的な公正を優先する思想である。ところが、実際にリバタリアニズムに共鳴しているビジネスマンたちは、経済的自由によって富が増大するという、帰結主義の論理を支持していることが多い。しかし経済の帰結がよくなる範囲で自由を求める立場は、真のリバタリアンとはいえない。その発想はむしろ、新自由主義や新保守主義などの立場に分類されるだろう。

ここで、リバタリアニズムに対する一つの誤解を解いておこう。この思想はしばしば、アメリカ建国当初のカウボーイ的な精神、すなわち「独立独歩の精神」に故郷を求めているといわれる。しかしそのような開拓民の生活と現代のリバタリアニズムは、ほとんど関係がない。二十世紀前半には、小説家、アイン・ランドによって、リバタリアニズムの理念にもとづくさまざまな大衆小説が書かれたが、彼女が描くたくましいリバタリアンは、すでに成熟した近代都市の住民であり、「世間」の抑圧に抗する生き方（倫理）を理想としている。それは例えば、世間に馴染まずに、ひたすら自分の理想を追い求めるような、しかも金儲けの下手な建築家であったりする。この当時からリバタリアンの人間像は、開拓民の生活とはかけ離れている。

## (7) マルクス主義／啓蒙主義——X，X，Y，X

### 情念と理性

「マルクス主義」と「啓蒙主義」は、思想としては異なるが、経済倫理の問題については同じ立場に分類される。そしてこのことは、なぜフランス啓蒙に影響を受けた近代主義者たちが、経済の問題についてマルクス主義に共鳴してきたかを説明するだろう。

もちろんマルクス主義といっても、さまざまな変種があり、一枚岩ではない。ここに類型として示されるマルクス主義は、近代における社会変革の徹底として、資本主義社会を超出するための革命的制度変革を志向する思想である。それは次のような特徴をもっている。

マルクス主義はまず、シュンペーター的企業家における「創造的破壊」の精神を、政治的市民活動の理念に結びつけて、国家（あるいは次世代を担う官僚予備軍）が経済制度を革新すべきであると考える。次に、資本主義社会の秩序を安定させたり成長させることよりも、むしろ「強者を没落させて弱者を浮上させる」というビジョンをもち、既成秩序の革命的転覆を志向する。さらに、自由な家父長制を「近代資本主義の遺物」とみなしてこれを否定し、代わって、労働における男女平等を作為的に制度化しようとする。また革命後の社会観として、マルクス主義は、物象化されないコミュニケーションの関係を理想としつつ、すべての人間関係を疎外から回復するような、包摂型の社会を展望するであろう。それは、革命を導くための理想として、さしあたって国家（さらには国家を超える世界）レベルでの共感と連帯を展望するだろう。表では、この立場はX，X，Y，Xとなる。

もっとも、全世界の人々が互いに「共感」（あるいは共振）するような社会は、あまりにもユートピア的である。また、マルクス主義が求める「強者没落、弱者浮上」の原理は、社会的弱者が抱くルサンチマンであるとみなされるかもしれない。それは情念の要求であって、十分に理性的な要求ではないと思われるかもしれない。そこでいま、もしマルクス主義の思想から「情念（嫉妬）の非合理性」を排して、社会の変革を理性的に求めるなら、それはハバーマス流の啓蒙主義の企てとなる。

「啓蒙主義」とは、理性による統治という近代化のプロジェクトを徹底するという関心から、望ましい経済倫理を考える立場であり、それはまず、伝統的な商慣行を「啓蒙されていない行為規範」であるとして、これを批判する。啓蒙主義は、経済活動の自由な営みを認めるのではなく、むしろ啓蒙されざる経済活動は、これを啓蒙された政治的市民の活動に置き換えるべきだと主張する。例えば、生活協同組合の活動などが、政治的市民の理想にふさわしいとみなされよう。また啓蒙主義は、経済秩序の安定や成長よりも、社会が全体として、啓蒙された手続によって正当化されることを志向する。それはまずもって、民主主義の手続的な公正の原理に訴える。さらに、啓蒙主義は「家父長制」の営みを封建的なものとして否定し、代わって男女平等化のための、新しい生活実践を積極的に試みるであろう。ある意味で「啓蒙主義」の立場は、マルクス主義の最良の実践形態といえるかもしれない。啓蒙主義は、マルクス主義の試行錯誤のなかから生まれている。

　啓蒙主義は、愛国心にもとづく社会の倫理的包摂が、人々の自発的・自律的な内面形成を抑圧するものであると考えて、国家よりも国家を超えるような、諸国の立憲主義的な連帯を志向する。啓蒙主義は、それが「連帯」を志向するかぎりにおいて「包摂主義」であるが、しかしそれが個の確立を優先する点では「非包摂主義」である。啓蒙主義を非包摂主義とみなす場合には、それは「平等主義」と同じカテゴリーに分類されることになろう。表では、X, X, Y, Yとなるのがマルクス主義と結びつく啓蒙主義であり、X, X, Y, Xとなるのが、平等主義と結びつく啓蒙主義である。ここでは便宜的に、前者を「啓蒙主義(1)」、後者を「啓蒙主義(2)」とした。

　なお、マルクス主義はこれまで、中央当局の手腕にもとづく計画経済を志向してきたが、しかしこの理想が消滅した現在、マルクス主義は「設計主義」とその実現のための「革命」の信念を、捨てざるを得ないかもしれない。そしてもし、マルクス主義の思想から「設計主義」と「革命」を取り除くならば、その思想はかぎりなくリベラリズムに接近するであろう。前章の表におけるリベラリズムとマルクス主義の違いは、争点Bにのみ現れる。すなわち「原理的な善」を支持するか、それとも「秩序としての善」を支持するか、という問題において、もしマルクス主義がその原理的革命の要求を捨てるならば、それはリベラリズムとほとんど変わらない思想となる。

## マルクス主義にまつわる、もろもろのこと

ところで「マルクス主義」という言葉は、実際には不用意に用いることができない。この言葉は、歴史のなかでさまざまな意味を帯びてきたからである。以下ではマルクス主義という言葉の歴史について、簡単に振りかえってみたい[21]。

マルクス主義とは、狭義には、カール・マルクスとフリードリッヒ・エンゲルスの思想や理論や分析、あるいは実践活動のことであり、それは十九世紀の西欧資本主義社会を解明しながら、来るべき共産主義革命とその後の社会原理を展望するものであった。エンゲルスの『空想から科学へ』は、マルクス学説の通俗的流布に貢献したと言える。しかしその後、マルクス解釈の多様化とともに、マルクス主義はさまざまな思想運動へと展開した。哲学、思想、社会科学全般、社会運動、社会政策、文芸など、その影響は多岐にわたり、思想としてピークを迎えたのは、二十世紀の中頃である。

歴史的にみると、マルクスの死後、E・ベルンシュタインはマルクスの革命主義的理念を否定して、修正主義にもとづく現実的な社会民主主義の路線を提唱した。その際、マルクスの正統な思想を継承する革命家たち、すなわちレーニンやカウツキーやトロツキーなどが、「マルクス主義」を自称

しはじめたという経緯がある。この時点でマルクス主義は、社会民主主義と鋭く区別された。

ロシアで最初の社会主義国の実験を始めたレーニンによれば、マルクス主義とは、特定の党派的主張ではなく、「人類が十九世紀に、ドイツ哲学、イギリス経済学、フランス社会主義という形で作り出した、最もすぐれたものの正統の継承者である」という。すなわち、哲学的基礎としての弁証法、経済－歴史の理論としての史的唯物論、社会主義の構想と革命の実践理論を総合した体系として、マルクス主義が位置づけられる。ただし、その思想を継承した「マルクス＝レーニン主義」は、レーニンの死後（一九二四年）、旧ソ連の最高指導者スターリンによって提唱されたものであり、それは現実には、ソ連における強権主義的な政治支配を正統化する理論を意味する言葉となった。

スターリンの死後（一九五三年）、マルクス＝レーニン主義は批判に晒され、マルクス主義の概念は新たに、ベルンシュタインの修正主義を容認しつつ、今度は西欧諸国を中心に、資本主義の現状分析および批判理論として再生していく。マルクス・ルネッサンスとよばれる現象がそれであり、その担い手たちの多くは、民主主義とヒューマニズムの観点から、二十世紀中葉の資本主義社会が社会主義社会に至る途上にあって、配分的正義や各種福祉政策の発展、女性の地位上昇、平和や民族自決の実現、コーポラティズム体制といった現実の趨勢のなかに、マルクス主義の理念が徐々に実現されつつあると認識した。この時点で、マルクス主義は、社会民主主義と重なるイデオロギーとなる。

しかし、福祉国家が行き詰まり、また社会主義諸国の生産性が低下する一九八〇年代になると、マルクス主義の中心的教義は、あらためて疑問に付される。例えば、社会主義社会の到来は歴史的必然か？　労働者階級の窮乏化仮説は正しいか？　階級闘争史観は有効か？　共産主義への必然的な歴史的移行を担う革命主体こそが真に自由な主体なのか？　剰余価値と搾取の概念はいかなる規範理論からも独立して科学的に定義可能なのか？　等々。

エンゲルスによれば、マルクスは、こうした問題に「肯」と答えることによって空想的社会主義を克服し「科学的社会主義」の礎を築いたとされる。これに対して、一九八〇年代以降のマルクス主義者たちは、これらの根本問題に「否」と答え、その科学的外皮を捨てて、規範理論、文芸、実践活動の理念へと向かっていった。G・ルカーチ、K・コルシュ、A・グラムシらに代表される一九二〇年代以降の変革主体論は、八〇年以降になると、社会主義の思想とは区別されて、国家に抗するさまざまな市民運動のなかに継承されていく。また、H・マルクーゼやA・ネグリ／M・ハートに代表されるポスト近代の人間論は、脱産業社会の前衛的で変革的な担い手像を描いている。J・エルスターやV・パレエス（Parijs）は、「自己実現」の理念を掲げ、また、J・ローマーやG・A・コーエンは、分配的正義の理念を掲げ、それぞれマルクス主義の規範的意義を見出している。総じてマルクス主義の規範理論は、次に説明する「平等主義」へと移行していると言えるだろう。

このほか、資本主義の技術水準と所有形態の矛盾とその動態を分析するという研究手法や、自然と人間との物象化されない協働を理念とした地域社会活性化論や環境論は、マルクス主義の最良の継承であろう。現代のマルクス主義は、マルクスの『経哲草稿』に倣い、共産主義社会を無限遠方に展望しつつも、個々の変革実践のなかに理想の契機が宿るとして、意志や愛などの実践的諸感覚を発展的に創造すること（すなわち人間的な潜在能力を全面的に開花すること）を目指している。

なお、すでに述べたとおり、マルクス主義は「設計主義」とその実現のための「革命」の信念を捨てざるを得ない状況におかれており、もしマルクス主義が「強者は没落すべきであり、弱者は浮上すべきである」という原理的な革命の要求を捨てると、それは、リベラリズムとほとんど変わらない思想となる。下部構造（経済的条件）においてすでに恵まれたマルクス主義者たちは、容易にリベラリストへ転向していく可能性がある。

## (8)平等主義──X，X，Y，Y

### 格差是正に焦点

マルクス主義に近い思想として、もう一つ、「平等主義」がある。平等主義とは、市場社会における貧富の格差をできるだけなくそうとする立場のことで、私有財産については、所得や資産の平等を、また、公共サービスについては、教育・年金・医療・介護などの実質的な同質化を、それぞれ理想としている。平等主義は、市場社会における貧富の格差を縮めることに関心をもっているが、人々の生活を疎外から解放するとか、人々の生活を共同体の紐帯のなかに包摂するということには関心がない。人々は基本的に、個人主義的に生きてかまわない。その上で平等主義は、各人が人生を等しく享受するために、それに相応しい所得を得るべきだ、と発想する。

平等主義者は、商慣行や倫理綱領による「経済の倫理化」を、過剰な要求であると批判するだろう。また平等主義者は、経済秩序の安定や成長には関心をもっていないようだ。むしろそのような関心を低俗なものとみなして、なによりも人間の尊厳を保つための経済的基盤こそ、整備されるべきだと考える。つまり平等主義者は、たとえ制度運営にコストがかかりすぎるとしても、原理的な公正の観点から、所得の平等化を要求する。また平等主義は、財の平等だけでなく、労働条件の平等についても強い関心を示し、既存の労使慣行を超えて、平等条件の作為的制度化を積極的に推進するであろう。平等主義は、表ではX，X，Y，Yという立場に分類される。

現代においてこの立場を代表する論客は、日本では立岩真也であり、また海外ではマイケル・オーツカである。立岩真也著『自由の平等』は、貨幣所得によって可能になる「自由」を、すべての人が平等に享受すべきである、と主張する。貨幣的自由は、それ自体としてよいものであるから、その自由をすべての人に平等に分配すればよい社会になる、というわけである。もちろん、貨幣所得をすべての人に平等に分配するといっても、実際にはうまくいかないかもしれない。また、障害をもった人や子供のいる家庭には、もっと多くの貨幣を分配すべきかもしれない。こうした実際的問題については、その都度、政治的に調整すればよい、と立岩氏は考える。

これに対して、マイケル・オーツカ著『不平等なしのリバタリアニズム』（未訳、二〇〇三年）は、「誰も自分自身の責任によらずに相対的に不利な地位におかれるべきではない」との発想から、各個人の能力や運の差によって生じる「結果としての不平等」もまた、是正されるべきだと主張している。具体的には例えば、相続や贈与、あるいは財産の共有も、すべて不平等を生み出すので認められない、とオーツカはいう。

この他にも、マルクス主義の思想を平等主義の観点から継承する論客として、コーエンがいる。コーエンは、「人々は財産を共有した場合のほうが生産的になる」との認識から、財産の共有にもとづく所得格差の是正を主張する。あるいはジョン・ロールズは、経済体制としては、民主的社会主義にもとづく平等な分配を支持していたので、平等主義者と呼ばれることもある。ただし、ロールズの主著『正義論』における正義の第二原理は、最も恵まれない人々に対する福祉を重視する一方で、必ずしも所得格差全般の是正を求めるものではない。だから、実践家としてのロールズは平等主義者であるが、理論家としてのロールズは平等主義者ではない、といえるだろう。

## 平等をめぐるさまざまな議論

なお、現代の平等論においては、「なにを平等にすべきか」をめぐって、さまざまな考え方が提出されている。例えば、「資源の平等」（ロナルド・ドゥウォーキン）、「ケイパビリティの平等」（アマルティア・セン）、「機会の平等」、「天然資源の平等」、「運の平等」、「福利（厚生）の平等」、等々。またこれらの平等をめぐる解釈もさまざまであり、現代の規範理論は、平等の理念をめぐる熱い議論を展開している。

ただ、平等論の論客たちは、必ずしも「平等主義」にコミットメントしているわけではない。ドゥウォーキンやセンは、イデオロギーとしては「リベラリズム」に属する論客であり、先に示したような平等主義者とは言えない。彼らは、社会的に恵まれない境遇におかれた人々の生活を救おうとする一方で、人々の所得や財産が実質的に平等になるような社会を展望しているわけではない。現代の平等論者と平等主義者のあいだには、一定の距離があることを認識しておこう。

先に私は、「平等主義」は「マルクス主義」と近いところにあると述べたが、この二つの思想の違いについて、ここであらためて明確にしておきたい。「平等主義」は基本的に、私有財産を認めた上で、市場社会における貧富の格差をなくすべきだと発想する。貧富の格差がなくなれば、あとは人々が自主的に、自由で幸せな生活を送るだろう、と考える。平等主義者は、経済倫理については、何らかの価値の共有を求めず、国家ないし中央当局は個人の経済活動を倫理的に包摂すべきではない、と主張する。従来のマルクス主義は倫理的包摂を求めるが、平等主義はこれを拒否するのである。

この他にも、平等主義は、従来のマルクス主義と異なり、強者没落／弱者浮上の革命を展望せず、原理的な公正としての「所得平等」を求めるだろう。むろん、実践的に考えてみると、「所得の実質的な平等化」という政策は、ほとんど革命に近い。ただ理論的には、マルクスのいう革命は、「所得平等」の要求を掲げるものではないので、区別しなければならない。マルクスのいう革命は、人々の全人格的な発展を無限に展望するものであり、それはたんに所得を平等にするのではなく、各人の究極的な自己実現に向けて、無限の介入とコミュニケーションを企てる。前章における分類においては現れない（いずれもBの問いにおいてXに分類される）が、この革命観の違いは、平等主義とマルクス主義の大きな差異といえるだろう。

## *2* 補説：社会民主主義の分裂

### 変転していった思想内容

以上、八つのイデオロギーについて検討してきた。最後に、この八類型には現れなかった「社会民主主義」というイデオロギーについて、補って説明したい。というのも、おそらく二十世紀の歴史のなかで、最も支持を集めたイデオロギーは「社会民主主義」であったからである。「社会民主主義」とは、いわば社会主義と自由民主主義の混合イデオロギーであり、「左派」と「右派」の中道にあって、現実の政治経済体制を動かしてきた。ところが現代において、社会民主主義のイデオロギーは、分裂している[22]。

社会民主主義は、F・フッカーの造語で、これをはじめて党名に採用したのは、フランスにおいて、ルドリュ＝ロランが「フランス二月革命」の後に組織した党であった（一八四八年）。ドイツでは、国家補助による生産協同組合を目指す全ドイツ労働者協会（ラサール派）が機関誌名に『社会民主主義者』を採用している（一八六四年）。またこれに対抗して、ドイツでは国家と資本主義の全面的な変革を求める「社会民主労働者党」（マルクスが支持したアイゼナハ派）が、党名に社会民主主義を織りこんでいる（一八六九年）。この時期の社会民主主義は、労働者層によるさまざまな民主化運動、および社会主義運動の総称を意味していた。

ドイツにおける両党は、やがてドイツ社会主義労働党（一八七五年）へと合同し、マルクス主義を支持して、「ドイツ社会民主党」（一八九〇年）へと改称する。この「ドイツ社会民主党」が主導した国際的労働組織、すなわち、「第二インターナショナル」（一八八九―一九一四年）の初期においては、「社会民主主義」という言葉は、理論・理念上はマルクスの社会革命論と歴史法則主義を支持しつつも、実際の政策的な要求としては、改良主義的・自由民主主義的なものを掲げていた。

二十世紀の初頭になると、「社会民主主義」の概念は、一方では、理論上の革命主義や歴史法則主義を否定する「ベルンシュタインの修正主義」（これはドイツ社会民主党のドレスデン大会（一九〇三年）で公式に非難され敗北した）に代表された。ところが他方で、第一次世界大戦のころになると、祖国防衛戦争やファシズムに反対した急進左派の共産主義者たちは、「社会民主主義」を日和見主義・改良主義・裏切り者として非難した。これに対して社会民主主義者たちは、急進左派たちが求めるような、暴力革命やプロレタリアートの独裁を否定し、議会政治における合意や協調、あるいは民意を重視しながら、理想としての「社会主義」を少しずつ実現すべきである、と主張した。つまりここにおいて、「社会民主主義」は、反マルクス＝レーニン主義的な社会主義、すなわち、社会主義を民主主義的な方法を通じて実現しようとする主義ないし運動を意味するようになった。

戦後になって、新たな社会民主主義の理念が表明されたのは、社会主義インターナショナルが採択したフランクフルト宣言（一九五一年）においてであった。そこでは、ソ連型社会主義への反対、非妥協、あるいは、経済的民主主義の確立などが謳われている。この時期の「社会民主主義」は、経済面では生産手段の私有にもとづくケインズ主義政策を意味し、政治面では、「民意にもとづく自治」や「参加型の社会労働運動」を意味していた。

冷戦構造が崩壊した一九八九年になると、「社会民主主義」は、ドイツ社会民主党のベルリン綱領や、社会主義インターナショナルのストックホルム宣言によって、再出発する。そこではケインズ主義政策の難点への反省から、経済活動の社会化という従来の主張を弱めている。代わって、欧州の東西を包摂する共通安全保障の必要性、エコロジー、フェミニズム、南北問題への取り組みなどが強調されるようになった。

このように、社会民主主義の概念は、もともと「社会主義」や「マルクス主義」の理念と結びついていたものの、次第に変容してきた。この概念は、一貫した思想体系ではなく、むしろ政党政策レベルの理念であり、政党の歴史的な布置状況に応じて変化している。それは、一方では「自由市場経済」を支持する政党に反対し、他方では「公的所有」や「革命」を求める共産主義政党に反対するという、「二重の反対」によって自らを相対的に位置づけている。そのようなスタンスをとることで、社会民主主義は、社会政策を「民衆の意向」に照らして、プラグマティックに実現しようとしてきた。社会民主主義のアイデンティティは、その理念にではなく、諸政党が自らの活動史を物語的にまとめあげているところにある、と言えるだろう。

さて、こうした社会民主主義のイデオロギーは、実は、前章における八類型を用いて言えば、「リベラリズム（福祉国家型）」と「マルクス主義」の二つのあいだで、引き裂かれたような位置にある。社会民主主義は、「公正」と「安定・成長」のいずれも重要であるとみなし、この二つは、設計主義的な理性にもとづく市場の制御によって両立すると考える。つまり、もし人類が、設計主義的な理性を最大限に活用すれば、中央当局は、「財の公正な分配」を実現しつつ、しかも社会を発展させることができると考える。ところがこのような発想は、社会が複雑になるにつれて通用しなくなる。人類の理性には限界がある。私たちは現在、次のようなイデオロギー選択を迫られている。はたして私たちは、「原理的公正派」（経済秩序が収縮・崩壊するとしても、公正を貫け。政策運営にコストがかかるとしても、公正を貫け）や、「原理的革命派」（強者は没落すべきであり、弱者は浮上すべきである）を支持する「マルクス主義」の側に立つのか。それとも私たちは、「秩序派」（低所得層の厚生水準を悪化させないために、高所得層をいっそう利してでも、現行の秩序を維持せよ）や「成長派」（国民経済の持続的発展という観点から望ましい政策を判断せよ）を支持する「リベラリズム」の立場を支持するのか。

「社会民主主義」のイデオロギーは、こうした価値選択を迫られているわけだが、しかし、この選択を容易にすることができない。社会民主主義者たちは、設計主義的な理性を信じているがために、公正と秩序の二つを、理性的かつ設計的に、両立できると考えるからである。社会民主主義の理念は、「マルクス主義」と「リベラリズム」の折衷によって成り立っている。ところが人間の設計主義的な理性がうまく機能しなくなると、社会民主主義は、一つのイデオロギーとして通用することがなくなる。このイデオロギーは、「マルクス主義」と「リベラリズム」のあいだで引き裂かれている。

## 3　八類型以外の立場について

以上において、私たちは前章における「イデオロギーの八類型」と、またこれに関連して、「社会民主主義」の理念を説明してきた。八類型といっても、そのなかの二つの類型は、二つの種類をもち、かつ、そのなかの二つの類型はパタンが重なるので、分類の上では九つのパタンとなる。残るパタンは、七つある。以下、まだ説明していない七つのパタンについて、検討していこう。

これまで私は、いくつかの機会を用いて、第一章のアンケートを試みてきた。その結果は多少のバラツキがあるものの、総じて言えば、「リベラリズム」の立場が最も多く選ばれている[23]。個人ごとに集計した場合だけでなく、項目ごとに分けて集計した場合にも、リベラリズムが最も多く選ばれている。だから多数決によって社会体制を決めるとすれば、現代人はリベラリズム体制を選ぶだろう。

ところが興味深いことに、八類型以外の「その他」に分類された人も、それなりの割合でいることが分かった。では「その他」に分類された人たちは、はたして一貫したイデオロギーをもっているのだろうか。私がこれまで会話してきた範囲では、「その他」に分類された人でも、一貫した思想をもっていることが、しばしばあった。もちろん人はアンケートに応じただけで、一貫したイデオロギーにたどりつくわけではない。けれどもそれぞれの立場をじっくり考えていくと、ある体系的な思想にたどりつくことがある。では「その他」の立場は、どのように一貫しているか。検討してみよう。

## Y,Y,Yという立場：近代卓越主義

「その他」のなかで最も多く選ばれた立場は、Y,Y,Y,Yというパタンであった。この立場は、「経済社会は利益よりも道徳を優先すべき」、「原理としての善よりも秩序としての善を優先すべき」、「自由な関係性よりも人為的なリベラル制を優先すべき」、「政府主導の倫理形成をさけるべき」と考える。

私が行ったあるアンケート調査では、「リバタリアニズム」や「国家型/地域型コミュニタリアニズム」や「マルクス主義」よりも、Y,Y,Y,Yの立場を選んだ人が多かった。Y,Y,Y,Yの立場は、多くの人が抱いているイデオロギーであるにもかかわらず、倫理学・政治学・法哲学・経済倫理学などの規範理論においては、まだ論じられていないように思われる。Y,Y,Y,Yという立場は、まだ命名されていない。しかしこの立場は、現代の支配的イデオロギーの一つとして、一貫した思想体系であるかもしれない。

例えばある法哲学者は、先のアンケートでこの立場を選択された。またアンケート後の討議では、この立場をその先生にちなんだ名前にすべきではないか、との意見も出た。

Y,Y,Y,Yを選んだある学生は、自分の立場を「革新的な思想をもったモラトリアム人間といえる」と表現している。その学生によれば、自分は革新的であるが、民間企業で仕事することに向いていないという。「革命的な思想をもったモラトリアム人間」とは、革命を夢見ながらも、平凡な日常を過ごしている人々のイデオロギーかもしれない。あるいは一度革命をこころざしたが、その後、日常生活のモラトリアムを経験している人は、Y,Y,Y,Yになる傾向があるかもしれない。

Y,Y,Y,Yの立場は、政府主導ではないかたちで、経済社会は利益よりも道徳を優先すべきであ

る、と考える。例えば、ショッピングストアで配布されるビニール袋を有料にすべきかどうか、という問題を考えてみよう。台湾ではすでに、政府主導によって、ビニール袋が有料化されている。石油資源の無駄使いを避けるためである。これに対して日本では、ビニール袋はまだ無料であり、一部のショッピングストアが自発的に有料化しているにすぎない（有料化を推進する自治体もある）。もし民間主導でビニール袋の有料化が自生的に広まれば、「政府主導ではないかたちで、利益よりも道徳を優先する経済社会」が実現されるだろう。アンケートにおいて、第一の選択肢における「Y」と、第四の選択肢における「Y」は、こうしたビニール袋問題に即して考えてみると、一貫した立場になる。

　しかし問題は、第一の選択肢「Y」と、第三の選択肢「Y」が両立するかどうかである。前章における「八類型」では、私は、この二つを両立させるような類型を用意しなかった。第一の選択肢における「Y」、すなわち「経済社会は利益よりも道徳を優先すべき」を採用すると、各企業は組織の内部において、社員の生活の倫理的包摂をすることが可能となり、これは組織内部でリベラルな個人主義を徹底させようとする「人為的なリベラル制」と両立しないようにみえるからである。

　けれども、第一の選択肢において、「経済社会は利益よりも道徳を優先すべき」という場合に、組織内部では人為的なリベラル制を認めた上で、別の道徳を優先することもできる。ビニール袋問題はその一例であろう。民間主導の「ビニール袋有料化」を支持しながら、他方で組織内部でのリベラルな個人主義を貫徹することは、両立する。およそ環境問題への取り組みは、こうしたリベラルな人間関係と社会全体の道徳性を両立させるような、思想と実践を携えていると考えられる。

　Y, Y, Yは、それゆえ、一貫した立場として認めることができる。この種の立場がこれまでの規範理論のなかに位置づけられてこなかったのは、一つの興味深い事実である。Y, Y, Y, Yの立場をあえて命名すれば、「近代卓越主義」となるだろう。それは、近代個人主義のなかの、「卓越主義（あるいは精神－貴族主義）」のバージョンである。この立場は、近代の世俗社会を総体として乗り超えることを諦めながらも、人々はみな、プライド（誇り・矜持）のある生き方をすべきであり、決して世俗社会に埋もれたり、あるいは包摂されてはならない、と主張するだろう。

## Y, Y, Y, Xという立場：共和主義

Y, Y, Y, Xという立場を選んだ人もいた。この立場は、ちょうどリバタリアニズムの正反対であるから、「反リバタリアン」あるいは「リベラルなコミュニタリアン」と呼ぶことができるかもしれない。この立場は「国家型コミュニタリアニズム」と類似しているが、しかしある共同体のなかで、弱者（女性や障害者など）や、悪しき共同体に抵抗する個人を救おうとする点で、リベラルな態度を重んじる。例えば、いじめなどの人権問題においては、リベラルな要求を取り入れる「コミュニタリアン」といえる。Y, Y, Y, Xの立場は、「国家型コミュニタリアニズム」の一つのバージョンとも考えられる。

この立場にふさわしい名称は、おそらく「共和主義」であろう。共和主義とは、君主制に対抗する理念であり、政治の私物化を嫌い、政治をできるだけ公共的で自由な空間にしようとする立場である。共和主義は、経済に関しては、従来の道徳や慣習に埋めこまれた営利活動をそのまま受け入れるが、政治に関しては市民的な理想（美徳）を掲げ、公共の空間において政治的美徳を発揮することを重んじる。つまり「共和主義」は、「既存の経済倫理」と「理想の政治市民」を接合しようとする。

経済倫理に即していえば、経済社会は一定の商慣行に埋めこまれているべきであり、政治的市民は国家を通じて、経済の秩序を維持・発展させるべきだ、ということになる。と同時に、共和主義は、政治的美徳を発揮できる場面では、例えば内部告発者の政治的発言を称揚し、経済組織に対する政治的介入を認めるであろう。

ただし、「共和主義」という言葉には、一定の注意が必要である。共和主義が政治的美徳を重んじるという場合、その内容は、国家共同体における愛国的精神なのか、それとも、NGOなどで発揮される非国家的な市民精神なのか、という違いがある。現代の共和主義者たちは、この二つのあいだで割れている。愛国的精神を称揚する人は、非国家的市民精神を蔑視し、反対に、非国家的市民精神を称揚する人は、愛国的精神を批判している。いずれの立場をとるかによって、共和主義の意味はかなり異なるだろう。例えば、愛国的精神を重んじる共和主義者は、内部告発に対する一定の制約を設けて、国民国家の利益を最優先するかもしれない。その場合の共和主義は、Y,Y,X,Xとなり、国家型コミュニタリアニズムに接近することになる。

## Y,X,Y,Yという立場：耽美的破壊主義／支配者嫌悪主義

別の立場として、Y,X,Y,Yがある。この立場を選んだある学生は、自分の立場を「理想、または美学を追求する、主義」と命名している。利潤追求を第一とする経済システムは汚れているが、しかし政府が経済に介入するとなると、今度は「政治の汚さ」がつきまとう。政治も経済も、いずれも汚れているのであって、すべて崩壊してかまわない。いやむしろ、私たちは積極的に、経済の秩序を破壊するために、「公正」を貫き、「内部告発」をどんどん奨励したほうが望ましい。「美しいもの以

外は、すべて破壊すべし」。こうした美学的な観点から社会変革を求めるのが、この立場だという。

このような破壊の立場は、シュンペーターのいう「創造的な破壊」ではなく、バタイユのいう「耽美的な破壊」にエクスタシーを感じるであろう。金儲けに向いていない人やナルシスティックな人は、この立場をとるかもしれない。この立場は、「耽美的破壊主義」とでも名づけることができる。

ところで、Y,X,Y,Yを選んだこの学生は、自分の立場を「現代日本の大衆の意見」であるとも述べている。「ライブドアの堀江元社長のようなTシャツ姿には抵抗があるが、今までの旧態依然とした経済界も気に食わない。もっと言えば、金持ちが気に入らない」というのである。この「金持ちを嫌悪する立場」からすれば、経済システムは、①倫理的に制約すべきであり、②原理的な公正の理念によっても制約すべきであり、加えて、③人為的なリベラル制によっても制約すべきであり、さらに、④政府干渉の権益に寄生する金持ちたちを、のさばらせないようにすべきである、ということになる。要するに、政治システムであれ経済システムであれ、システムの上位に立つ人々を、何らかのかたちで縛るべきだ（懲らしめるべきだ）、ということになる。こうした発想は、「支配者嫌悪主義」と名づけることができるかもしれない。先に私は、Y,X,Y,Yの立場を「耽美的破壊主義」と呼んだが、これを別の理由から擁護する場合には、「支配者嫌悪主義」となるだろう。

## X,X,X,Xという立場：国家型ディープ・エコロジー

このX,X,X,Xの立場は、先に示した近代卓越主義（Y,Y,Y,Y）の正反対であるから、非近代的な世俗主義、と言えるかもしれない。しかし思想としては、「国家型のディープ・エコロジー」と呼ぶことができる。環境主義にはさまざまなバージョンがあるが、ここで「ディープ・エコロジー」

とは、既存の経済倫理・経済道徳を超えたところに環境倫理の意義を見出して、その超越的な意味や理念にもとづいて、経済社会を根本的に再編すべき、と主張する立場のことである[24]。例えば、森や川、太陽や宇宙といった、「自然」がもつラディカルな価値を発見しつつ、その価値を人々が共有することでもって、すぐれた経済生活が可能になる、とディープ・エコロジストは考える。

ディープ・エコロジストは、商慣行や倫理的包摂といった世俗道徳にコミットメントせず、もっぱら超越的な自然の価値へコミットメントすることによって、社会の転換を企てる。世俗的な経済秩序は、崩壊してもかまわない。人為的なリベラル制も、必要ない。私たちが自然の超越的価値によって導かれるためには、人々の自由な関係性を認めなければならない。ただし国家は、超越的な自然の価値を社会的に実現していく任務を負う。例えば、私的所有権に対する厳しい制約、森林の保護、きれいな空気や水の確保、クルマ社会の否定、といったラディカルな政策がそれである[25]。

もっともディープ・エコロジストたちの多くは、国家に対してラディカルな要求をつきつけるものの、その政策にはあまり実効的な期待を寄せていないようだ。彼らの要求があまりにも理想的で、実効的ではないからである。ディープ・エコロジストたちはむしろ、国家を批判し、国家に帰依する人々を批判しつつも、自分の生き方がどこまで環境と融和できるか、という問題に関心を抱いている。彼らにとって理想の生活とは、森で自給自足の生活をすることであり、できるだけ近代的な都市の生活から離れ、自然の奥義を知ることである。このような立場は、実際には「非国家型のディープ・エコロジー」であり、これは類型では、X, X, X, Yとなる。そして興味深いことに、この立場は、「リバタリアニズム」と一致する。前章の分類では、この立場をリバタリアニズムと呼んだが、「非国家型のディープ・エコロジスト」もまた、同じ経済倫理観を抱いているといえる。

## X,Y,X,Xという立場：開発主義／開発独裁

この立場は、先に示した「耽美的破壊主義／支配者嫌悪主義」の正反対であるから、「美的ではない現状肯定主義」あるいは「支配者を愛する主義」と言えるかもしれない。経済倫理上の立場としては、「開発主義」ないし「開発独裁」のイデオロギーが、この類型に当てはまるだろう。そしてこのことは、なぜ開発主義というものが美的なものからほど遠く、しかも支配愛好的であるかを物語る。

開発主義（ないし開発独裁主義）は、民主主義の政治よりも、経済発展を優先する立場である。それは一般に、途上国の経済政策、あるいは先進国における途上国支援策に現れる。開発主義は、個別の事情に応じた国民経済の技術的発展を追求するので、「経済ナショナリズム」と呼ばれることもある。「開発主義」は、既存の商慣行を保守するよりも、経済利益第一主義を採り、経済成長を人為的に促進する。そのためには、内部告発や過労死をできるだけ問題化せず、国の繁栄に貢献することこそ、最も倫理的であると考える。経済のマクロ政策については、民主的に議論するよりも、エリート主導によって、政策全体を設計したほうが効率的であると考える。

## Y,X,X,Yという立場：地域コミュニタリアン・アナキズム

前章の分類では、Y,X,X,Xの立場は、「地域型コミュニタリアニズム」に分類された。この立場と類似の立場として、Y,X,X,Yもまた、国家に包摂されない「地域型コミュニタリアニズム」の一種であろう。このY,X,X,Yの立場はある意味で、真の地域型コミュニタリアニズムであるかもしれない。国家の倫理的役割を否定するからである。従来の用語法では、この立場は、「アナキズ

ム」と呼ばれる。

アナキズムとは、統治秩序の不在を意味するギリシア語の「アナルキア」に由来する言葉で、正統な統治者（ないし統治機関）がいない状態を理想とする。アナキズムとは、「支配からの自由」という理想であり、それは例えば、国家権力の否定、自由市場経済の称揚、各個人の理性的判断の称揚、共同体のアソシエーション活動の称揚、反権威的な近代芸術の称揚、性の解放、権威化した哲学に対する批判、等々、さまざまな意味内容をもっている。アナキズムは、それが自由市場経済を徹底的に称揚する場合には「リバタリアニズム（X, X, X, Y）」となる。しかし、国家の活動には依存しない商慣行を認める場合には、温和なリバタリアニズムとなり、すなわち、「国家に包摂されない地域型コミュニタリアニズム」となる。十九世紀のアナキズム思想を主導したバクーニンやクロポトキンは、実際には国家的な連合主義をみとめていたので、前章の分類では「地域型コミュニタリアニズム」に分類される。しかし、二十世紀初頭の社会主義運動において台頭したアナキズムは、国家を否定する個別共同体主義であり、このY, X, X, Yという分類に当てはまるだろう。アナルコ・サンディカリズムを主導したジョルジュ・ソレル（『暴力論』）や、各地域の職能集団の自治を擁護して国家介入を批判した長谷川如是閑（『長谷川如是閑評論集』）などの立場がこれに当たる。

## 4　イデオロギーに引き裂かれた自己

### 自分と社会のあいだで

以上、前章で分類されなかったパタンについて、ひと通り検討してきた。読者のなかには、これらの立場のいずれにも属さない、という人もいるだろう。現代のイデオロギーとして、この他にも、人権主義、疎外論、公共哲学派、経済民主主義、多文化主義、闘技的民主主義、熟議民主主義、ケアの倫理、フェミニズム、ポストモダン消費主義、功利主義、グローバル正義派など、さまざまなイデオロギーがある。こうした立場は、しかし国民国家の経済政策に関して、どんな主張をしているのか、よくわからない点がある。あるいは一義的な立場に収まらない、という可能性もある。これらのイデオロギーは、限界的な事例では深い考察を展開するものの、一般的な経済倫理については、これまで示してきた十六のパタン（十八のイデオロギー）のいずれかに当てはまるかもしれない。あるいはもしそうでないとすれば、私たちはそのように主張する人々の意見に耳を傾けて、さらに議論を深めていかなければならない。残念ながら本書では、この問題を取り扱うことができなかった。

その代わりに、最後にすこし検討してみたいのは、前章のアンケートに答える際に、人々は少なからず「引き裂かれた自己」を味わった、という点である。

アンケートでは、四つの問題群について、XとYのいずれかを選んでもらった。しかしいずれの立場も、望ましいようにみえることがある。例えば、「公正」と「秩序」は、いずれも大切な価値である、と感じられるかもしれない。そのような場合、いずれか一方の倫理的価値を選択しなければならないというのは、難しい。あるいは、次のようなことも生じる。本アンケートでは、倫理的価値について判断を求めている。しかしその際、「自分が採用すべき倫理的指針」と「社会が採用すべき倫理的指針」のあいだに、乖離《かいり》が生じてしまい、ジレンマを感じる、ということはないだろうか。

実際に行ったアンケートでは、次のように告白する人々が出てきた。例えば、「私は、自分の生き方としては『リバタリアン』であるが、しかし社会の多数の人々には『国家型コミュニタリアン』として振る舞ってほしい」というのである。あるいは反対に、「自分は『地域型コミュニタリアン』だが、社会の多数の人々には『リバタリアニズム』の態度を要請したい」という人も出てきた。

私たち現代人は、複雑で多元的な社会を生きている。だから自分の生き方は、他人と違ってかまわない。自分の倫理的指針は、かならずしも社会全体の規範や要請に沿ったものである必要はない。社会全体としては、リベラルな制度を支持するとしても、個人的には権威主義者として生きてかまわない。複雑な社会においては、人々の価値観が多様化するのは避けがたい事実であって、私たちは、自らの倫理的指針と多数派の社会的指針が乖離することに、慣れる必要があるだろう。逆に言えば、社会の指針と自分の指針が分裂するくらい、私たちの社会は複雑であり、許容度（キャパシティ）が高いといえる。

しかし前章における私の質問は、明快である。「経済倫理」の問題は、「自分が倫理的に振る舞うかどうか」の問題ではなく、「他人にどのように振る舞ってもらいたいか（振る舞わせたいか）」に関する問題である。だからアンケートでは、自分の倫理的指針をとりあえず括弧に入れて、「社会全体の倫理的指針」として望ましい選択肢を選んでいただきたい、というのが主旨であった。

ところが、「自分の倫理的指針」と「社会に対する倫理的要請」が乖離していることを改めて自覚してみると、これが興味深い。例えば、「あの人はリバタリアンな社会がいいと言っているが、実はコミュニタリアンだ」ということが起きる。反対に、「あの人はコミュニタリアン社会が望ましいと言っているが、実はリバタリアンな生き方をしている」といったことが起きる。こうした乖離は、ふだんの生活においても問題になるだろう。私たちは、個人の倫理と社会の倫理という、倫理的指針の二重構造について、改めて検討しなければならない。しかし現代の規範理論は、この「社会‐個人」の二層構造について、検討を怠ってきたようにみえる。

例えば、「リバタリアニズム」の思想は、かなり実現可能性が低いにもかかわらず、人々はこのイデオロギーを、部分的にではあれ、摂取しているようだ。その摂取の仕方は、例えば、自分の生き方の指針としてリバタリアニズムを採用し、実際に他人とやっかいな社会的関係が生じる公的な場面では、国家型コミュニタリアニズムの指針に順応する、といった具合である。あるいは反対に、自分の生き方の指針としては「コミュニタリアニズム」を採用するが、しかし他者に対しては控えめで、コミュニケーションの基本は「リバタリアニズム」という人もいるだろう。こうしたイデオロギーの使い分けについては、心理学的な分析を試みることが可能であるし、またそのような分析から、新たな規範理論を築くこともできるかもしれない。

## 社会と個人の同型説／異型説

以前、私は「社会と個人の同型説」について論じたことがある（拙著『社会科学の人間学』二〇二頁）。例えば、社会を「関係主義」によって捉える理論は、個人の内部をも関係主義的に捉えるといった「同型性」を前提としている。あるいは、社会を「総体主義」によって捉える理論は、個人もまた「非原子論的（つまり総体主義的）」であるという「同型性」を前提としている。このような同型の関係を前提とした規範理論を、私は「社会－人格同型論」と呼んだ。

しかし前章のアンケートで得た論点は、社会と個人は「異型」であり、人々はおそらく、自らの心を他人に傷つけられないために、心にシールド（膜）を作り、心を社会から乖離させるのではないか。自分自身の倫理的指針と、あるべき社会の倫理的指針を区別するというのは、私たちがこの生き難い社会を生きるための、防衛機制なのかもしれない。

例えばアンケートにおいて「平等主義」の立場を選んだある学生は、なぜ自分が「平等」を求めるのかと言えば、それは、競争社会では自分が「劣等感」をもって生きる可能性があり、そのような劣等感から逃れるために「平等」を求めるのかもしれない、と自己分析をしている。しばしば、平等主義を唱える思想家たちは、人々が「羨望」や「嫉妬」といった悪しき感情を抱かないという前提のもとに、平等の大切さを論じる。なるほど羨望や嫉妬がなければ、「所得の平等」はすぐれた理想であるかもしれない。しかし実際に平等主義を支持している人たちは、羨望や嫉妬とは言わないまでも、「劣等意識」という自然な感情から、この立場を支持することがある。はたして、平等主義の思想家たちは、この劣等意識から平等を支持するという論理を、理論的に認めるであろうか。

「平等主義」を選んだ別の学生は、「平等」にすべきは、「機会」であり「結果」ではないと強調したうえで、自分は「たんに上から物を言われるのが嫌いなだけ」だと説明している。会社であれ政府であれ、組織において上に立つ人たちは、多かれ少なかれ、腐敗した生き方をしているのではないか。人間は、社会のなかで「上位」に立つと、権威主義者として驕り、腐敗してしまうのではないか。だから、経済的に優位に立つ人間を少なくすれば、社会は非権威主義的となり、嫌な思いをすることが減る、云々。

こうした考え方は、自己と社会の異型説に立っている。個人の生き方としては「平等よりも大切な価値」がいろいろとあるが、しかし社会全体としては、できるだけ人々の心の襞《ひだ》に触れないように、つまり、人々の心を傷つけることがないように、「平等」を重んじる、という考え方である。自分はリバタリアンだが社会はコミュニタリアンであってほしいとか、自分はコミュニタリアンだが社会はリバタリアニズムであってほしいといった考え方も、「社会と個人の異型説」にもとづく発想であろう。「社会と個人の異型説」を採る場合、私たちは、自己の内面と社会の倫理のあいだで、引き裂かれた自己を生きなければならない。異型説は自己を引き裂く。その引き裂かれ方に耐えることができない人は、自らのイデオロギーを「社会と個人の同型説」へと変更していかねばならない。

以上、本章では前章を受けて、イデオロギーの八類型とそれ以外の立場を、それぞれ分析してきた。最後に、私たちが経済とイデオロギーの関係について議論する際に、二つの注意を喚起したい。

第一に、しばしば用いられる論法として、「すべてを市場に任せてしまうことはできない」との理由から、自由主義を否定し、経済を社会の中に埋めこむべきだとの見解が導かれることがある。ところがこの論法には、論理的な飛躍がある。まず「すべてを市場に任せる」ことを真剣に考えている思想家は存在しない。リバタリアニズムでさえ、そのような極端な意見を持っていない。「すべてを市場に任せてはいけない」という理由だけでは、アダム・スミスの経済的自由主義すら否定できない。スミス的な発想に従えば、経済秩序を安定させ成長させるためには、政府は法制度の整備や社会政策の運営などによって、さまざまな施策を講ずる必要がある。私たちは、こうしたスミスの立場が、経済的自由主義者たちの多くにも共有されていることを、忘れてはならないだろう。

もう一つ、もしかすると人は、経済倫理的にみて最も正しい立場は、国の公益を損なわない立場であると考えるかもしれない。私たちはしばしば、「現在の政府の方針が、とりあえず最も倫理に適ったものではないか」と感じることがあるだろう。しかしこのような発想は、思考力の欠如の現れであるかもしれない。それはまた、政府の方針に敏感かつ従順な発想こそ、最もすぐれているとみなす「よい子的発想」であるかもしれない。例えば「たばこの規制」をめぐって、政府は、さまざまな社会運動が成果を収めた後にはじめて、規制を「公益に適う」とみなすかもしれない。けれどもこのような後追い的な発想では、実効性の低い主張を「公益に適わない」と否定しがちである。こうした発想をすべての人が採用すると、社会はいかなる善い方向にも向かわないだろう。いかなる長期的ビジョンも、実効性が低いという理由から、倫理的に軽視されてしまうだろう。

経済倫理への問いは、公益には還元されない発想を必要としている。一般に、経済学というものは「何が善い社会であるか」という一次的な問いを括弧に入れて、「経済成長」「安定」「公正」「厚生」といった、どんな「善い社会」においてもとりあえず必要となるような、「二次的（副次的）価値」を追求する。ところが経済倫理学は、これとまったく異なる発想を必要としている。経済倫理学は、経済学において想定される「二次的価値」を、どのように追求することが望ましいのか、という問いを立てる。この問いを真剣に考えていくと、「何が善い社会か」という一次的な問いを避けることができないだろう。経済倫理学は、善き社会をめぐる一次的な問いと、副次的に必要な二次的価値への問いを、橋渡ししながら考えていかねばならない。

第三章

# 最近の経済倫理問題について考えよう

第一章に分類した八つのイデオロギーは、いずれも二十世紀の思想論議において、主要な立場とみなされたものであった。しかし二十一世紀の現在、これらのすべてが主要なイデオロギーというわけではない。イデオロギーは時代とともに変化しており、つねに新しい思想が生まれている。だから現代の経済倫理問題について、私たちは、別の観点からアプローチしたほうが、問題をいっそう明確に理解できるかもしれない。そこで本章では、別の分類軸を使って、最近の新聞やニュースで話題となっているテーマを分析してみることにしよう。

具体的には、「派遣社員を減らすべきか」、「マクドナルドを廃止すべきか」、「たばこを規制すべきか」、「グレーゾーン金利を撤廃すべきか」、「ホワイトカラー・エグゼンプションを導入すべきか」、「会社は誰のものか」という、六つの問題を取り上げてみよう。これらの問題はいずれも、ここ数年のあいだに浮上してきた新たな経済倫理問題である。ところが従来の思想論議では、こうした問題をうまく扱うことができていない。例えば「リベラリズム」の立場に立つ人々が、これらの問題に対して同じ解決方法を望むかといえば、そうともいえない。「リベラリズム」を自称する人々でも、「金利グレーゾーン」の問題に対して、まったく正反対の政策を主張するかもしれない。

そもそも「リベラリズム」という立場には、内部に多様な見解が含まれている。実際、リベラリズム内部での意見対立は、最近の政策論題を論じる上で、重要な争点となっている。だから私たちは、最近の経済倫理問題について深く検討するためにも、別のアプローチを援用する必要があるだろう。

これまで論じてきた「イデオロギーの八類型」では、Dの項目について、「リベラリズム」の立場は、XとY、つまり「包摂主義」と「非包摂主義」の両方を含むものであった。ここで「包摂主義」とは、「政府は企業の活動を道徳的に制約ないし促進して、これを倫理的国家全体のなかに位置づけなければならない」とする立場である。これに対して「非包摂主義」とは、「政府は企業の活動を道徳的に制約したり促進するべきではない」とみなす立場であり、これには「信条家」、「願望家」、および「利己主義者」という三つの立場があった。「信条家」とは、「企業は自らの信条において自由に行動すべきで、信条のある人が長期的な視点をもって行動すればよい」と考える人である。「願望家」は、「長期的視点をもった企業が自生的に増加することによって、短期的利益のみを追求する企業は、市場で淘汰されればよい」と考える人である。また「利己主義者」は、「企業は、短期・長期の利益について、自由に自己責任をもって判断すべきである」と考える人である。これら三つの立場は、それぞれ異なる道徳観をもつにもかかわらず、しかし、国家の権力には依存しない企業活動を認める点で、「非包摂主義」に分類された。

こうした「包摂主義」と「非包摂主義」の区別において、「リベラリズム」の立場は、それ自体としては、どちらの見解でもよいという、あいまいな主義主張しかもっていない。リベラリズムは、政府の介入政策が人々の「自律」を促すのであれば、これに賛成するだろう。しかし、もし政府の介入政策が人々の自律を挫くのであれば、リベラリズムはこれに反対するであろう。だからリベラリズムは、「包摂主義」と「非包摂主義」のいずれでもありうるわけである。

しかし、現在の主要なイデオロギーの一つであるリベラリズムが、「包摂主義」と「非包摂主義」のいずれでもよいというのでは、経済倫理の問題を考える上で、あまり役に立たない。そこであらためて、分類軸を作りなおしてみよう。

## 1　「包摂主義」と「非包摂主義」——新たな分類

### 国家の介入への態度

第一章で示した「包摂主義」と「非包摂主義」の分類は、主として「企業家」の振る舞いに即して分類したものであった。これに対して、問題の焦点を「政府」や「従業員」、あるいは「消費者」に即して考えてみると、別の分類をすることが適切であるように思われる。というのも「企業家」は、社会のなかで淘汰されうる存在であるが、これに対して「政府や従業員や消費者」は、かりに失敗しても淘汰されず、存続していかなければならないからである。「政府」は、さまざまな政策に失敗しても、やはり「政府」として存続していかなければならない。「従業員」は、企業を解雇されることがあるとしても、やはり「働く権利」をもつ労働者として、生きていかなければならない。「消費者」もまた、消費の失敗を繰り返しながらも、消費者として生活していかなければならない。だから、「政府や従業員や消費者」に焦点を当てるとき、私たちはたんに、結果をすべて「自由な淘汰」にまかせるという考え方をとることができない。

そこで、包摂主義と非包摂主義の区別を、次のように考え直してみよう。「包摂主義」とは、温情的な介入主義のことであり、これに対して「非包摂主義」は、非温情的な不介入主義である、と。ただしここで、介入主義と不介入主義の区別は、政府活動の有無の区別ではない。「不介入主義」は、一定の政府の恣意的な介入を拒否するが、ある種のルールによって人々の生活を条件づける点では、政府介入を認める立場である。介入主義も不介入主義も、政府による一定の介入を認める。ただし、「介入主義」は「恣意的な介入」を認めるのに対して、「不介入主義」はこれを認めない。

かつてノーベル経済学者のハイエクは、ケインズ主義を「介入主義」とみなして批判したことがある。しかしハイエク自身もまた、政府がなんらかの介入をすることを認めていた。例えば、政府は、経済活動に関する法を整備して、ルール違反者を取り締まらなければならない。あるいは政府は、最低限の生活を人々に保障しなければならない。こうした政府の活動は、ハイエクにおいては、「不介入主義」の政策とみなされる。ハイエクのいう「介入主義」とは、「恣意的な介入主義」であり、「恣意的ではない介入主義」は、「不介入主義」とみなされる。私たちもこのハイエクの考え方を採用して、「不介入主義」とは、一定のルールにもとづいた政府の政策を認める立場であるとしよう。

つまりここで、「介入主義」とは、政府の「恣意的な介入」を認める立場であり、「不介入主義」とは、政府の「恣意的ではない介入」を認める立場である。「恣意的」という言葉は、「温情的」と言いかえることもできる。「恣意的な介入」とは、「温情的な介入」であり、反対に「恣意的ではない介入」は、「非温情的な介入」である[26]。

## フーコーの「祭司権力」/「規律訓練権力」

さて、以上の分類をふまえた上で、これから説明してみたいのは、「包摂主義（=温情的な介入主義）」と「非包摂主義（=不介入主義）」には、それぞれ二つのタイプがあるという点である。まず「包摂主義」の二つのタイプから説明してみよう。

「包摂主義」とは、政府が国民に対して「上から配慮すべき」との主張であり、これには「祭司型」

と「主体化型」の二つのタイプがある。「祭司型」とは、国家は「カトリック教会」のように、愛の力でもって、社会的弱者を包摂すべきであると考える。例えば、政府はホームレスの人たちに「慈悲の手」を差し伸べ、簡易宿泊施設と食事を提供すべきである、という主張がこれに当たる。「祭司型」の国家は、強者が「慈愛心」をもって弱者に接し、弱者を国家に依存させながら、社会全体を統治しようとする。これは、M・フーコーのいう「祭司権力」型の社会である。

これに対して、「主体化型」の包摂主義は、「祭司型」とは反対に、国家は市民を、「主体化」させるように介入すべきである、と考える。例えば、ホームレスに対しては、かれらが自律した生活を行うための、職業訓練を施すことが望ましいと考える。「主体化型」の包摂主義は、人々が政府に依存しなくても生きていけるように、人々を「主体的で自律した人間」へ育てよう、というわけである。政府のきめ細かな対応（権力行使）によって、人々をできるだけ「主体化」しようとする社会は、フーコーのいう「規律訓練権力」型の社会と言えるだろう。

M・フーコーは、二十世紀の中頃に発展した「福祉国家」の権力作用を、「祭司権力」と「規律訓練権力」という二つの側面から分析した。フーコーによれば、「福祉国家」とは、「祭司権力」と「規律訓練権力」の二つの権力が複合した社会である。例えば「学校」では、教師が生徒のまえで「祭司」のように振る舞うと同時に、生徒たちに「主体化＝自律」を求めて、規律訓練権力を行使する。つまり学校では、祭司権力と規律訓練権力が結びついて、生徒たちを教育－管理する。あるいは「弱者のための政策」においては、政府は、一方では「慈悲の手」を差し伸べながらも、他方では、人々を勤勉な労働者として規律するために、就労支援を行う。弱者のための政策には、これら二つの権力が複合して用いられるわけである。

しかし最近の経済倫理の問題においては、祭司権力と規律訓練権力の違いが問題になっている。「祭司権力」は、人々を「子羊」のような弱き存在として捉え、人々の生活を飼い慣らそうとする。これに対して「規律訓練権力」は、人々を主体的な人間へと鍛え上げるために、きびしい課題を課そうとする。この二つの権力の区別について、ここで「失業対策」の問題を取り上げて考えてみよう。

## 失業問題にみる四つのタイプ

「包摂主義」の立場は、基本的には、国家が失業問題を解決すべきである、と考える。ただその場合の施策については、二つの発想がある。一つは、政府がダムや高速道路などの大規模な公共事業を計画して、失業者に「仕事を与える」という考え方である。これは「祭司（権力）型」の包摂主義である。もう一つは、政府は失業者に「技能訓練」を施すことで、自律した職業選択ができるように就労支援をする、という考え方である。これは「主体化型（規律訓練型）」の包摂主義である。はたして政府は、失業問題に際して、「公共事業による仕事の創出」を試みるべきであろうか。それとも「技能訓練による就労支援」を施すべきであろうか。このどちらを優先するかによって、国家権力に対する考え方は異なってくる。

「祭司型」の国家とは、いってみれば「親方」のような存在で、国民が親方＝国家に忠誠を尽くし、親方＝国家の言うことに従っていれば、そこで快適な生活を送ることができるような社会を理想としている。これに対して「主体化型」の国家とは、いってみれば「マラソン・ランナーのコーチ」のような存在で、選手たち＝国民がみずからの能力を実現するために、国家は規律訓練のメニューを提示してあげよう、というわけである。国家が国民を包摂する場合、国家は「親方」のように振る舞うのか、それとも「マラソン・ランナーのコーチ」のように振る舞うのか、という違いがある。

次に、「非包摂主義」の二つのタイプについて説明しよう。「非包摂主義」とは、政府の温情的な介入を好まない「不介入主義」の立場である。この立場には、「ヒューマニズム型」と「サバイバル型」の二つのタイプがある。

「ヒューマニズム型」とは、いわゆる「社民リベラル」と呼ばれる立場で、政府の権威的な介入を嫌い、どんな人間も個人として尊重されるべきだと考える。この立場は政府の役割を否定しないけれども、しかし政府は、「上から権威的に」介入するのではなく、「横から平等主義的に」介入すべきであると考える。およそ弱者であれ、人間にはプライドがあるのであって、政府はそのプライドを傷つけないために、できるだけ非権威的な仕方で政策を提供しなければならない。例えば、マイノリティや身障者に対する差別はあってはならず、政府はさまざまな文化政策・公共政策によって、かれらの生活をプライドあるものにしていく必要がある。また政府は、人々がプライドをもって生きるために必要な、最低限の生活水準を保障しなければならない。「ヒューマニズム型」はつまり、政府が人々に「尊厳（プライド）の基盤」を与えるような社会制度を構築すべきだと考える。

「非包摂主義」のもう一つのタイプは、「サバイバル型」である。この立場は、国家によって人々の生活を飼い慣らすのではなく、むしろその反対に、政府が人々に対して、たくましく生きていくように求める立場である。人間は本来、生きるための「サバイバル感覚」というものをもっているだろう。人は環境が変わっても、たくましく生きていこうとするだろう。しかし人は、この「サバイバル感覚」というものを失うと、生命力そのものを減退させてしまう。またその結果として、政府に依存しながら生きるという、寄生的な道を選ぶことにもなる。そこで政府は、人々の依存願望をできるだ

| | | |
|---|---|---|
| 包摂主義 | (1)祭司型（国家の慈悲の手による弱者救済と寄生許容） |
| | (2)主体化型（自律訓練と主体化による依存気質からの脱却） |
| 非包摂主義 | (3)ヒューマニズム型（権威的介入の拒否と自尊心の提供・承認） |
| | (4)サバイバル型（自己責任原則による「生きる力」の覚醒） |

**表3−1　包摂主義と非包摂主義の諸類型**

け抑えて、「サバイバル感覚」を呼び醒まそうとするかもしれない。例えば政府は、生涯教育を通じて、「たくましさ」と「したたかさ」を育てていくかもしれない。

すでにいくつかの小学校では、社会科の授業で、証券会社などのホームページが提供する「バーチャル株式投資ゲーム」が行われている。サバイバル型の非包摂主義は、こうした教育の取り組みを奨励するであろう。この立場は、人々に「自己責任」の感覚を植えつけて、社会のなかで飼い慣らされてしまった「野性」を再生しようと試みる。かつてケインズは、大恐慌に際して、人々の「アニマル・スピリット」が減退している、と述べたことがある。この「アニマル・スピリット＝野性」を社会のなかで呼び醒まそうというのが、「サバイバル型」の発想である。

以上、「包摂主義」と「非包摂主義」について、それぞれ二つのタイプを類別してきた（**表3−1を参照**）。

ここで、(1)「祭司型包摂主義」と(2)「主体化型包摂主義」のあいだには、大きな隔たりがある。また、(3)「ヒューマニズム型非包摂主義」と(4)「サバイバル型非包摂主義」のあいだにも、思想上の対立関係がある。そこで私たちは、「包摂主義」と「非包摂主義」の区別よりも、むしろその内部の対立にいっそう注目すべきであろう。例えばこれまで、「リベラリズム」と呼ばれる思想は、(2)「主体化型包摂主義」と(3)「ヒューマニズム型非包摂主義」

の考え方を、合わせたような考え方をしてきた。「リベラリズム」にとって、(2)と(3)は類似の考え方であり、これに対して(1)や(4)は、リベラリズムから遠い、異質な考え方である。

そこで考察してみたいのは、例えば「リベラリズム」という思想の内部にも、(2)と(3)の区別があり、この二つは現実の経済倫理の問題を考えるときに、大きな争点になるという点だ。私たちは、以上の四類型によって、これまでのイデオロギー的立場を、さらに立ち入って考察してみたい。

読者はこれらの四類型のなかで、どのタイプに共感を寄せるであろうか。あるいはどれにも共感を寄せず、別の発想をするだろうか。以下では、六つの具体的な問題に即して検討してみよう。

## *2* 派遣社員を減らすべきか

### 新たな「階級社会」か?

近年問題になっているように、いまや日本経済は、正社員と非正社員の差別構造を抱えた新たな格差社会を迎えている。雇用する企業の側からすれば、できるだけ社員を非正社員化して労務コストを抑えたいのであろう。実際、日本の経済界を代表する「日経連」(現在の日本経団連)は、一九九五年に「新時代の『日本的経営』」と題する報告書を発表して、労賃を抑制するための具体的な改革案を提出している。それによると日本社会は今後、終身雇用を保証する正社員の数を基幹職にしぼりこみ、専門職と一般職は昇給も退職金もない「非正社員」へとシフトさせるべきであるというのだ。

こうした方向に労働法の規制緩和を進めていくと、私たちの社会は「正社員族」と「非正社員族」

に分断された階級社会になるかもしれない。戦後からバブル期までの日本経済において、雇用者に占める「正社員」の割合は約八〇％であった。ところが一九九〇年代の中頃から現在に至るまで、この割合は一〇％も減っている。代わって増加しているのは、派遣社員や契約社員といった「非正社員」だ。

現在、「正社員」の平均賃金年額は五二〇万円強、これに対して「非正社員」は、フルタイムで働いている者でも、平均賃金年額は約二七〇万円である。生涯賃金でみると、正社員は平均して二億円を稼ぐのに対して、フルタイムで働く非正社員は、その半分の一億円程度しか稼がない。私たちはこの賃金格差を、どのように考えるべきであろうか。

改革推進派の立場からすれば、「非正社員」（とくに派遣社員・契約社員・委託社員）が増えることは、それ自体として問題ではない。例えば、八代尚宏氏（国際基督教大学教授）によると、日本経済はこれまで、男性が所得を稼ぎ、女性は専業主婦に留まるという「家父長制」の構造を前提としてきた。そして日本の企業は、男性の社員に対して、いわば二人分の給与を支払ってきた。しかし女性の社会進出を促すのであれば、当然、男性にもまた家事を分担してもらわなければならない。そのためには、非正社員を「正社員」化するのではなく、反対に、男性正社員を「非正社員」化して、夫婦がともに非正社員の身分でも、共働きでやっていけるような社会にしなければならない。「正社員」という長期安定雇用の保証をなくせば、企業は社員に対して、残業を無理強いすることができなくなる。そうなれば、多くのサラリーマンは非正社員の身分でも、残業が減って時間に余裕ができる。その時間を家事に向けて男女共働きの家庭を築けば、理想の共働き生活となるというわけである。

なるほど、多くの男性サラリーマンを「非正社員」化すれば、女性の就業率が高まるだろう。実際、カナダではそのような改革に成功している。カナダでは、女性の就業率が日本よりも一三％高く、しかも出生率は、日本よりも高い。改革推進派の八代氏によれば、日本が目指すべき社会はアメリカ型ではなく、むしろアメリカに隣接しながら、独自の道を歩んでいるカナダ型社会だという。

これに対して改革反対派の人たちは、もしこのまま「非正社員」が増えつづけると、少子化が加速するのではないか、と危惧している。実際、所得の低い人ほど婚姻率が低く、また結婚したとしても、所得が低い家庭ではたくさんの子供を育てることができない。だから政策としては、富裕層から所得税を多く徴収し、低所得層の賃金を高くすることによって、少子化を防ぐべきだというのが、反対派の主張である。

また非正社員の増加に伴って、「偽装請負」問題も深刻になっている。偽装請負の典型的なケースは、次のようなものだ。企業が請負会社に仕事を発注する。請負会社は求人情報などで労働者を募り、企業の工場に送りこむ。請負会社の任務はここで終わり、工場では企業の社員が、請負労働者の作業を指示する。これは一見すると、企業が派遣社員を雇っているようにみえる。しかし、請負会社を経由することによって、企業は労働者を守るための法的義務を免れる。例えば現行の法律では、企業は派遣社員を三年以上雇うと、正社員として直接雇い入れる義務が生じる。ところが請負労働者であれば、この義務が生じない。企業はつまり、「派遣労働」と「請負労働」を交互に組むことで、安価な労働力をいつまでも利用することができるわけだ。

### 四類型それぞれの態度

こうした問題状況において、先に挙げた四つの立場はそれぞれ、次のように応答するであろう。

まず、「祭司型の包摂主義」は、できるだけ多くの非正社員を「正社員化」すべきである、と主張するであろう。政府は、すべての労働者を公務員として雇うことはできないとしても、すべての労働者が「正社員」として雇われるように、企業に対して行政指導をすることができる。すべての労働者が正社員となれば、人々は「安定した雇用環境」のなかに包みこまれる。祭司型の包摂主義は、そのための具体的な政策として、「労働者派遣法」の見直しを求めるであろう。

そもそも「労働者派遣法」とは、特定の業種に限定されたものであった。ところが規制緩和政策とともに、法の適用範囲が拡大され、本来の目的を逸脱してきた。現行の派遣法では、派遣期間を最長三年に制限しており、これを超えると、受け入れ企業は派遣労働者を正社員として雇わなければならない。ところが実際には、派遣社員は、三年後に「請負社員」にされてしまい、後にまた「派遣社員」になるように迫られる。こうして労働者は、いつになっても「非正社員」のまま働かされることになる。こうした法律上の問題に対処するために、祭司型の包摂主義は、まず「派遣社員」の定義を、立法当初の「専門職」に限定するように求めるだろう。そして「派遣社員を請負社員にまわす」といった不正な雇用形態を、法によって厳しく制約するであろう。

次に、「主体化型の包摂主義」の立場について考えてみよう。この立場は、「努力が報われる社会」を実現するために、非正社員を「正社員化」するためのインセンティヴを制度化しようとするだろう。例えばドイツでは、はじめから正社員として雇用される社員とは別に、「実習生」として採用される若者たちがいる。「実習生」は、もしその企業が気に入ってくれれば、後に正社員として採用される。あるいは正社員になれなくても、大企業で実習した若者たちは、履歴書にその経験を書き込むことで、次の雇用に生かすことができる。「実習生」という雇用システムを整備すれば、社会は若者たちに、技量を磨くためのチャンスとインセンティヴを与えることができるかもしれない。「主体化型」は、こうしたドイツの取り組みを日本にも導入しようとするであろう。

加えて「主体化型」は、若者たちの主体的な労働運動を支援するだろう。例えば政府は、若者たちが数人で労働組合を作ることを奨励し、自分たちの労働環境を改善するために、雇用者の側へ具体的な要求を提示するという、労働運動のノウハウを提供することができるだろう。政府は、労働組合設立のためのコンサルタントとして、労働者たちの自発的な活動を手助けすることができるだろう[27]。

第三に、「ヒューマニズム型の非包摂主義」からすれば、「非正社員」の存在は、それ自体としては承認されるだろう。ただし、非正社員のプライドがいちじるしく傷つけられる場合には、「非正社員の雇用を不当に差別してはならない」と主張するであろう。

例えば、東京ディズニーランドでは、多くのダンサーたちが下請けで雇われている。ダンサーたちはこれまで、個人単位の「業務請負契約」で雇われ、社会保険費は全額自己負担とされてきた。もしダンサーたちが仕事中にケガをした場合には、保険が利かないまま解雇されてしまうことになる。こうした労働の形態は、さすがに「労災認定」の問題があるということで、運営会社のオリエンタルランド社は、これまでの「請負契約」から「雇用契約」へ転換を図るよう、政府から命じられた。ヒューマニズム型は、こうした契約関係の転換を強く求めるであろう。

また、ヒューマニズム型は、非正社員の賃金が同種の正社員の賃金に比してあまりにも低い場合には、行政指導を通じて非正社員の賃金上昇を求めるであろう。現在、フルタイムとパートタイムの賃金格差は、日本では、フルタイムを一〇〇とした場合、パートタイムは五〇である。これに対してオランダでは、一〇〇に対して九五である。オランダでは、一九九六年の労働法改正、二〇〇〇年の労働時間調整法の施行によって、賃金格差の解消を実現してきた。これに対して日本のパート人口は、現在、一千万人を超えている。働き手の四人に一人がパートである。同年齢同学歴の男性正社員に比べると、女性のパート労働者の賃金は、七分の一程度というところもある。「ヒューマニズム型」は、日本におけるこうした賃金格差の実態が、非正社員のプライドを深く傷つけていると批判するであろう。

最後に「サバイバル型の非包摂主義」は、どのように考えるであろうか。この立場はおそらく、先の八代尚宏氏のように、非正社員という雇用形態を積極的に支持し、正社員の多くを「非正社員化」すれば、さらなる雇用が生まれると期待するであろう[28]。

なお、以上の四類型のいずれにも属さない立場として、「雇用労働からの解放」を掲げるマルクス主義やエコロジー派などの見解がある。雇用労働から解放されれば、人は正社員にも非正社員にもなる必要がないだろう。しかしこの見解は、具体的にどのような労働制度を提案するのか、定かではない。もう一つ、ベーシック・インカムを提案する人々もいるが、ただしこの制度の下でも、正社員と非正社員の格差問題が生じるであろう。

## 3　マクドナルドを廃止すべきか

### 『スーパーサイズ・ミー』が問うたものへの、それぞれの態度

次に検討するのは、マクドナルドのようにグローバル化した「ファストフード産業」の威力を、ど

のように評価すべきかという問題である。マクドナルドは現在、世界百二十一ヵ国に三万店舗以上を出店しており、世界の食文化を、まさに均質化することに貢献してきた。

ではファストフードによる食文化の均質化は、はたして人々を幸せにしたのであろうか。アメリカの社会学者リッツァが著したベストセラー『マクドナルド化する社会』は、近代の均質的な空間が世界を覆い尽くすことによって、私たちの地域生活や心の世界が蝕まれていくことに、警鐘を鳴らしている。また二〇〇四年には、モーガン・スパーロック監督の『スーパーサイズ・ミー』が話題となり、マクドナルドに対する批判が強まっている。この映画は、監督本人がマクドナルド商品を一ヵ月間食べつづけることで、体にどのような変化が起きるのかをドキュメンタリー・タッチで描いたものである。アメリカでは当時、ほとんどのマクドナルドの店でスーパーサイズを勧めており、監督のスパーロックはこれを食べつづけた結果として、コレステロールは百六十八から二百三十三へ、体重は八十四・三キロから九十五・三キロへ、体脂肪は一一%から一八%へ、それぞれ増加した。しかも尿酸値が上がって痛風となり、腎臓結石が生じ、肝臓機能も悪化してしまった。

この映画の影響で、アメリカのマクドナルドではその後、スーパーサイズそのものがなくなるという事態になったが、スーパーサイズのドリンクは、なんと一・九リットル、そこにはスプーン四十八杯分の砂糖が含まれていたという。私たちはこうしたファストフード産業の商品を、はたして野放しに放置してよいのだろうか。

「祭司型」の包摂主義であれば、政府は人々の健康状態を憂慮して、誰もが健全な生活が送れるように、慈悲の手を差し伸べるであろう。政府は、マクドナルドのみならず、健康に害をもたらす食品や酒類を売る業者を、すべて規制するであろう。さらに政府は、国民の食生活を向上させるために、朝食に「ごはんと味噌汁と梅干」を食べることを奨励したり、あるいは小学生をもつ家庭には、毎朝どのような朝食を食べているのかを学校側に報告させるといった、健康管理義務を負わせるであろう。また栄養を十分に取ることのできていない人々には、政府が責任をもって「コメのごはん」を支給するという、栄養面での救済を試みるであろう。

これに対して「主体化型」の包摂主義は、国家が国民に対して直接「慈悲の手」を差し伸べるよりも、むしろ民間のフード産業に対して、消費者が主体的な判断をするための情報提供を求めるであろう。現在、ファストフード食品には、ビタミンやミネラルがほとんど含まれていないので、人間の集中力や思考力を低下させ、「自律する意志」を挫いてしまうのではないかと危ぶまれている。そこで政府は、フード産業に規制をかけ、人々の集中力や思考力を育て、あるいは人々が食生活を自己管理できるようにするために、提案型の商品を開発するように働きかけるであろう。アメリカでは現在、成人の六〇％、子供の三七％が、肥満ないし過体重であると言われている。「主体化型」の立場であれば、人々が肥満を解消して食生活の自己管理能力を高めるために、「肥満税」の導入や、「肥満解消プログラム」の無償提供などを、求めていくかもしれない。

第三に、「ヒューマニズム型」の非包摂主義であれば、そもそも人々がどのような食生活を営んでいるかについて、政府は介入すべきではないと考えるだろう。マクドナルドのハンバーガーを食べたい人は、自由に食べればよい。ただし自分は、易きに甘んぜず、なるべくバランスのよい食生活を心がけたい、と考えるのが「ヒューマニズム型」の発想である。この立場は、プライベートな生活におせっかいを焼くよりも、人間が人間として自尊心をもって生きていくことができるようなコミュニケーションを大切にする。そのためには、ファストフード産業を認める一方で、人々が相互に市民として承認されるための、地域コミュニティの形成に公的資金を注ぎこむであろう。地域社会の中心にはショッピングモールを位置づけるよりも、集会所や広場といった、市民活動のための場を設け、週末はそのような場所で、市民の豊かなコミュニケーションが育まれる社会こそ望ましいと考えるだろう。

最後に、「サバイバル型の非包摂主義」であるが、この立場は基本的に、どんなフード産業でも自由に認めるであろう。例えば、マクドナルドのハンバーガーを食べ過ぎて病気になったとしても、その人は自己責任でもって治療費を支払うべきだ、ということになる。自分の食生活を律するべきかどうかは、各人の自由である。ただ言えることは、食生活を律した人のほうが、すぐれた仕事をこなし、また長生きする可能性が高い、ということである。ただそれだけのことである。だからあえてマクドナルドを批判する必要はない。他人の食生活を批判するヒマがあったら、自分の食生活についてケアしたほうがいい。この社会はすでに、食べ物には困らないという意味では絶対的貧困を克服している。あとは政府に頼らずに、自分でたくましく生きるべきというのがこの立場だ。

## 4　たばこを規制すべきか

### 健康か自由か

同様の事例として、たばこの規制について考えてみよう。現在、たばこを規制する動きが世界中で高まっている。たばこの箱に、強烈な印象を与える健康被害広告を義務づける動きがある。二〇〇〇年にカナダで「たばこ広告の義務化」が実施されると、同様の動きは、シンガポール、タイ、ブラジル、EU諸国などで急速に広まっていった。例えばブラジルでは、たばこのパッケージに、未熟児が集中治療室で横たわっている写真などが掲載されている。日本では、たばこ協会の自主規制というかたちをとっているが、すでにたばこのCMは、テレビから姿を消している。

将来的には、日本でもたばこはすべて禁止となるか、あるいは、たばこ税が数倍に引き上げられるような社会が到来するかもしれない。つい最近までは、人前でたばこを吸う自由が認められていた。にもかかわらず、これだけ急速にたばこを規制するというのは、人々に健康を押しつける「健康ファシズム」ではないか、という意見もある。ところが二〇〇五年には、世界保健機関の主導で「たばこ規制枠組み条約」が発効し、この条約には日本も含めて、六十ヵ国以上が批准している。これによって、屋外の看板からたばこの広告が姿を消し、新聞や雑誌の広告もすでに規制されている[29]。私たちはこうした「たばこの規制」について、どのように考えるべきか。

「祭司型」の包摂主義であれば、たばこの規制に賛成するであろう。たばこには「依存性」と「有害性」があるから、広告によって消費を煽るようなことをしてはならない、ということになる。ただし祭司型は、「たばこ依存症」の人々に対しては、治療面で手厚く施すであろう。たばこ依存症の患者は社会的弱者である。だから政府は、かれらを手厚く保護してあげることが望ましい。

これに対して「主体化型」の包摂主義は、人々が「できるだけ主体的になれるように」との観点から、たばこの規制を試みるであろう。たばこ依存症になったら政府の手厚い保護を受けられるというのでは、人々は、なかなかたばこを脱却することができない。主体化型であれば、たばこをやめたいと思う人々に、主体的・自立的にやめるための支援プログラムを施すべき、と発想するであろう。

例えば、日本の厚生労働省は二〇〇六年になって、たばこの喫煙率を引き下げるための数値目標を、三通り提案している。そのなかで最も現実的なのは、「たばこ依存症以外のすべての禁煙希望者が禁煙できるようにする」というもので、この政策を実施した場合、二〇一〇年までに、男性の喫煙率を四三・三%から三八・四%へ、女性の喫煙率を一二・〇%から一〇・二%へ、それぞれ抑えられると予想されている。「禁煙希望者」がたばこをやめるためには、かれらが主体的にやめるためのインセンティヴを与える必要がある。そのためには、駅の構内や列車内での禁煙のみならず、レストランやパブでも全面禁煙とするような法律を作るのがふさわしい。すでにアイルランドのパブでは、すべて禁煙が義務づけられている。イギリス政府もまた、二〇〇七年に、職場やレストランのすべて、パブのほとんどを禁煙にしている。

このほかにも「主体型」の立場は、たばこの値段を上げることによって、禁煙希望者に禁煙のインセンティヴを与えることができるだろう。世界銀行の試算によると、たばこを一〇%値上げすれば、その需要は、先進国で平均四%、途上国では平均八%減少するだろうという。さらに「主体化型」は、喫煙者に対して、医療費や健康保険料の負担を増額する、という政策を講ずるだろう。日本では現在、たばこが原因で、毎年十万人が亡くなっており、これによって、一兆三千億円の医療費が余計にかかっているといわれる。また、たばこを吸う人ほど、癌になりやすいというデータもあり、たばこを吸う人と吸わない人で、同じ医療費を負担するのは不公平であるとの意見もある。「主体化型」の包摂主義であれば、喫煙者の医療費・健康保険料の増額によって、主体的な禁煙を促すようなインセンティヴを与えようとするであろう。

第三に、「ヒューマニズム型」の非包摂主義であれば、「祭司型」や「主体化型」の包摂主義に抗して、喫煙者たちの自由を認めよ、と主張するであろう。「ヒューマニズム型」にとって、「健康のためにたばこを規制する」という考え方は、国家の暴力にほかならない。不健康な生活だからという理由で、いちいち国家が介入するというのは、人々の尊厳を傷つけてしまうからである。例えば、たばこのパッケージに健康被害広告を義務づけるとなると、喫煙者たちは差別された視線を浴びながら、たばこを吸うことになる。これは喫煙者たちのプライドを傷つけるのであって、いきすぎた政府介入ではないか。ヒューマニズム型はプライドの観点から、たばこを吸う人たちの権利を守るだろう。

もちろん「ヒューマニズム型」は、たばこの煙によって被害を受ける人たちの権利も守りたいと考えている。だからこの立場は、喫煙者には「快適な喫煙スペース」を提供することでもって、「分煙」による人々の共存を図るであろう。いかなる公共施設であれ、またいかなる民間施設であれ、施設内をすべて禁煙にすることは許されない。ヒューマニズム型は、たばこを吸う人の権利を守るために、「喫煙ルーム」を設けることを、関係者たちに求めるであろう。

もちろんヒューマニズム型の人は、けっしてたばこを好きなわけではない。むしろ心のなかでは、たばこを吸う人々を嫌悪していることもまれではない。ところがヒューマニズム型の人は、がまん強い。レストランで隣の人がたばこを吸いはじめても、あるいは職場で上司がたばこを吸っても、ひたすらがまんするだろう。ヒューマニズム型の人々は、面と向かって「たばこをやめてください」とは言わない。他人の尊厳を傷つけたくないからである。

これに対して「サバイバル型」の非包摂主義は、どのように発想するであろうか。この立場は、一見すると、どんな環境においても、たばこの喫煙を認めるように思われるかもしれない。しかしそうではない。むしろ人々のサバイバル感覚を刺激するために、たばこを規制しようとするだろう。例えば、フランスのパリでは二〇〇七年二月から、オフィスでの全面禁煙が施行されている。日本でも、法人企業のジョンソン・エンド・ジョンソン（J&J）は、医療機器を扱う事業の従業員に対して、「勤務中はオフィスの外でもたばこを吸ってはいけない」という規則を二〇〇七年一月から導入している。オフィス・ワーカーの人々の士気を高め、生産性を上げるためには、オフィスでの全面禁煙を導入して、「意志の弱さ」を克服すべきとの発想が、サバイバル型である。サバイバル型は、ホワイト・カラーの高給取りが手を抜かずに働くことを求めている。高給取りには「終日禁煙」という厳しい倫理基準を課す一方、低所得者に対しては喫煙を認めるような政策が、サバイバル型の発想にふさわしい。具体的には、都市の中心部では全面禁煙とし、それ以外の地域では喫煙可能とするだろう[30]。

## 5 グレーゾーン金利を撤廃すべきか

### 消費者金融業の隆盛は問題なのか

次に、「グレーゾーン金利」の問題について考えてみよう。グレーゾーン金利とは、利息制限法を超える金利であるにもかかわらず、「利息を任意に払った場合には有効となる金利」[31]のことである。具体的には、一五―二九・二%の金利が、日本ではグレーゾーン金利とされてきた。ところが二〇〇六年一月になって、法律運営上の大きな変化があった。最高裁の判決によって、このグレーゾーン金利を否定する判決が下されたのである。グレーゾーン金利でお金を借りている人々は、「払いすぎたので、返してくれ」と請求すれば、貸金業者から返してもらえることになった。つまりグレーゾーン金利は、事実上の廃止に追いこまれた。

これまで消費者金融の利用者は、全国で二千万人もいたと言われている。実に日本人の六人に一人が、消費者金融からお金を借りていたことになる。利用者の七割以上は、これまでグレーゾーン金利で融資を受けてきた。しかも約二百万人の人々は、「多重債務者」であった。こうした消費者金融の興隆によって、日本には金融業の富豪が現れた。アメリカの雑誌「フォーブス」が二〇〇五年に発表した「日本の富豪四十人」によると、上位五人のうち、なんと二位と三位と五位の三人が、大手消費者金融の経営者やOBであったという。消費者金融業が一人勝ちをするというこの実態は、健全な市場社会とは言えないのではないか。そうした反省から、日本では二〇〇六年になって、「グレーゾーン金利」が見直されることになった[32]。

自由市場経済の原則を重視するならば、人々は契約によって、どんな利子率でもお金を貸したり借りたりすることができるはずである。実際、韓国では、一九九八年に金利の規制がすべて撤廃されている。ところがその結果生じたことは、最悪の事態であった。無登録の金融業者が横行し、人々は平均で二二〇%という高い金利でお金を借りはじめたのである。韓国では信用不良者が三百五十万人にも達し、家族や親族への取りたてが深刻な社会問題となっている（二〇〇二年に規制復活）。金利を自由化すると、社会の統治能力そのものが低下してしまう。私たちは金利の問題について、どのような規制を望ましいと考えるであろうか。

「祭司型」の立場であれば、「公的金融機関」の設立によって、「お金に貧した弱者の救済」を試みるであろう。政府は同時に、低所得者を対象にして、「生活福祉資金」の貸付制度を運営することができる。たんに「金遣いが荒い」という人を助ける必要はないが、生活に困った人が高利でお金を借りなければならないのは、悲劇である。債務が雪だるま式に膨んでしまえば、返済不可能に陥る。政府は、人々のそのような破局を避けるために、できるだけ手厚く救うべきだというのが、「祭司型」の発想である。祭司型は、政府が金利分を負担してでも、低所得者層の生活を助けるであろう。

これに対して「主体化型」の立場は、消費者金融機関からお金を借りる人たちが、できるだけ主体的に返済できるように制度を変革するだろう。例えば、お金を借りる人は、事前に「返済計画書」を提出しなければならないという法律を定めたり、あるいは、貸し手は決して多重債務にならないように貸さなければならない、といった法律を定めたりするであろう。現在、「多重債務者」の定義は、「消費者金融五社以上から借りている人」（約二百万人もいる）、ということになっている。しかし「主体化型」の立場は、「多重債務者」のこの定義を拡張して、「二社以上の消費者金融機関から借金をしている人」（約八百万人もいる）と定義するであろう。そして消費者金融機関に対しては、「多重債務者にはお金を貸してはならない（貸しても無効である）」という法律を定めるであろう。

第三の立場として、「ヒューマニズム型」の考え方からすれば、金利の利率は、それが借り手の人格を著しく傷つける場合には、望ましくないとみなすであろう。二〇〇六年四月、消費者金融の大手、アイフルに対して業務停止命令が出たが、アイフルは例えば、戸籍謄本を手に入れるために顧客に無断で委任状を作ったり、あるいは勤務先に電話したり、母親に返済を迫ったりと、不当な取りたてを行っていた。こうした強引なやり方はあきらかに違法であり、ヒューマニズム型の立場に立つ人は、これを厳しく取り締まるべきだと主張するであろう。

加えて「ヒューマニズム型」は、自殺による借金の返済を認めないであろう。二〇〇五年に消費者金融大手五社が受け取った死亡保険金は、三万九千八百八十件であったが、そのうちの一割にあたる三千六百四十九件は、自殺による死亡だった。死因が特定できないケースもあるので、自殺の割合はもっと高いかもしれない。いずれにせよ借金の返済は、現在、「命を担保」にすることができる。人権を尊重する「ヒューマニズム型」であれば、自殺による返済を、断じて認めないであろう。

最後に、「サバイバル型」の見解はどうであろうか。この立場は、人々がたくましく生きていくために、基本的には金利の自由化に賛成するであろう。世の中は矛盾に満ちており、詐欺まがいの誘惑もたくさんあるが、しかしそうした環境のなかで、人々は政府に頼らず、むしろ自分の「サバイバル感覚」を研ぎ澄ますべきだ、というのがこの立場の見解である。したがって、多重債務に陥って破産するのも、基本的には自己責任である、ということになる。サバイバル型は、たとえ多重債務者が破産するとしても、多くの人々が金融業界の動向に敏感となり、熾烈な市場競争のなかですぐれた金融機関が生き残ることを、願うであろう。

## 6 ホワイトカラー・エグゼンプションを導入すべきか

### 生産性アップか、働きすぎ助長か

「ホワイトカラー・エグゼンプション」とは、ホワイトカラーの人たちを「エグゼンプション＝例外扱い」するという意味で、具体的には、賃金の支払い方を、時間給にせず、すべて内容に応じて支払う、という考え方である。従来、サラリーマンへの給与は、労働の「内容」と「時間」に応じて支払われてきた。しかしホワイトカラー・エグゼンプションが導入されれば、給与は、労働時間に応じて支払われるのではなく、もっぱら、労働の内容に応じて支払われることになる。

この政策は、結果として残業代を支払わないことになるので、別名「残業代ゼロ法案」とも呼ばれている。ホワイトカラーの人たちは、どれだけ残業しても給与は追加されなくなるので、この制度のもとでは、なるべく短時間で仕事を終えようとするだろう。人々は残業代を稼ぐために、だらだらと仕事をすることはなくなるであろう。それよって「単位時間あたりの労働生産性」は、飛躍的に伸びると予想される。このため、改革推進派の人々は、現在、このホワイトカラー・エグゼンプションを導入しようとしている。そもそも、ホワイトカラーの人々が携わっている「頭脳労働」は、時間で管理することが難しいのであって、時間給はふさわしくない、との考え方がある。仕事の成果を出すためには、時間を管理しないほうがかえって望ましい場合もある。私たちはこのホワイトカラー・エグゼンプション制度を、どのように評価すべきであろうか。

「祭司型」の立場からすれば、ホワイトカラー・エグゼンプションは認められない。というのもこの制度の下では、日本人はかなりの働きすぎに陥ってしまうだろうからである。日本人の多くは、仕事を頼まれると、「なんとかやってみます」と答え、すこし無理をしてでも仕事をやり遂げようとする。自分の労働時間を主体的に管理するのではなく、むしろ自分の身体を壊してでも、頼まれた仕事を優先してしまう。日本型の信頼社会では、仕事が忙しくて無理をしなければならないときに、無理のできる人を信頼する傾向にある。だからホワイトカラー・エグゼンプションが導入されれば、人々はさらに労働時間を長くして、健康を害する人が続出するのではないか、と危ぶまれる。しかし多くの人々が健康を害するような制度は、長続きしない。そこで祭司型の立場は、長期的な視野に立って、日本人の「無理のしすぎ」を制度によって食い止めようとするだろう。

例えば現在、外食産業やコンビニの店長の多くは、「管理職」とみなされ、残業代が支払われていない。しかし店長とは名ばかりで、その労働はアルバイトとあまり変わらない、と指摘されることもある。店長は、人件費を抑えるためにバイトの数を減らし、自ら働くことを求められるからである。店長は、「店の利益をあげることが、自分自身の成長だ」と思いこまされ、自発的に苛酷な労働を引き受けさせられることもまれではない。実際、外食産業やコンビニでは、健康を害する店長が続出している。こうした労働の実態に対応するためには、店長といえども、無理な残業をさせないような法律を作る必要があるかもしれない[33]。

どうも日本人は、働きすぎのようだ。日本では、週五十時間以上働く人が三〇%近くもいるが、これに対してドイツやフランスでは五%にすぎない[34]（日本では週六十時間以上働く人の割合が二一・五%もいる）。これはおそらく、日本では残業代の割増率が低いからではないか。残業代の割増率は、週四十時間以上働く人の場合、日本では二五%、アメリカでは五〇%である。日本でも残業代の割増率を引き上げれば、残業時間と残業する人の割合はともに低下するのではないか。残業代の割増率が低いと、もう一人の労働者を追加で雇用するよりも、正社員を残業させたほうが得になる。これに対して、残業代を引き上げれば、企業は、正社員に残業させるよりも、他の人を正社員として雇ったほうがよい、ということになる。「祭司型」の立場は、残業代の割増率を引き上げて、労働者の働きすぎを制約すると同時に、一人でも多くの失業者を雇えるような制度を目指すであろう。

このように、政府が人々に手を差し伸べて、「すべての働きすぎを制約せよ」と主張するのが「祭司型」の立場である。

## 積極的に支持する論理

これに対して「主体化型」の立場は、すべての労働者たちが、自分で労働時間を管理できるようなシステムを理想とするだろう。そしてそのようなシステムを構築したのちに、ホワイトカラー・エグゼンプションを認めるであろう。

たしかに日本のサラリーマンは忠誠心が旺盛で、仕事上の無理をしすぎる嫌いがある。しかし無理をしすぎる日本人の健康を守るためには、究極的には、各人が自分で自分の労働時間を管理できるようにならなければならない。つまり、各人が主体化を遂げて、労働の自己管理能力を高めることでもって、過剰な労働を防ごうというのが「主体化型」の発想である。日本の労働慣行は労働者に対して「忠誠と無理」を求めるが、ならばその慣行を変えようというわけである。

そのためには例えば、政府が企業の活動に介入して、労働者の自己管理能力を高めるような研修プログラムを要請したり、労働者に対してスケジュール管理のための執筆を奨励したり、あるいは労務管理のための資格試験を受けさせることができるだろう。政府は、労働時間の自己管理能力があると認められた労働者から順に、ホワイトカラー・エグゼンプションを認めていくことができるだろう。主体化型は、まず「各人の時間管理能力を高めるプログラムを施せ」と主張する。そしてその後に、ホワイトカラー・エグゼンプションを一つの選択肢として導入するだろう[35]。

次に、「ヒューマニズム型」の立場はどうか。これまでヒューマニズムの立場は、サービス残業（不払い残業）をなくすことに関心を寄せてきた。労働者のなかには、実際には残業しているのに、解雇をおそれて残業代を（部分的にしか）請求しない人たちがいる[36]。そこで、不払い労働を強いられている労働者たちの「人権」を守ろうというのが、ヒューマニズムの立場である。ヒューマニズム型は、人々の権利や自尊心を大切にする。もしホワイトカラー・エグゼンプションによって人々が苛酷な労働条件のもとに置かれるならば、ヒューマニズム型はこれを否定するであろう。しかし、もしこの制度の導入によって、人々が労務時間をいちいち管理されず、プライドをもって仕事をすることができるならば、これを積極的に支持するのではないか。ヒューマニズム型は、次のように発想するであろう。すなわち、ホワイトカラー・エグゼンプション制度は認めるが、しかし過労死認定を強化することで、働きすぎの労働環境をなくしていく、という方向である。

この理想のために、ヒューマニズム型は、労使協定のあり方を見直すであろう。日本では現在、企業が労働組合などと労使協定を結ぶ場合は、残業をさせても違反にはならない。例えば、過労死の認定基準に匹敵する月百時間の残業をさせても、合法になっている。現行の法規制には抜け穴がある。もともと労使協定は、資本家と労働者のあいだの「協調関係」を築くために設けられた。ところがこの協調関係が、現在、苛酷な残業と過労死を引き起こしている。そこでヒューマニズム型は、労使協定を制約して、なによりもまず、労働者の「人権」を保護しようとするだろう。

最後に、「サバイバル型」の立場は、ホワイトカラー・エグゼンプションを積極的に支持するだろう。「残業代をゼロにして、時間管理を各人に委ねよ。もし仕事がキツイくてイヤなら、やめよ」これがサバイバル型の主張である。

もっともサバイバル型は、ブルーカラーの労働者たちに対しては、手厚い保護を求めるかもしれない。ホワイトカラーは高給取であり、ブルーカラーは低所得にとどまる。もし高給取りの人が「働きすぎでキツイ」というならば、その人は残業の少ないブルーカラーの仕事に転職すればよい。つまりサバイバル型は、すべての労働者を苛酷なサバイバルの環境に置くのではなく、エリート層をサバイバルさせることに関心を寄せている。世の中には、たまたま学歴が高いために一流企業に就職することができて、それでだらだらと働きながら、ぬるま湯のなかで過ごしている人たちがいる。そのような人々に対して、社会の厳しさを突きつけようというのが、サバイバル型の狙いだ。一般に、だらだらと残業代を稼ぐような人を労務査定することは難しい。だからいっそのこと、残業代をゼロにして、エリートにはエリートにふさわしい試練を与えるべきだというわけである。

## 7 会社は誰のものか

### 経営者・社員・株主・地域・消費者……どこに力点を置くか

最後に検討したいテーマは、「会社は誰のものか」という問題である。「会社は誰のものか」と問われれば、それは経営者のもの、株主のもの、従業員のもの、地域社会のもの、などなど、さまざまな答えが返ってくるだろう。

「祭司型」の立場であれば、会社は、「経営者・社員・株主・地域・消費者すべてのもの」であって、会社はたんに経済的利潤を追求するだけでなく、社会全体の利益や道徳を考えて、社会的貢献を担うべきだ、ということになる。例えば、会社は、町内会の祭りや催しに協賛金を施し、また社員は、率先して、地域コミュニティの担い手となるべきである。株主は会社に対して、利潤の追求を求めることよりも、むしろ社会全体に対する貢献度や、環境への配慮や文化的な貢献といった事柄を求めるべきである。さらに消費者は、商品を購入する際に、社会全体に大きく貢献している企業の生産物を、優先して購入すべきである。こうして「経営者・社員・株主・地域・消費者」のすべてが、社会のなかに埋めこまれた経済活動を評価するようになれば、経済社会は道徳的なものへと洗練されていく、と「祭司型」は考える。

これに対して、「主体化型」は、管理者も従業員も、「主体的」に仕事に励むことができるように責任を配分しなければならない、と発想する。例えばもし、会社が「管理者」の所有物であるならば、従業員たちは、会社の経営には積極的に参加せず、結果として主体性をもって仕事に当たらないかもしれない。あるいは逆に、もし会社が「従業員」の所有物であるとすれば、経営者は会社の経営を、主体的に行うことはないだろう。経営者と従業員の両者が、それぞれ主体性を十分に発揮するためには、責任の配分をうまく調整しなければならない。「主体化型」は、管理者と従業員の双方が主体的に仕事をすることができるように、所有の配分を調整するだろう。

第三に、「ヒューマニズム型」の立場は、従業員の環境が保障されているかどうかを問題にするであろう。すでに労働基準法その他によって、労働者の生活はある程度まで保障されている。そこでヒューマニズム型は、企業に対してさらに、「従業員が組織の意思決定に参加（発言）する仕組み」を作るよう、求めるであろう。たんに従業員の人権を保障するのではなく、意思決定への参加という、政治的な権利を求めるだろう。ヒューマニズム型にとって、会社は誰のものかという問題は、つまるところ、従業員の人間的な生活が可能になるかどうかという問題であり、従業員がたんなる「経済的動物（エコノミック・アニマル）」に留まらず、アリストテレスのいう「政治的動物（ゾーン・ポリティコン）[37]」になることができるように、所有関係を規定しようとするだろう。

最後に、「サバイバル型」の立場は、会社が市場経済のゲームにおいてサバイバルできるように、所有関係を規定するであろう。最も有力な考え方は、ミルトン・フリードマンのように、「会社は株主のものである」と宣言することである。会社は、他のさまざまな社会的要請を排して、もっぱら経済的な利益を最大化すべきであり、そのためには、「株主の利益を最大化せよ」ということになる。もちろん、株主の利益を最大化すると言っても、会社は、地域社会や環境への配慮をまったく無視するわけではない。もし地域社会や環境への配慮によって企業イメージが上昇し、結果として商品が売れるならば、企業はそのような「利他的政策」を行うであろう。しかし企業の社会的貢献は、すべて株主の利潤を最大化するという経済目的のためである、というのがサバイバル型の見解だ[38]。

誤解のないように補えば、この「サバイバル型」の立場は、経済倫理を無視しているのではない。企業の経営者や株主は、利益を最大化することを優先する。けれども、消費者の意識が次第に倫理的なものへと成熟するならば、企業の側も、「倫理は儲かる」という理由で、倫理的目的を追求するようになるだろう。要するにサバイバル型は、倫理の要求を株主や経営者に押しつけず、まずもって消費者たる市民にこそ、倫理的になることを求めている。

## *8* まとめと調査結果

以上、四つの立場（祭司型／主体化型／ヒューマニズム型／サバイバル型）に即して、さまざまな経済倫理の問題を検討してきた。議論をまとめると、表3－2のようになる。

| | 祭司型 | 主体化型 | ヒューマニズム型 | サバイバル型 |
|---|---|---|---|---|
| 派遣社員問題 | すべての社員を正社員化せよ | 主体化の動機を与えて正社員化せよ（３年間勤めたら正社員へ） | 派遣社員を認めるが不当に差別してはならない | 派遣社員を拡充せよ（偽装請負も認めよ） |
| マクドナルド問題 | 政府は人々の栄養を気遣い、日本食の普及に努めよ | 意欲と自律を殺ぐファストフードを禁止せよ／肥満を解消せよ | 自由化するが、肥満による病気には無償の治療を施せ | 自由化するが、肥満による病気には何も保障するな |
| たばこ規制問題 | たばこを規制せよ／依存症者を救済せよ | やめたい人を自律させるプログラムを提供せよ | 喫煙者の権利を認めよ／分煙対策をせよ | 都市部は禁煙ゾーンにせよ／稼ぎたい者は一服せずに働け |
| 金利グレーゾーン問題 | グレーゾーンを禁止して、政府が低利の貸し付けを行え | 返済計画を立てさせよ／多重債務を禁止せよ | 違法な取りたてをするな／破滅者の人権を守れ（自殺で贖うな） | 金利を自由化せよ／破滅するのも自己責任 |
| ホワイトカラー・エグゼンプション問題 | エグゼンプションを認めず、すべての働きすぎを制約せよ | 各人の時間管理能力を高めるプログラムを施せ | エグゼンプションを認めるが、過労死認定を強化せよ | 残業代をゼロにして時間管理を各人に委ねよ |
| 会社は誰のものか | 会社は経営者・社員・株主・地域・消費者すべてのもの／会社は社会的貢献を担え | 管理者も従業員も「主体的」に仕事に励むことができるように責任を配分せよ | 従業員が組織の意思決定に参加（発言）する仕組みを作れ | 会社は他の社会的要請を排して、もっぱら株主の利益を最大化せよ |

表3-2　祭司型／主体化型／ヒューマニズム型／サバイバル型の経済倫理

さて、ここまで見てきた具体的な問題において、あなたはそれぞれ、どの立場に最も共感したであろうか[39]。そして全体として、あなたはどの立場に最も共感したであろうか。それは「祭司型」であろうか、「主体化型」であろうか、「ヒューマニズム型」であろうか、それとも「サバイバル型」であろうか。あるいは、「祭司型」と「主体化型」を組み合わせた「包摂主義」であろうか、それとも「サバイバル型」であろうか。「ヒューマニズム型」と「サバイバル型」を組み合わせた「非包摂主義」であろうか。「主体化型」と「ヒューマニズム型」を組み合わせた「リベラリズム」であろうか。それとも、「祭司型」と「ヒューマニズム型」を組み合わせた「福祉国家型」であろうか。その正反対の「反福祉国家型」であろうか。あるいは「祭司型」と「サバイバル型」を組み合わせた「反近代型」であろうか。

問題ごとの立場を組み合わせることで、分類はさらに多様化するだろう。以上の検討において、これが「最も倫理的」という立場があるわけではない。読者は、自分のイデオロギー傾向を吟味にすることができれば、ここでの目的は達成されたことになる。ちなみに、私が担当している講義において、学生たちに調査してみたところ、次のような結果が得られた[40]。

調査では、百七名の有効回答が得られた。どの問題に対しても、ある一つのタイプ（祭司型／主体化型／ヒューマニズム型／サバイバル型のいずれか）を一貫して選んだ人は、三十九名であった。これに対して、二つのタイプを組み合わせた人は、三十三名。三つのタイプを組み合わせた人は、二十七名。四つのタイプすべてを組み合わせた人は、八名であった。

一つのタイプを一貫して選んだ人のうち、「祭司型」は二名、「主体化型」は十三名、「ヒューマニズム型」は二十名、「サバイバル型」は四名、であった。

次に、二つのタイプを組み合わせた人のうち、「リベラリズム」（主体化型＋ヒューマニズム型）を選んだ人は八名、「非包摂主義」（ヒューマニズム型＋サバイバル型）を選んだ人は十四名、「福祉国家型」（祭司型＋ヒューマニズム型）を選んだ人は七名、「反福祉国家型」（主体化型＋サバイバル型）を選んだ人は二名、「反近代型」（祭司型＋サバイバル型）を選んだ人は一名、「包摂主義」（祭司型＋主体化型）を選んだ人は一名、であった。

三つのタイプを組み合わせた人のうち、「祭司型」を除いた人は九名。「主体化型」を除いた人は七名。「ヒューマニズム型」を除いた人は四名。「サバイバル型」を除いた人は七名であった。

さて、以上の結果において、一番人気のある立場は「ヒューマニズム型」であった（全体の約一九％）。次に人気のある立場は、「非包摂主義」（全体の約一三％）、第三に人気がある立場は、「主体化型」（全体の約一二％）であった。個別の要素でみてみると、最も人気のあるタイプは、「ヒューマニズム型」であった。

なおこの分析において、私は当初、一つのタイプを一貫して選んだ人ほど、思想的立場がはっきりしている、という想定をした。しかしそもそも、分類には恣意的な要素が入り込むので、自分の見解を一つのタイプに絞りこまなくても、一貫した立場をとることができる。問題は要するに、自分の立場がどのように一貫しているのかについて、「理由」を説明できるかどうか、という点だ。

読者のなかにはもしかすると、一貫した立場など必要ではなく、個別の問題状況に応じて、最も適切な政策を選択すればよい、と考える人もいるかもしれない。あるいは読者のなかには、人々はその都度、当事者観点から自分の利害を感情的に表現していけば、それでよいと思う人もいるかもしれない。しかしそれでは、まずいのだ。最近問題になっている政治状況は、現代の政策決定が、あまりにも当事者たちの「情動表現」に左右されており、「国家理性」だとか「熟議民主主義」といった政治の理念が、機能していないという点にある。例えば、犯罪被害者の遺族の悲しみや、極貧フリーターの先の見えない生活、あるいは、福祉を切り捨てられる高齢者や、非正社員の苛酷な労働、などの苦境が、メディアで大きく報道されている。しかしこうした問題がいったんメディアで報道されると、人々がその報道に共感するだけで、政策が動いてしまう。本来、長期的な展望をもって施行されるべき政策が、一面的に切り取られた当事者たちの個別・具体的な情動によって、動いている。これはいわば、民主的な議論の成熟を放棄するに等しいのではないか。

もちろん、当事者たちの悩みは、切実である。私たちは各種の政策決定に際して、プラグマティック（実践的・現実的・有用的）に判断していくべきであろう。しかしだからといって、私たちが最初からプラグマティック的な態度で臨んでいると、やがて一時の感情に脆くなっていく。もし私たちが妥協的な思考しかもたなければ、国家の政策は情動によって（あるいは人々の情動を支配する側の利益によって）、動いてしまう。その結果として民主主義は、いつまでたっても成熟せず、なし崩し的に退化するかもしれない。

二十世紀はイデオロギーの時代と言われ、イデオロギー対立のなかで理性的議論が成熟していった。ところが私たちの生きる現代社会には大したイデオロギー対立があるわけでもなく、その意味では「ポスト・イデオロギー」の時代だと言える。ポスト・イデオロギーの時代は、しかし危険である。人々の情動によって、政治が動いてしまうかもしれないのだ。私たちは、イデオロギーの問題について、議論する方法を育んでいかなければならない。私たちは、プラグマティックに考えるよりも、むしろ思考のパタンを一貫させることによって、政策論議に参加しなければならない。そうでなければ、民主主義はかぎりなく劣化してしまうであろう。

## 第四章

# 「市場の倫理」と「統治の倫理」

これまでの章では、主として経済問題とイデオロギーの関係を論じてきた。次に検討してみたいのは、経済と政治の関係、言いかえれば市場と統治の関係である。本章と続く第五章では、政治と経済のあるべき関係について考えてみよう。政治と経済は、それぞれどのような倫理作法を求めているのか。また、現代の政治や経済に求められている倫理とはなにか。本章ではこの問題を、最近の経済倫理学において話題を独占したジェイコブズの『市場の倫理　統治の倫理』から説き起こし、この理論の曖昧な点・不十分な点を克服するかたちで、描いてみることにしよう。

## *1*　市場の倫理／統治の倫理

### 自分は公務員向きか、民間向きか

ジェーン・ジェイコブズの好著に、『市場の倫理　統治の倫理』がある。トロントに暮らす知識人たち（弁護士や編集者や小説家たち）の歓談というかたちで、市場の倫理について論じた愉快な本だ。どこを読んでも刺激に満ちているが、著者の中心的な着想がとにかくユニークである。ジェイコブズによれば、私たちの社会には、「市場の倫理」と「統治の倫理」という二つの倫理があって、この二つを誤って混ぜ合わせると、最悪の社会を生み出してしまうという。

例えば、旧社会主義諸国のように、市場経済を政治の力で計画経済に置き換えようとすると、政治も経済もいずれも腐敗する。反対に、アメリカ社会のように、市場経済の倫理を政治行政の運営に持ち込むと、今度は、統治力に欠ける社会を招いてしまう。こうした困難を避けるために、ジェイコブズは、市場にできることは市場に任せ、政治にできることは政治が行うという具合に、境界線をはっきり示すことが重要だと主張している。ところがその境界線がどこに引かれるべきかについて、本書は明確に論じているわけではない。むしろ本書の面白い点は、市場倫理と統治倫理の二つを対比して、次のような道徳系列の一覧表を示したところにあるだろう（表4－1を参照）。

ジェイコブズによれば、一方には「市場倫理系列」があり、他方には「統治倫理系列」がある。そしてジェイコブズは、この二つの道徳律を対比しながら、実にウィットに富んだ話を展開している。

| 市場の倫理 | 統治の倫理 |
|---|---|
| 暴力を締め出せ | 取引を避けよ |
| 自発的に合意せよ | 勇敢であれ |
| 正直たれ | 規律を遵守せよ |
| 他人や外国人とも気安く協力せよ | 位階を尊重せよ |
| 競争せよ | 忠実たれ |
| 契約を尊重せよ | 復讐せよ |
| 創意工夫の発揮 | 目的のためには欺け |
| 新奇・発明を取り入れよ | 余暇を豊かに使え |
| 効率を高めよ | 見栄を張れ |
| 快適と便利さの向上を求めよ | 気前よく施せ |
| 生産的な目的に投資せよ | 排他的であれ |
| 勤勉になれ | 剛毅たれ |
| 節倹たれ | 運命を甘受せよ |
| 楽観せよ | 名誉を尊べ |

**表4-1　ジェイコブズの分類：「市場の倫理」と「統治の倫理」**

私たちは例えば、自分の職業を選択する際に、自分は民間企業に向いているのか、それとも公務員に向いているのか、といったことを迷うであろう。民間企業で活躍するためには、ジェイコブズのいう「市場倫理系列」において、すぐれた力量を発揮しなければならない。反対に、公務員として活躍するためには、ジェイコブズのいう「統治倫理系列」において、すぐれた能力を発揮しなければならない。市場倫理系列と統治倫理系列という二つの倫理は、仕事に対する私たちの考え方を、大きく規定していると言えるかもしれない。

## 「市場の倫理」と「統治の倫理」

さらに、これら二つの倫理系列は、「経済倫理学の二つのアプローチ」を規定している、とも考えられる。一方には、市場経済の営みを基本的に肯定しながら、市場経済をできるだけ倫理的なものにすべきだと主張する人たちがいる。しかし他方には、市場経済の営みを根本から否定して、市場の作用をできるだけ介さずに、経済活動を「統治倫理系列」によって制御すべきだと考える人たちがいる。いったい、市場経済の営みを基本的に肯定するのか、それとも否定するのか。この問題に対する立場の違いによって、「市場倫理系列」と「統治倫理系列」の二つのアプローチを区別することができるだろう。市場社会が嫌いな人は、統治倫理系列を求める傾向にある。反対に、役所による統治の仕方が嫌いな人は、市場倫理系列を求める傾向にある。

## *2* 「市場の倫理」を類別する

ところがよく考えてみると、二つの道徳系列を対比させるジェイコブズのアイディアには、いくつかの疑問が湧いてくる。例えば、「市場倫理系列」のなかには、行政（公務員）にふさわしい倫理も混ざっているのではないか。また「統治倫理系列」のなかには、統治とは関係のない倫理も混在しているのではないか。私たちは、ジェイコブズの描く道徳二元論を精査して、もう少し発展的な経済倫理学を展開できるかもしれない。

「市場の倫理」から検討してみよう。ジェイコブズのいう「市場倫理」は、⑴行政の倫理、⑵生活者の倫理、および⑶企業家の精神という、三つの倫理系列に類別することができるように思われる。以下では、これら三つの倫理系列を類別しながら、ジェイコブズの議論をさらに深めてみたい。

## (1)行政の倫理

「行政の倫理」とは、近代化にともなって形成されてきた巨大組織、典型的には官僚機構の運営に必要な倫理であり、それは例えば、「合意形成力」、「事務的な有能さ」、「(仮構としての)自発性」、「正直」、「節倹」、「規律」、「根気」、「行動の計画性」、「将来に対する危機感」などである。これらの倫理は、民間企業を含めて、およそ大きな組織を合理的に運営するためには、つねに求められる美徳であろう。

例えば、大規模組織を合理的に運営するためには、その担い手たちは、自分の意見を通すことよりも、集団の意見をまとめ上げる力がなければならない。合意の形成を重視して、自分の意見を抑制しなければ、すみやかに意思決定をすることができず、組織は動かない。大規模な組織においては、「自分なりの意見を持っている人」よりも、「メンバーの意見をまとめ上げる人」のほうが評価される傾向にある。大規模な組織のなかで適切に振る舞うためには、いかにして自分の意見を通すかという問題よりも、いかにして合意を形成するかという問題に、第一の関心を寄せなければならない。

また、大規模組織の担い手たちは、マックス・ウェーバーのいう「ザッハリッヒな(即物的な)態度」を身につけなければならない[41]。「ザッハリッヒな態度」とは、事柄や課題に即して、私情や私益をはさまずに、できるだけ事務的に対処する能力のことである。それは例えば、大学の入試テストで最高の解答率を目指すような有能さや、どんな顧客に対しても同じ対応をするといった能力である。ウェーバーによれば、ザッハリッヒな態度は、近代の官僚制とともに発達し、また官僚制の進展によって、近代の資本主義社会は爆発的に発達してきた。行政に課せられた任務が膨大になると、もはや名誉職的な名望家による行政は、限界に至るだろう。衝突する利害や意見を調整し、迅速で的確、一義的で持続的な事務処理をするためには、ザッハリッヒな態度に徹する多数の官僚が必要である。官僚制が「非人間的＝事務的」なものになればなるほど、また愛憎・同情・好意・恩恵などの個人的感情を排除すればするほど、官僚制は、近代の資本主義社会において、「合法的支配」の正当性を提供することになる。官僚制におけるザッハリッヒな態度は、近代社会を支えるための一つの倫理であり、精神である、ということができよう。

## 組織の一員も自発性は必要

加えて、大規模組織の担い手たちは、巨大な組織の運営を、たんに「任されてやる」のではなく、「自発的に引き受ける」という倫理的態度がなければならない。大規模組織の運営は、上位者の命令に下位者が服するというだけでは、非効率的である。それぞれの持ち場の人が自発的かつ主体的に振る舞わないと、巨大機構は立ち行かない。仕事をイヤイヤさせられるのと、仕事を主体的に担うのとでは、その中身に大きな違いが生まれるからである。巨大な組織が合理的であるためには、それぞれの持ち場にいる人が、「自分で主体的に運営している」という自覚をもたなければならない。

さらに、巨大機構の運営に携わる人々は、「正直であること」、「節倹であること」、「規律をもつこと」、「根気よく仕事をすること」、「計画的な行動をすること」、といった美徳をもたなければならない。こうした美徳を積極的に育んでいない巨大組織は、腐敗と堕落にさいなまれるであろう。近年では例えば、社会保険庁の腐敗がその典型である。社会保険庁では組織の成員たちが、年金データを改竄してお金を横領したり、あるいは、データの入力を根気よくチェックせず、ずさんなデータ管理によって、被保険者に多大な損害を及ぼしてきた。こうした組織の腐敗や失敗は、すべて成員たちの倫理的なモチベーションの低下によって生じてきたように思われる。

巨大組織の合理的運営という問題は、つまるところ倫理の問題であり、根本的なところでは、メンバーたちの士気や精神に関わってくる。民間の企業であれば、メンバーたちの士気がなくなったときに、組織は存続不可能となる。これに対して公共機関における腐敗は、なかなか改善することができない。腐敗した公共組織は、それでもなお存続していくことが多いからである。

最後に、巨大組織の運営は、メンバーたちが「将来に対する危機感」を共有することによって、合理的に組織化される、という側面を指摘したい。将来社会に危機感をいだかなければ、私たちは現在の生活に厳しい規律を課すことはないだろう。自分の生活を極限まで合理化したり効率化することはないであろう。巨大組織の運営においても同様で、もし私たちが巨大組織の将来に危機感をいだかなければ、各人が現在の目的を犠牲にして、大いなる目的のために献身することはないであろう。巨大組織が成果をあげるためには、私たちが現在の生活を犠牲にすることを必要としている。

例えば、国家という組織は、「子々孫々の繁栄」を目的として、国民のすべてがこの繁栄のために献身することを求めている。あるいは巨大な民間企業は、「新たな生産ラインへの投資による収益の拡大」のために、従業員に対して現在の生活を犠牲にするように求めている。国家であれ民間企業であれ、およそ巨大組織の繁栄という大きな目的は、人々が将来に対して備えるという感覚がなければ、そもそも掲げられることはない。いったい、人はなぜ大きな集合目標を掲げるのかといえば、それは現在の自分よりも、将来の自分に危機感をもつからであり、さらに、将来の自分よりも、次世代の人々の繁栄に危機感をもつからであろう。もし私たちが将来の自分を心配せず、次世代の人々の生活を気遣わないのであれば、巨大な組織のために献身的に働く必要はないのである。

以上、巨大組織の運営に必要な倫理について、検討してきた。巨大組織の運営に必要な倫理は、「市場の倫理」というよりも、「行政の倫理」と呼ぶことがふさわしいだろう。「行政の倫理」は、市場社会のみならず、社会主義の社会においても必要とされている。もちろんここでいう「行政の倫理」は、巨大な民間企業においても必要なので、市場社会においても重要な役割をもっている。

## (2) 生活者の倫理

### 交渉力という資質と「代理店の責任者」

ジェイコブズのいう「市場の倫理」には、第二に、「生活者の倫理」とみなしうる特徴がある。ここで「生活者の倫理」とは、市場社会でたくましく生きていくために求められる倫理であり、それは例えば、「利害の一致を探るための交渉力」、「エイジェンシー(代理店経営主体)としての自律」、「他者への寛容」、「切磋琢磨」、「効率重視」、「信頼形成力(人付き合いのよさ)」、「チームの協力」、「生産目的への投資」といったものである[42]。私たちの市場社会は、つねに変動している。人々は自分の生活を維持していくため、市場変動のリスクから身を守るさまざまな術を身につけなければならない。

例えば、市場社会においては、見知らぬ他者とのあいだに、なんとかして市場取引を成立させることが必要である。経済学の理論は、人と人の利害が一致したときに市場取引が生じると教えるが、しかし実際、いかにして取引交渉が成立するのかという問題は、市場参加者たちの実践的な「腕前」に依存している。あまりにもプライドの高い人は、なかなか交渉を成立させることができないだろう。

反対に、何でも他人に合わせてしまう人は、利益のあがる取引を成立させることができないだろう。市場ではなによりも、価格や量をめぐって、お互いの利害の一致を探るという「交渉力」が必要となる。「交渉力」とは、市場社会を生き抜くための、一つの倫理的資質である。それはつまり、「プライドを捨てよ、しかし他人に同調するな」という倫理的指針に従うことを意味している。

「生活者」はまた、他者と取引するために、「ビジネスの主体」として振る舞わなければならない。生活者たちは、真に人間的な意味での「主体化」を求められているのではない。生活者たちは、むしろ現実には、「経済のよき担い手」として振る舞うことを求められている。ここで「経済のよき担い手」とは、いわば「代理店(エイジェンシー)の責任者」に代表されるような役割のことである。代理店の責任者は、真に自発的に振る舞うのではなく、むしろ、一定のマニュアル的な行動パタンを身につけて、本社の方針に従うと同時に、顧客の要望に対応しなければならない。代理店の責任者は、「すぐれた代理」としての能力を身につけて、顧客の信頼を勝ち得なければならない。こうした目標は、多くの人々にとって、現代の市場社会を生きるための知恵といえるだろう。

現代の市場社会において身につけるべき倫理は、いわば「代理店の責任者」になるための資質である。こうした資質は、公的機関で働く人の場合にも当てはまる。例えば、市役所の窓口で働く人は、自治体の代理という役割を担っている。ただし公的機関に勤める人は、国という「永続する機関」を代表するのであり、市場の淘汰に晒される組織を代表するのではない。市場のプレーヤーたちは、公的機関に勤める人々よりも、いっそう自律的な判断でもって代理を務めなければならない。

## 他者とのコミュニケーションと「切磋琢磨」

次に「生活者」は、市場で利益をあげるために、共同体の外部にいる「異質な他者たち」とうまくやっていくための資質が必要である。他人の生き方や振る舞い方に対していちいち「お節介」をやくのではなく、互いにプライバシーを尊重して、他人の考え方に「寛容」になることが必要である。寛容さを重んじなければ、生活者は、市場取引のネットワークを拡張していくことができない。

ハイエクによれば、市場交換という言葉の語源は、ギリシア語の「カタライエン」、すなわち「他者を迎え入れる」という意味にあるという。古代ギリシアの時代から、市場交換というものは、異質な他者たちとのあいだに一定の倫理的な関係を取り結ぶことを基本としていた。もし「異質な他者」とのあいだに倫理的な関係を築くことができなければ、市場取引は、安定的に取り結ばれることが少ないであろう。市場の取引を根本的なところで支えているのは、異質な他者とうまくコミュニケーションする能力であり、またそのための倫理だといえる。

「生活者」はさらに、日々の生活のなかで「切磋琢磨」するという態度をもたなければならない。市場競争とは一つのゲームである。参加者たちはゲームのなかで、他人と競い合いながら、他人よりもすぐれた商品やサービスを提供することが求められている。もちろん、他人の行動を気にせずに作った生産物というものも、市場で売られる。例えば、純粋に趣味で作った絵や彫刻、手芸品などが、バザーで売られることもある。他人の行動を気にせずに、自分で作った作品を市場で評価してもらうというのは、一つの理想であるかもしれない。けれども、多くの市場プレーヤーに求められているのは、現在売られている商品を、さらに安く、さらに改良して提供することであり、そのための競争を「切磋琢磨」しながら担うことである。他人と切磋琢磨したくないという人は、市場社会を生きづらいものとみなすであろう。

ただ、「切磋琢磨」と「自分でやりたいことをする」というのは、実際にはそれほど対立するわけではない。例えばマラソンの競技では、ランナーたちはみな、マラソンというものが他人との闘いではなく、自分との孤独な闘いであることを理解している。マラソンは、自分との闘いを第一の美徳としながら、他人と切磋琢磨する競技である。市場社会においても同様に、ある種の職種は、自分との闘いを第一の美徳として、切磋琢磨を第二の美徳とするであろう。

## 効率性・信頼・協力

これまで、「生活者」に求められる倫理として、「利害の一致を探るための交渉力」、「エイジェンシー（代理店経営主体）としての自律」、「他者への寛容」、および「切磋琢磨」という四つの特徴を指摘してきた。加えて、生活者倫理の第五の特徴として、「効率性の重視」を挙げたい。

効率性の美徳は、公共機関よりも民間企業において、いっそう重視されている。というのも市場社会においては、プレーヤーたちは競争による淘汰の圧力に晒されており、効率性を重視しない企業は淘汰されるからである。この淘汰圧力を逃れるために、民間企業はしばしば、「談合」によって発注を調整したり、「賄賂」によって自らの存続を政治的に安定化させたりすることがある。しかし談合や賄賂は、それがいかに社会の安定のために役立つとしても、効率的な組織運営を損なってしまう。市場社会においては、公正な競争による調整が求められている。

第六の倫理として、市場における生活者たちは、「信頼を形成していく力」を求められている。市場社会で生き抜くためには、いわば「人付き合いのよさ」が必要であろう。人付き合いのよい人は、取引や契約をスムーズな人間関係のなかでこなしていく。人付き合いのよい人は、たとえ失業した場合にも、さまざまなコネクションを通じて、新たな仕事をうまく探し出すことができるだろう。「人付き合いのよさ」とは、つまり、不安定な生活を安定化させるための、一つの知恵である。

人付き合いのよさは、他人と濃密な関係を築くことではない。封建社会のような閉じた共同体においては、仁義や忠誠といった強い心情的な結びつきが必要である。これに対して市場社会においては、特定の人と濃密な人間関係を築くのではなく、できるだけ不特定多数の人々とのあいだにゆるやかな信頼関係を結ぶことが求められている。不特定多数の人々と「愛想のよい信頼関係」を築くことが、開かれた市場社会のコミュニケーションを安定したものへと形成していくからである。

第七に、生活者たちは、「チームで協力する」という美徳を求められている。現代の市場社会においては、一人で独立した事業を行うよりも、組織を形成して集団的な目的を達成することが多い。また集団組織の内部においても、その都度、チームを作って活動をすることが多い。「チームで活動する」ためには、特殊な倫理的態度が必要である。人々はチームのなかで、リーダーの意志と一体化することを求められているのではない。むしろ各人は、自らの個性を生かしながら、チーム全体に意義深い貢献をすることが求められている。各人は、チーム内でのコミュニケーションにおいて、決して個を失わずに、他のメンバーに触発されながら創発的な活動をしなければならない。そしてチームの任務が終われば、今度はまた別のチームを適宜形成して、新たに活動することが求められる。うまくいったチームもやがて解散する。だから市場における生活者は、チームの結成と解消、そして再結成という変化のなかで、うまく立ち振る舞うことができなければならない。

## 「生産性」を求める

最後に、生活者たちは、「できるだけ生産的な目的へ投資する」という態度を求められている。現代の生活者たちは、仕事においても趣味においても、概してなにかを精力的に成し遂げることを重視している。生活者たちはしばしば、生産的であることを重んじるあまり、働かない人々を蔑視することがある。例えばここ数年、「ニート」と呼ばれる無職の若年層が、ひどく軽蔑されている。ニートは、「いい年をしてなにもしていない」とみなされる。生活者たちは、無気力な人を蔑視する。日常生活は「生産的」でなければならず、仕事と消費の活力あるバランスによって成り立つべきだというのが、生活者たちの倫理的信念だからである。

ここで「生産的な目的への投資」という倫理は、より根本的な次元では、バタイユのいう「消尽の倫理」と対比されるだろう。フランスの思想家、ジョルジュ・バタイユは、名著『呪われた部分』のなかで、資本主義社会と対極をなす理想の社会として、「消尽すること」を重んじる社会を描いた。バタイユのいう「消尽」とは、莫大な富を一挙に消費してしまう活動であり、それは例えば、未開社会の一部にみられるような「祝祭」である。ある未開社会においては、収穫されたものを惜しみなく焼くという行為が、その社会の生産と分配の安定性を維持すると同時に、人々の社会的紐帯を生み出している。二十世紀においても、例えば、アメリカにおけるニューディール政策（一九三三年以降、ルーズヴェルト大統領が行った大規模な失業対策）が、「消尽」の祝祭である、とバタイユは指摘している。バタイユのみるところ、ニューディール政策は、政府主導のムダな事業によって、失業者を救うという、反市場的で、祝祭的な政治の営みである。それは、富の消尽であると同時に、社会的紐帯を生み出すものとして評価されるのである。

こうした「消尽」は、生産性を重視する市場経済の倫理とは、正反対の倫理であろう。「消尽」は、祝祭的かつ紐帯形成的である。これに対して、市場社会に暮らす生活者たちは、自分の財産を一気に消尽するような人を評価しない。むしろ生活者たちは、「節倹」を重んじて、できるだけ生産的な目的のために投資することを評価する。現代の市場社会は、生産した富を投資へ回すことによって、社会全体の「富」の蓄積を拡大するような倫理的態度を求めている。

以上、市場における生活者の倫理をさまざまな観点から描いてきた。まとめると、「利害の一致を探るための交渉力」、「エイジェンシー（代理店経営主体）としての自律」、「他者への寛容」、「切磋琢磨」、「効率性の重視」、「信頼形成力（人付き合いのよさ）」、「チームの協力」、および、「生産目的への投資」の八つである。これらの倫理はすべて、市場社会において生成してきた、生活者たちの倫理と言えるだろう。さて、これまでの分析では、ジェーン・ジェイコブズのいう「市場の倫理」のなかの、(1)「行政の倫理」と(2)「生活者の倫理」についてみてきた。最後に、「市場の倫理」の第三の類型、すなわち「企業家の精神」について検討してみよう。

## (3)企業家の精神

### リスクを楽観的に受け止める

ここで「企業家の精神」とは、市場社会や市民社会において、活力とダイナミズムを与える機能を果たすものであり、それは例えば、「未来へ投企する勇気」、「異説を唱える積極性」、「リスクを引き受けつつ楽観的になる態度」、「新奇さの肯定」、「先見の明」、あるいは「信念の強さ」などの倫理的資質である。「企業家の精神」は、市場社会で発揮されるもののほかに、学校施設や福祉施設など、公共セクターにおいて発揮されるものもある。企業家精神を公共セクターにおいて発揮する人を「社会的起業家」と呼ぶこともあるが、ビジネス界であれ公共セクターであれ、企業家の精神は、社会に活力とダイナミズムを生み出す野心の企てである。

「企業家（起業家）」は、英語では「アントレプレナー」というが、その字義は、エンタープライズすること――「手の間（enter）」に「つかむ（prize）」こと――、つまり、進取の気性をもって冒険的な事業をすることである。私たちの市場社会は、誰かが自発的に新しい事業を試みないと発展しない。市場社会の発展を担う人は、たんに既存の商慣行にしたがうのではなく、むしろ商慣行を破ってでも、新しい事柄をもたらす勇気が必要である。ところがそのような勇気は、行政の倫理や生活者の倫理からは、なかなか生まれてこない。そこで求められるのが企業家の精神である。

「企業家の精神」とは、「進取の気性」であり、「異説を唱える積極性」をもつことである。新しいものをすばやく探し出し、それを取り入れる能力。またそのために、あまのじゃくになって考え、普通の人とは異なる行動に出る能力。そのような能力こそ、企業家の精神にふさわしい。企業家は、慣習的な振る舞いから外れて、自由な精神を発揮する人をいう。

こうした企業家の精神について、最も雄弁に論じた経済学者はJ・シュンペーターであった。シュンペーターは、企業家精神の特徴を「創造的破壊」と呼ぶ。シュンペーターのいう「創造的破壊」の精神には、大きく分けて二つの要素があるだろう。一つは、慣習を打ち破って、新たな時代のスタンダードとなるものを創造する力であり、もう一つは、そのような創造に向けて、強い意志と制御力をもつことである。別の視点からみれば、この「創造的破壊の精神」は、「先見の明」、「未来へ投企する勇気」、そして「強い主体性」という、三つの要素から成っている。

企業家はまず、時代の先を見越して、「先見の明」を発揮しなければならない。新しく生まれてくるもののなかから、次の時代になにが残っていくのか。それを見定めるための「眼」をもたなければならない。「これは日本で売れそうだ」とか、「これは改良の余地がある」といった、さまざまな直感を頼りに、事業に乗り出さなければならない。そして企業家は、未来へ向けて投企しなければならない。およそリスクを避けようと思ったら、大きな事業を始めることはできない。また最悪の結果ばかりを考えてしまうと、事業はうまく運ばない。企業家の資質とは、リスクを引き受けると同時に、そのリスクを楽観的に受けとめるという、神経の太さでなければならない。企業家は、「リスクを引き受けつつ、楽観的になる態度」をもっていなければならない。企業家はさらに、一定の目的やビジョンをもって、いったん事業を始めたら、それを実現するための強い意志や計画力、あるいは事業運営能力といったものを発揮しなければならない。もちろん、そのような資質や能力は、先に述べた「行政の倫理」にも含まれている。しかし巨大な組織において、新しいプロジェクトを成功させるための資質や能力は、やはり企業家（社会的起業家）の精神を必要としている。

ここで、次の問題に注意を喚起したい。はたしてシュンペーター的な企業家精神は、どこまで公的機関において発揮されるのか、という問題である。

シュンペーターは「企業家の精神」というものが、資本主義社会においてだけでなく、社会主義計画経済の下でも、同様に発揮されると考えた。シュンペーターは、「社会的な起業家の精神」によって、社会主義体制下の「巨大な行政機関」を、合理的に運営して発展させることができると考えた。だからシュンペーターは、資本主義はやがて没落し、社会主義の体制へと移っていくだろうと予測した。しかしこんにち、こうしたシュンペーターの考え方は、誤りであったとみなされている。というのも、社会主義体制下の計画経済は、どの国においても合理的・発展的には営まれず、非効率性と非創造性に苛まれ、自ら崩壊してしまったからである。二十世紀の歴史が証明したことは、巨大な公的機関は「企業家（起業家）精神」を発揮できない、という点であった。

では、企業家が能力を発揮する環境とは、どのようなものであろうか。一般にその環境は、可能性に開かれ、アナーキー（秩序の欠如状態）なところだと言われる。例えば、市場社会においては、新たに規制が緩和された産業分野や、新たなテクノロジーによって可能になった産業分野であり、また公共セクターにおいては、統治力不足によって頽廃した街の再開発や、権限の地方移譲によって可能となった新たな分野などである。企業家の精神は、可能性とアナーキーという二つの条件（すなわち自由な社会）が満たされる環境において、求められる倫理であるといえるだろう。

以上、ジェイコブズのいう「市場の倫理」を三つに分けて、それぞれ検討してきた。三つの市場の倫理とはすなわち、「行政の倫理」、「生活者の倫理」、および「企業家の精神」である。ここで、これら三つの倫理は、次のように言いかえることもできる。「行政の倫理」とは、「没人格的（ザッハリッヒ）に振る舞う態度」のことである。市場における「生活者の倫理」とは、「日常的な慣習にしたがう能力」のことである。そして「企業家の精神」とは、「常識を破る活動力」のことである、と。ジェイコブズのいう「市場の倫理」は、以上の三つの倫理に類別することができる。

またその場合、「行政の倫理」や「企業家の精神」は、必ずしも市場社会においてだけでなく、公的機関においても必要とされている。つまり、ジェイコブズのいう「市場の倫理」は、実は市場社会に固有の倫理ではなく、公共社会においても求められる倫理を含んでいる。

## 3　「統治の倫理」を類別する

次に、ジェイコブズのいう「統治の倫理」について検討してみよう。ジェイコブズは「市場の倫理」と対比して、政治家や市民運動家に求められる倫理を、「統治の倫理」と呼んでいる。しかしよく精査してみると、ジェイコブズのいう「統治の倫理」もまた、次の三つに類別することができる。すなわち、⑴封建的共同体の倫理、⑵貴族的精神、および⑶ポスト近代文化の倫理である。

### ⑴封建的共同体の倫理

#### 対内道徳と対外道徳

「封建的共同体の倫理」とは前近代的な共同体の美徳であり、それは例えば「排他的であれ」、「取引を避けよ」、「気前よくあれ」、「伝統尊重」、「位階尊重」、「忠実たれ」、「剛毅たれ」といったものである。

一般に封建的な社会においては、対内道徳と対外道徳が区別される。「対内道徳」とは、内部者に対する同胞倫理であり、これに対して「対外道徳」とは、部外者に対する警戒の態度である。共同体のメンバーたちは、内部の人には「親密な態度」をもって接する一方で、部外者には排他的に遇する。というのも部外者は、共同体の存続を危機に陥れるかもしれないからである。封建的な社会においては、部外者に対して「警戒せよ」、そして「排他的であれ」という格率が求められる。

他方で、封建的共同体の内部では、人々のあいだで親密な関係を築くために、できるだけ「取引」を避けて、「贈与と返礼」の関係を交わすことが必要になってくる。例えば私が靴屋で靴を買い、その支払いをツケにするとか、あるいは、支払いの一部を別の品物で補ったり、靴屋の息子の面倒をみたりするとなれば、そこに継続的で親密な関係が生まれてくる。さらに、私が靴屋の職人に洋服をプレゼントして、今度は職人から靴を返礼に受け取ったとすれば、そこに「贈与と返礼」の親密な関係が築かれるだろう。「贈与と返礼」は、真に人間的な、「相互扶助の倫理」の原型といえる。互いの生活を気遣いながら、何かをプレゼントする。そして困ったときには助け合う。そのような相互扶助の倫理は、取引を避けて贈与と返礼の関係を築くという実践によって、少しずつ育まれていく。

こうした贈与と返礼にもとづく相互扶助の倫理は、私たちの現代社会においても実践されている。例えば私たちは、親しい友人たちと食事に出かけるとき、今日は私が支払い、明日はあなたが支払うという具合に、支払いの互恵的な関係を築くことがあるだろう。韓国や中国では、こうした支払いの関係が一般的といわれる。店で支払う額を、その都度公平に分担するのではなく、たとえ不公平になったとしても、誰かがその都度、支払いの全額を負担することによって、支払いの公平な関係が成り立つ時点を先延ばしにする。この先延ばしによって、贈与と返礼の関係を継続していこうというのが、親密な人間関係を築くための知恵である。

## 伝統と位階への忠実

封建的な共同体においては、「伝統を尊重すること」が美徳とされている。およそ「伝統の価値」は、市場における商品価格によっては、正当に評価されることがない。私たちは市場社会において、日常生活に便利なモノを機能的だと評価して、古くなった不便なものを評価しなくなる。例えば、火鉢やいろりといったものは、不便だから使わない。あるいは、正月のおせち料理をこしらえるのは面倒だから、スーパーで買うことにする。こうして近代の市場社会では、伝統に埋めこまれた生活の習慣や技といったものが、しだいに失われていく。これに対して伝統的な社会では、新しいものや機能的なものをあまり評価せず、むしろ伝統的な生活のなかにこそ、真に豊かなものがあると考える。

ただ伝統社会においても、伝統の真の価値は、十分には知られていない。むしろ伝統社会の人々は、その価値を分からずに、とりあえず伝統に従っている。そして従うことによってしだいに、伝統の価値を理解していく。だから伝統社会では、伝統の価値を理解した年配者たちが、若輩者に対して「権威」として振る舞う。伝統の真の価値は、長い時間をかけて、からだで理解しなければならない。伝統的な社会では、新しいものや機能的なものを利用して快適な生活を送るよりも、権威に服し、伝統を体得して、尊敬される大人になることが、「善い人生」だとみなされる。

それゆえ封建的な共同体では、「位階」が尊重される。「位階」とは、政治社会や文化コミュニティにおいて、既存の慣習や伝統の価値を、最もよく身につけた人にふさわしい地位である。「位階」を得るためには、すでに一定の「位階」を手にした親の下で育てられるか、あるいは、位階をもった人の下で働き、「忠実」を尽くすことが必要となる。「忠実」とは、真心を尽くして、よく務めることである。人は忠実さを示すことでもって、伝統を身につけることができる。反対に、年配者に対して忠実さを示すことができなければ、伝統の価値を学びとることができないであろう。伝統的な価値は、年配者と若輩者とのあいだの「忠と義」の関係において、最も効果的に体得されていく。

「忠実さ」とともに必要となってくるのは、「剛毅」の美徳である。「剛毅」とは、意志がしっかりしていて、ものごとに屈しない性格をいう。およそスポーツの世界であれ、学問や文化の世界であれ、すでに確立された世界において一定の成果を出すためには、不屈の精神が必要であろう。人はたんに、「位階」をもった人に対して「忠実さ」を示すことで「位階」を得るのではない。「忠実さ」に加えて、「剛毅さ」を身につけることでもって、人はすぐれた位階を得る。これに対して、市場社会においては、「忠実」と「剛毅」は、必ずしも評価されない。忠実で剛毅な人は、市場の変化に対応することができず、新しいニーズに応えることができないかもしれないからである。変化に富んだ市場において成功するためには、「忠実さ」よりもむしろ、「既成勢力との対決」を重視し、「剛毅さ」よりも「柔軟さ・しなやかさ」を重視する必要があるだろう。

## (2)貴族的精神

### マーシャルの「経済騎士道」

次に、ジェイコブズのいう「統治の倫理」には、「貴族的精神」と呼ぶべき美徳があることを指摘したい。ここで「貴族的精神」とは、位階の上位者が身につけるべき倫理、あるいは、戦闘において兵士が身につけるべき倫理である。「貴族的精神」は、「騎士精神」と呼ばれることもある。それは例えば、「勇敢であれ」、「復讐せよ」、「欺け」、「運命を甘受せよ」、「名誉を重んじよ」、「闘争せよ」といった倫理の要求である。これらの倫理は、個人の精神や魂を崇高なものへと鍛え上げるための格率であり、「卓越主義」の道徳と言うこともできよう。

「貴族的精神」は、かならずしも封建的な共同体のなかに組み込まれているわけではない。「貴族的精神」は例えば、私たちの近代社会においても実践されている。例えば、経済学者のA・マーシャルは、二十世紀初頭のイギリス社会において「経済騎士道」なるものが必要だと主張した［Marshall 1907］。マーシャルによれば、西欧世界の最良の才能は、その少なくとも半分が実業に従事しているので、実業界のなかにも、多くの高貴さが見出されるのではないかという。およそ科学であれ芸術であれ、画期的な発見は、騎士道的な愛情をもった人たちによって達成される。同様に実業においても、そのような精神をほめたたえることで、富の生産と利用において、人間性を向上させることができるのではないか、というわけである。こうしたマーシャルの「経済騎士道」は、近代社会において求められる一つの「貴族的精神」と言えるだろう。

## 勇気を超えた「勇敢さ」

「貴族的精神」のいくつかの特徴を検討してみよう。貴族的精神とは、まず「勇敢さ」でなければならない。勇敢さは、たんなる「勇気」とは異なり、勇気以上の勇ましさを必要としている。「勇気」とは、自分の内面的な弱さを克服して、ある積極的な行動に出ることである。例えば、ある権威者に対して異議を申したてるとか、新しいビジネスに乗り出すといった行為は、勇気ある行為として評価される。ただこうした勇気を示すだけでは、高貴な精神を身につけたとは言われない。高貴な精神を示すためには、たんなる勇気を超えて、「勇敢さ」をもたなければならない。「勇敢さ」とは、人々の生活や意識を新たな段階へ導くという、すぐれた社会的成果をもたらす行為である。

例えば、マーシャルのいう「経済騎士道」は、自国の産業を新たな発展段階へと導くという点で、たんなる「勇気」を超えた「勇敢さ」の美徳といえるだろう。十九世紀後半のイギリス社会は、「ジェントルマン資本主義」と呼ばれることもある。この時期にイギリスのジェントルマンたちは、勇敢にも経済活動に乗り出し、世界資本主義の中枢的な原動力である金融部門を確立して、大英帝国の大動脈を築いていった。こうした社会発展を担う勇気こそ、勇敢さの美徳であるといえる。

「勇敢さ」の美徳は、新たな救いの手段を示す宗教家や、新しい文化や学問を自力で切りひらく人たち、また、人民を新たな繁栄へと導く政治家（ないし軍事家）たちによっても担われることがあるだろう。ルター、マルクス、フロイト、福沢諭吉、チャーチル、ネルソン・マンデラ、等々。こうした人物たちはすべて、たんなる勇気を超えた「勇敢さ」の美徳を示していよう。またこれほどの有名人ではなくても、例えばＮＰＯバンクを立ち上げる市民活動家や、ホームレスに対する支援活動家、外国人労働者問題に従事する活動家や、登校拒否児を受け入れる自由学校の設立者など、私たちの社会には、さまざまな領域で新たな事業を立ち上げる勇敢な人々がいる。そのような活動家は、たとえ貧しくとも崇高な精神をもって社会を変革することを、人生の美徳としている。

「勇敢さ」の美徳は、社会や文化を大きく転換したり拡張することでもって、十分に示される。その際、社会を変革するためには、既成勢力との闘いや、外部の敵との闘いを通じて、自らの勢力を広げていく必要があるだろう。「貴族的精神」は、「勇敢さ」の美徳を示すために、他者との「闘争」関係を必要としている。「闘争による強靭な精神の獲得」、あるいは「闘争による勢力構図の転換」という企てこそ、貴族的精神の持ち主にふさわしい。

## 名誉と復讐、「高貴な嘘」と運命の甘受

むろん闘争は、失敗するかもしれない。あるいは闘争は、社会を分断し、自らの破局をもたらすかもしれない。しかし貴族的精神にとって、社会が本当に発展するかどうかは、実は二の次の問題にす

ぎない。貴族的精神にとって重要なのは、高貴な精神を発揮することである。貴族的精神の持ち主は、生活の快適さよりも、名誉を重んじる。例えば、国家の存亡を賭けて戦うこと、新しい研究のために私財を投じて没頭すること、国民生活のために政治家の給料を一割削減するような政治改革を断行すること、等々。このように、貴族的精神は、「貨幣価値」では測れないような活動の場面において、人生の意義深さを追求しようとしている。

貴族的精神の持ち主は、日常生活において、あらゆる「妥協」を避けるであろう。例えば、停戦による和解、一定の社会的地位への安住、政治腐敗に対する諦観といった妥協的な態度は、貴族的精神にふさわしいものではない。貴族的精神は、名誉を重んじている。名誉のためには、すべてを投げ打つ。名誉を傷つけられれば、その代償を貨幣で求めるのではなく、相手に「復讐」する。ある意味で貴族的精神は、愚直なものである。妥協すれば国家が繁栄するかもしれないというときにも、貴族的精神の持ち主は、名誉や精神性を重んじて、妥協を避けようとするかもしれない。

また、貴族的精神の持ち主は、国家の崇高な目的を達成するために、民衆を「欺いて」でも行動することがあるだろう。かつてプラトンは、そのような欺きを「高貴な嘘」と述べたことがある。「高貴な嘘」とは、統治者が民衆に対して、高くない地位をあたかもそれが高い地位であるかのように見せかけて、民衆たちが国家のために尽くすよう仕向けることである。プラトン著『国家』によれば、人間は、土から作られており、統治者となる人間には、その土のなかに「金」が混ざっている。戦士になる人間には「銀」が混ざっており、農作者や工作者には「鉄」が混ざっている。この場合、農作者や工作者に対して、あなたたちの土には「銀」が混ざっていると言い、戦士として名誉ある人生を送ることがふさわしいと扇動することが、高貴な嘘である。民衆に対してこうした嘘をつくことで国家をうまく統治できるなら、貴族的精神の持ち主は、そのような悪しき手段を用いるだろう。

最後に、貴族的精神は、もし自らの企てが失敗に終わった場合には、逃げたり、あるいは命乞いをしたりするのではなく、自らの運命を甘受しようとするだろう。悲惨な状況に直面したとき、貴族的精神の持ち主は、みじめな人生を送るよりも、自害する道を選ぶだろう。高貴な人にとって、他人に服従したり、あるいは殺されたりすることほど、屈辱的なことはない。高貴な人は、貧しくても品格のある人生を望んでいる。それが不可能な場合には、自らの生命を絶つことによって、人格の尊厳が失われる瞬間を、誰にも見られないようにするだろう。

以上、「貴族的精神」のいくつかの特徴を述べてきた。まとめると、「勇敢であれ」、「闘争せよ」、「名誉を重んじよ」、「復讐せよ」、「欺け」、「運命を甘受せよ」、となる。貴族的精神とは、「魂」の高潔さを示すことであって、それは日常生活のなかではなかなか実現しない理想である。貴族的精神を身につけたい人は、次のように問わなければならない。「人生において、強靱な精神を示すことのできる活動とは、どのようなものか」と。また、「民衆を欺いてでも達成すべき国家の崇高な目的とは、なにか」と。こうした問題に対して、明快なビジョンをもち、そのようなビジョンを命がけで追求する人たちを、私たちは「貴族的な精神の持ち主」と呼ぶのである。

さてこれまでの分析では、ジェーン・ジェイコブズのいう「統治の倫理」のなかの、(1)「封建的共同体の倫理」と(2)「貴族的精神」についてみてきた。最後に、「統治の倫理」の第三の類型である「ポスト近代文化の倫理」について検討してみよう。

## (3)ポスト近代文化の倫理

### 勤勉さから「余暇の豊かさ」へ

「ポスト近代文化の倫理」とは、日本ではとりわけ、一九八〇年代以降の成熟した消費社会において要請されるようになった倫理である。それは例えば、「見栄を張れ」、「余暇を豊かに使え」、「豊富な経験と体験をもて」、「自己のユニークさを鍛えよ」、「他者(外国人)を歓待せよ」といった倫理である。ポスト近代社会においては、なによりもまず、「勤勉な労働」に代えて、「充実した余暇を過ごすための能力を磨くこと」が奨励されている。「余暇」をたんなる「ヒマ」とみなすのではなく、「余暇」を「自分のアイデンティティ形成のための時間」とみなして、価値ある過ごし方をすること。そしてその過ごし方によって、社会を豊かにしていくこと。そのような営みが、ポスト近代社会にふさわしい倫理的態度とみなされる。

「余暇を豊かに使う」ことは、前近代あるいは近代初期の社会においては、貴族階級の人たちの特権とされてきた。イギリスではジェントルマンになるために、パブリック・スクールと呼ばれる進学校に通い、そこでラテン語や各種の作法を身につけることが、貴族階級にふさわしい文化とされてきた。日本においても、近世までは、漢詩や俳句の技能を身につけて余暇を豊かに過ごすことが、貴族にふさわしい生活とみなされてきた。こうした余暇の過ごし方は、ヒマのない生活をしている人たちには身につけることができない。ある意味で、貴族たちは非実用的な教養を身につけることで、自らの特権的な文化を権威あるものにしてきた、といえるだろう。

これに対してポスト近代社会においては、余暇はもはや、貴族の特権ではない。例えば内田弘は、著書『自由時間――真の〈豊かさ〉を求めて』のなかで、次のように述べている。

日本人の寿命は最近、急速に延びて、だいたい人生八〇年といえるところにきた。八〇年を時間に換算すると、約七〇万時間である。そのうち、年間労働時間が仮に二〇〇〇時間で、その仕事を二〇歳から六五歳まで四五年間行うとする。一日往復二時間の通勤時間を含めて、約一一万時間の労働時間となる。睡眠・食事・家事などの「生活時間」は一日一二時間ぐらいとすると、八〇年で三五万時間となる。一一万時間の「労働時間」と三五万時間の「生活時間」を七〇万時間というライフ・タイム全体から引くと、残る二四万時間が「自由時間」となる。年間三〇〇〇時間、一日八時間強の自由時間である。これはむろん生涯の平均値である。四五年間の勤めの時期の自由時間は年間一八八〇時間であり、一日あたり五時間強である。これらの自由時間をいかに活用するかは、それぞれの個人にとっても、個人の自由時間を支える社会にとっても重要な課題である。（二一―三頁）

ライフ・タイムにして一日八時間強、勤務時期において一日五時間強の自由時間を、私たちはいかにして自己と社会の発展のために用いるのか。それが現代社会の課題だ、と内田はいう。

近代における最大の美徳は、「勤勉さ」であった。勤勉に働いて、規律訓練に長けた生活を送り、社会の繁栄をもたらすこと。それが最大の美徳とされてきた。ところが一九八〇年代以降のポスト近代社会においては、もはや勤勉さだけでは、社会を繁栄に導くことができない。むしろ消費生活や余暇生活を充実させて、社会を文化的に繁栄させることが課題となっている。

むろん、「余暇を豊かに使うこと」は、それほど簡単ではない。課題となっているのは、余暇をうまく使って、社会をいっそう文化的に繁栄させることだからである。私たちは、いったいどのように余暇をすごせば、文化と経済を同時に発展させることができるのだろうか。この問題は、現在、文化経済学の中心問題となっている。

## 見栄の倫理性と真の豊かさ

文化と経済を同時に発達させるという場合、最初に思いつくのは、消費生活において「見栄を張れ」ということであろう。例えば、他人の目を気にして高価な洋服を買う、あるいは高級な自動車を買う。こうした顕示的消費によって人々が消費生活における優越感を楽しむならば、それは同時に、日本経済の需要を牽引する役割を果たすことになろう。見栄を張ることは、現代社会においては非倫理的ではない。見栄を張ることは、倹約することよりも、社会を繁栄させるために有効だからである。

もし私たちが、見栄をまったく張らず、質素な生活に満足するならば、私たちの経済社会は繁栄しない。質素な生活は、「豊かな生活」とは言われない。ポスト近代社会において求められているのは、質素で見栄を張らない生活ではなく、むしろ見栄を張る人たちが経済の需要を牽引し、私たちの経済文化をさらに発展させることである。

むろん、人々がたんに見栄を張るだけでは、経済文化の真の発展は望めない。そもそも見栄を張るというのは、自分の財力を誇示して、他人を圧倒することである。ところが人々は、文化が洗練されるにつれて、もはや見栄を張る消費には惑わされないようになっていく。人々は、ブランドの服や高級車にはあまり憧れず、文化的に洗練された消費を模索するようになる。例えばブランドの服を買う代わりに、英会話やピアノのレッスンにお金を費やす。あるいは高級車を買う代わりに、最高級のトレッキングシューズやマウンテンバイクを買って、身体を鍛えたり冒険旅行に出かけたりする、といった具合である。ポスト近代社会においては、人々は、余暇時間を充実させながら同時に経済を発展させるべく、たんなる見栄の消費に代えて、もっと実質的に豊かな消費生活を模索している。そこで求められるのが、「豊富な経験と体験をもて」という生活の格率である。

そもそも、「豊かさ」とは何であろうか。ＧＮＰ（国民総生産）の増大であろうか。それともＧＮＰとはまったく異なる基準であろうか。かつてアメリカの経済学者ガルブレイスは、一九五〇年代のアメリカ社会を「モノが溢れる（アフルーエントな）社会」と呼んで、そのような社会の病理について論じたことがある[43]。モノが溢れても、私たちは真の豊かさを獲得するわけではない。

では、真に豊かな社会とは、どんな社会なのか。物質的な豊かさを獲得した一九七〇—八〇年代の日本人は、この疑問に直面していた。例えば、真に豊かな生活とは、「デジタル思考ではなくアナログ思考である」とか、あるいは、「大きな目的のために現在を手段化することではなく、現在という時間の流れを充足させること（コンサマトリーな時間を送ること）である」、といった主張が説得力をもった。七〇—八〇年代の日本社会においては、真の豊かさをめぐって、さまざまな提案がなされた。ところがどのような生活がそのような理想に適っているのかといえば、よく分からない。そこでとにかく、「豊富な経験と体験をもった人」が評価され、経験や体験の幅と強度によって、豊かさが測られたのであった。

「真の豊かさ」とは何かと言えば、それは顕示的消費によって他人を圧倒することではなく、自分の内面や経験を豊饒なものにすることである。そのような考え方から、一九八〇年代以降のポスト近代社会においては、「豊富な経験と体験をもて」、あるいは、「人生の幅と強度を求めよ」、という格率が、経済生活の倫理となっていった。「豊富な経験」や「人生の幅」といったものは、学校では教えてくれない。学校で求められる事柄をこなしているだけでは、人生は貧しい経験的価値にとどまるようにみえる。ポスト近代社会において生じたのは、学校の先生に従順な生徒であるよりも、自分で豊富な経験や人生の幅を鍛える人たちのほうが、倫理的にすぐれている、ということであった。経済の倫理は、その時代その時代に、経済社会を発展させるために必要な態度を奨励していく。ポスト近代社会において奨励される経済倫理は、消費社会を豊かにするための、豊富な経験と人生の幅であった。

例えば一九八〇年代の消費社会においては、「差異の消費」というものが流行った。ブランドのシャツや、ウォークマン、あるいは、バッグや靴などの商品は、「白」「赤」「青」「黒」などの、いくつかの色のバリエーションを揃えて売り出される。消費者たちは、そのバリエーションのなかから自分に合ったものを選び、自身の個性を表現していく。もちろん個性といっても、それは「白」や「赤」といった色の差異の組み合わせでしかない。けれども人々は、友人とは異なる色の商品を買うことで、他者との差異を顕示しようとした。

差異の消費は、それが生産者や広告者側によって与えられたパッケージからの選択にすぎないとすれば、私たちはただ、生産と広告の戦略に踊らされているということになる。けれども差異の消費は、それがもし自己のユニークな活動によって生み出されるならば、消費者主導の活動になろう。例えば、独自の園芸や手芸、創作詩やウェブでのブログなどは、ある程度まで生産者や広告者側が提案したパッケージを利用するとしても、消費者側の創造的な活動の要素が多く、多様で主体的な自己表現を伴っている。差異の消費は、それを徹底させていくと、私たちの経験をいっそうバラエティなものにしていく。

そこでポスト近代社会において求められている経済倫理は、「自己のユニークさ」を鍛えることである。各人が自己のユニークさを鍛えることによって、商品のバリエーションを無限に多様なものへと発展させていく。人々は、自己のユニークさに敏感であればあるほど、人とは異なる商品を購買するようになる。そしてそのような購買の態度は、市場における商品の生産を、画一的なものから多様なものへと転換していくであろう。

## 他者の歓待

最後に、ポスト近代社会において求められている経済倫理として、「他者（外国人）を歓待せよ」という格率を挙げたい。先に指摘したように、一般に市場社会で取引を成功させるためには、他者の信仰やプライベートな生活に対して、「寛容」でなければならない。他者の生活におせっかいを焼くほどの人間関係を築いてしまうと、反対に取引が成立しないからである。この「他者への寛容」に加えて、ポスト近代社会では、「他者を歓待すること」が、一つの美徳となっている。

「他者の歓待」は、元来、他国との友好な関係を築いて統治を安定させるための、政治的な作法であった。他者をもてなすためには、他国の歴史や言語、食文化や音楽その他の芸術、あるいは、宗教に対する深い理解をもたなければならない。そのような理解を通じて、他者を自国の文化に迎え入れるという、高度な政治的美徳を必要とするものであった。しかし今日、「他者を歓待すること」は、一つの経済倫理として求められている。他国の企業と取引をしているビジネスマンであれば、取引相手を自宅に招いてもてなすことは、ビジネスの一部であると同時に、一つの倫理的な営みといえるだろう。もてなすことは、他国の文化を学び、自国の文化を紹介するという、きわめて高度な技量を必要としている。「他者の歓待」は、それ自体として、経済と文化を同時に発展させるための実践となっている。

以上、ジェイコブズのいう「統治の倫理」のなかの「ポスト近代社会の倫理」について、検討してきた。その特徴をまとめると、「見栄を張れ」、「余暇を豊かに使え」、「豊富な経験と体験をもて」、「自己のユニークさを鍛えよ」、「他者（外国人）を歓待せよ」となる。こうした倫理的態度を身につけて、経済と文化を同時に発展させる担い手となることが、一つの経済倫理として奨励されている。

これまで、「統治の倫理」における三つの要素、すなわち、「封建的共同体の倫理」、「貴族的精神」、および「ポスト近代文化の倫理」について、それぞれ検討してきた。ジェイコブズのいう「統治の倫理」は、「市場の倫理」と対比されている。しかしその内容を詳しく検討してみると、そこには、現代の市場経済において必要な倫理も含まれている。ジェイコブズのいう「統治の倫理」は、必ずしも「政治的領域」に限定されない広がりをもっていることが分かるだろう。

なおここで、「封建的共同体の倫理」、「貴族的精神」、および「ポスト近代文化の倫理」という三つの倫理は、それぞれ次のように言いかえることもできる。「封建的共同体の倫理」とは、「共同体の善」を求める倫理である。「貴族的精神」とは、「上位者の心得」である。そして「ポスト近代文化の倫理」は、「消費社会における賞賛の基準」である、と。

またこれらの倫理はすべて、私たちの「ポスト近代社会」において、一定の意義をもっているだろう。例えば「封建的共同体の倫理」は、私たちが実際、親密な人間関係を築く際に、積極的に実践しているものであろう。貴族的精神の発揮は、たとえそれが困難なものであっても、多くの人々がそれを人生の理想とみなしているだろう。また私たちは、高い精神性を発揮した人々を賞賛するであろう。「ポスト近代文化の倫理」は、まさに私たちの消費生活や余暇生活の目標となっているだろう。こうした三つの倫理からなる「統治の倫理」は、現代の市場経済と分かち難く結びついている。

## 4　新たな分類のまとめ

### 倫理の相互浸透

前節と前々節で論じてきた倫理の分類を、ここで一つの表にまとめてみよう（表4－2参照）。みてきたように、ジェイコブズのいう「市場の倫理」と「統治の倫理」には、それぞれ多様な内容が含まれている。その内容に即してみると、これら二つの倫理は、必ずしも対立するわけではなく、相互に浸透していると言えそうだ。ジェイコブズのいう「市場の倫理」は、必ずしも民間企業で働くために必要な倫理というわけではなく、巨大な組織のなかで働く際に必要な倫理（「行政の倫理」）も含まれている。また、ジェイコブズのいう「統治の倫理」は、必ずしも公的な機関で働く場合に必要な倫理というわけではなく、各種の「ポスト近代社会の倫理」や、「贈与と返礼」の関係による自発的な相互扶助の倫理は、現代の市場経済においても必要とされている。

| 市場の倫理 | 統治の倫理 |
| --- | --- |
| 「行政の倫理」<br>合意形成力をもて<br>事務的に有能たれ<br>組織において主導権を発揮するための（仮構としての）自発性をもて<br>正直／節倹／規律／根気<br>計画的に行動せよ<br>将来に危機感をもて | 「封建的共同体の倫理」<br>取引を避けよ<br>伝統を尊重せよ<br>位階を尊重せよ<br>忠実たれ<br>排他的であれ<br>剛毅たれ<br>気前よくあれ |
| 「生活者の倫理」<br>利害の一致を探る交渉力をもて<br>エイジェンシー（代理店経営主体）として自律せよ<br>他者へ寛容たれ<br>切磋琢磨せよ<br>効率を重視せよ<br>信頼形成力（人付き合いのよさ）をもて<br>生産目的へ投資せよ<br>チームで協力せよ | 「貴族的精神」<br>勇敢であれ<br>復讐せよ<br>欺け<br>運命を甘受せよ<br>名誉を重んじよ<br>闘争せよ |
| 「企業家の精神」<br>異説を唱える積極性をもて<br>リスクを引き受けつつ楽観的になれ<br>新奇さを肯定せよ<br>先見の明をもて<br>信念を強くもて<br>未来へ投企する勇気をもて | 「ポスト近代文化の倫理」<br>余暇を豊かに使え<br>見栄を張れ<br>豊富な経験と体験をもて<br>自己のユニークさを鍛えよ<br>他者（外国人）を歓待せよ |

**表4-2　ジェイコブズの分類をさらに細分化して補ったもの**

つまりジェイコブズのいう「市場の倫理」と「統治の倫理」は、「民間企業の倫理」と「政府の倫理」という二分法には対応していない。分類を細かくして、さらに内容を補ってみると、そこにさまざまなタイプの倫理が混在している。「市場の倫理」と「統治の倫理」は、現代の市場社会において、分かち難く結びついている。ジェイコブズは、この二つの倫理を明確に区別することが望ましいと主張するが、しかし私たちは、むしろこの二つの倫理に含まれるさまざまな要素を、うまく混ぜあわせることがふさわしいと言えるのではないか。

例えば、公的機勤に勤める人に対しても、私たちは「企業家精神の発揮」という倫理を求めてよいだろう。「地方再生」のためのさまざまなプロジェクトは、公的機関に勤める人たちが企業家精神を発揮することで、はじめて可能になる。他方で私たちは、市場で成功した人たちに対しても、「貴族的精神の発揮」を求めることができる。例えば企業の社会的貢献度（CRS）を表彰する制度を確立することによって、民間企業におけるすぐれた精神性の発揮を、社会的に評価することができる。

このように私たちは、お役所の方々には市場原理の逞しい活用を求め、ビジネスマンの方々には崇高なビジョンと実践を求めるという具合に、倫理の相互浸透を期待することができる。すでに成熟した市場社会を生きている私たちは、「市場の倫理」と「統治の倫理」を相互に組み合わせていくことで、すぐれた社会（より善い社会）の構想を考えることができるかもしれない。

## 5　第三の倫理

### 「市場の倫理」へのアンチテーゼ

さて、本章の最後に指摘したいのは、現代社会、とりわけ一九九〇年代以降の社会においては、「市場の倫理」にも「統治の倫理」にも当てはまらないような、「第三の倫理」が台頭してきたという点である。その倫理とは、すなわち、「清貧の思想」、「スローライフの思想」、および、「文化的・社会的弱者（マイノリティ）への感受性」である。

「清貧の思想」とは、清く貧しく生きることの理想で、日本ではとりわけバブル経済の崩壊以降、中野孝次のベストセラー『清貧の思想』によって話題となった。それは例えば、西行法師や松尾芭蕉などの生き方に学び、資本主義社会のなかにあっても、高貴な貧者として生きることを理想としている。これに対して「スローライフの思想」は、やはり一九九〇年代から一つのブームとなったもので、資本主義社会の目まぐるしい変化のなかにあっても、ゆったりとした生の充足を味わうという、優雅で脱力的な生活の理想である[44]。また、「文化的・社会的弱者（マイノリティ）に対する感受性」をもつということも、ポスト近代社会において、ますます重要な倫理とみなされている。マイノリティの人々の文化には、これまでの資本主義経済の評価軸では、評価することのできなかったすぐれた価値がある。そのような価値に対する感受性を高めて文化の多元性・多様性を豊饒化していくことは、ポスト近代社会が目指す一つの理想となっている[45]。

以上の三つ、すなわち、「清貧の思想」、「スローライフの思想」、および「文化的・社会的弱者（マイノリティ）に対する感受性」は、ジェイコブズのいう「市場倫理／統治倫理」においては、現れない。おそらく近代社会においては、あまり重要な倫理とはみなされなかったのであろう。しかし私たちのポスト近代社会においては、これら三つの倫理は、「市場の倫理」に対する強力なアンチテーゼを提供しているだけでなく、「統治の倫理」に対抗する重要な意義をもちはじめている。

従来、「市場の倫理」に対する強力なアンチテーゼは、マルクス主義者たちの経済学批判において示されてきた。その内容を思いきって単純化すると、次の四つの命題にまとめることができる。

①市場での取引は、モノとモノとの関係であって、人と人との豊かな関係ではない。だから市場で

は、真の自己実現が疎外され、人格を空虚なものへ貶めてしまう。
②市場での生活は、戦略や策略に満ちたエゴイスティックな活動であって、真に人間的な共同の関係を営むものではない。
③市場での生活は、快楽充足という低次の欲求を満たすにすぎず、真に人間的な価値を追求するものではない。
④市場での生活は、ケチケチした貧しい心性を生み出してしまい、真に人間的な、品のある人格を育むことができない。

マルクス主義者たちによれば、市場での生活は非人間的なものであり、厳しく批判されなければならない。ところが問題となるのは、これら四つの倫理的問題を解決するためには、マルクス主義者たちが言うように市場社会を計画経済にしても、あまり効果がないという点である。

社会主義体制における計画経済は、それが大規模な計画であればあるほど、人と人の関係をモノとモノとの関係へ置き換えてしまう。計画経済は、情報コストの問題に直面する。情報の問題を効率的かつ公正に解決できなければ、実際の生産と配分は、結局のところ集団間のエゴイスティックな戦略行為に依存することになる可能性が高い。計画経済は、真に人間的な価値を追求することができず、人々が中央当局へ依存するような体質を生み出してしまう。そうなると人々は、次第に品位ある人格を失っていく。

十九世紀から二十世紀にかけての社会主義計画経済の実践は、総じて失敗に終わったといえる。人類が社会主義の壮大な実験から学んだことは、計画経済はたんに非効率的であるだけでなく、倫理的にも腐敗するという点だった。マルクス主義者たちは市場社会を痛烈に批判したが、彼らが目指した社会の理想は、それ以上に悲惨な倫理的腐敗に苛まれた。マルクス主義による上述の四つの市場批判は、「統治の倫理」によって乗り越えることができない。マルクス主義者たちは結局、「市場の倫理」でも「統治の倫理」でもない、別の倫理的な生き方を模索することになった。そこで浮上してきたのが、上述した「第三の倫理」、すなわち「清貧の思想」、「スローライフの思想」、および「文化的・社会的弱者（マイノリティ）に対する感受性」である。これらの倫理は、とりわけ一九九〇年代以降の社会において、人々の関心を集めている。

## 老後の倫理として

「第三の倫理」が浮上している背景には、「高齢化」という要因もあるだろう。人生、六十歳でリタイアしたとしよう。老後の生き方は、どんな倫理的関心によって導かれるべきだろうか。それは「市場の倫理」であろうか、それとも「統治の倫理」であろうか。おそらくいずれでもないだろう。退職後、あるいは退職を待たなくても、私たちはできるだけ、政治や経済の世界から距離をおいて、善き生活を送りたいと思うことがある。私たちの「善き生」は、「市場の倫理」や「統治の倫理」から離れたところで育まれることがある。社会が成熟するにつれて、私たちは、政治や経済の問題に囚われず、もっぱら文化や宗教の領域で、善き生の問題に関心を寄せることができるだろう。ある意味で「成熟した社会」とは、多くの人々が、市場の倫理や統治の倫理のいずれも、身につけなくても生きていける社会であるかもしれない。「第三の倫理」は、「統治の倫理」のなかの「ポスト近代文化の倫理」が、かたちを変えて現れたものといえるかもしれない。

むろん、「第三の倫理」は、それ自体として自足したものではない。「第三の倫理」が普及する社会においては、「市場の倫理」や「統治の倫理」もまた、変容していく可能性がある。例えば、「清貧の思想」は、長時間労働を避けて、低所得でも清らかな生活を送ることができるような社会を求めている。この倫理は、資本主義社会の新たな再編を要請するものであろう。あるいは、「スローライフの思想」は、人々の消費行動の質を、「より多くのモノ」から「より上質の時間」へと転換させることであり、この考え方もまた、資本主義社会の変容を迫るであろう。さらに、「文化的・社会的弱者（マイノリティ）に対する感受性」は、マイノリティの文化資源がもつ商品価値を、いっそう高めることになるかもしれない。

このように、「第三の倫理」は、私たちの市場社会を変革するための、実効的な倫理ということができる。低所得でもよいから、長時間労働を避けるような労働オプションを求める、上質な時間を提供する商品（音楽に関わるもの、自然体験に関わるもの、など）を購入する、マイノリティの芸術作品を購入する、といった実践によって、私たちの資本主義社会は、いっそう洗練されたものへと発展していくだろう。こうした実践は、たんに洗練されているのではなく、経済倫理的な意味も帯びている。というのも、これらの実践は、現代の経済社会をすぐれた方向へ発展させるための、思慮深い振る舞いといえるからである。私たちの社会は、「第三の倫理」を必要としている。けだし経済倫理とは、私たちの経済社会を思慮深い方向へ導くための、生活の指針に他ならないからである。

# 第五章

# 政治経済の羅針盤——あなたは「右」？　それとも「左」？

## 1　あなたは「右」？　それとも「左」？

### 保守に萌える若者たち──「カーニヴァル化」と「若気の至り」

一九九〇年代の後半から、若者たちの「右傾化」ということが語られるようになっている。それまで純粋に知的な事柄に関心をもった若者たちは、どちらかといえば「左派」の思想に共鳴してきたといえる。というのも二十世紀の思想、とくに政治思想は、圧倒的に左寄りだったからである。ところが、一九八九年に東欧諸国が崩壊すると、左派の思想的ヘゲモニーはゆらぎはじめる。東欧やソ連を「理想の共産社会・市民社会」として想定してきた戦後日本の知識人たちは、根本的に間違っていたのかもしれない。そんな疑念が充満しはじめた九〇年代において、小林よしのり氏の『ゴーマニズム宣言』シリーズは、「保守」に萌える若者たちの感性を刺激し、人々の愛国心を奮い立たせることに成功した。また近年では、『正論』や『表現者』といった右派系の雑誌が、左派系の主要雑誌と比べておよそ十倍も売れる、という状況が続いている。「右派」はもはや、若者たちの一時的な激情といったものではなく、広く民衆に根づいた思想となっている、といえそうだ。

むろん最近では、右派の雑誌にやや陰りがあるという。また、雨宮処凜のような論客は、最初は小林よしのりの『ゴー宣』シリーズに薫陶を受けて右翼活動を展開したものの、その後は、プレカリアートたる不安定雇用労働者を代弁すべく、左派の思想へと急旋回を遂げている。

若気の至り、ということは誰しもあるだろう。私も二十二歳ごろまでは、一九八〇年代の論壇を支配していた柄谷行人や浅田彰のような左派思想家たちに影響を受け、共産主義の理想を素朴に信じるようなところがあった。現代の若者たちも、一時の激情に駆られて、にわかナショナリスト、あるいはプチ・ナショナリストになることもあるにちがいない。けれども冷静になって考えてみると、愛国心など、ふだんの生活において、さほど問題にならないことに気づくだろう。そこで考えてみたいのは、自分のイデオロギー傾向は、「右」なのか「左」なのか、という問題だ。あるいはひょっとして、自分のイデオロギーは、その場その場の空気に呑まれる「相対主義」にすぎないのだろうか。

例えば、鈴木謙介は『カーニヴァル化する社会』のなかで、最近のマスコミを賑わしているイデオロギー現象は、「右」や「左」の内容とは関係なく、たんなる「ネタ探し」で盛り上がっているにすぎない、と論じている。「イラク人質事件」（二〇〇四年）では、「わざわざ自己責任でイラクに赴いた人質三人を、政府は数十億円をかけて救出する必要はない」といった「右派」の議論がネットを賑わした。ところが同年、日朝首脳会談で実質的な成果を挙げられなかった小泉総理大臣に対して、北朝鮮拉致被害者家族会が苦言を呈すると、今度は「左派」の観点から、拉致被害者家族会に対するバッシングが噴出した。つまり人々は、他人をバッシングして盛り上がることができれば、右も左も関係なく政治批判の言説を楽しむ、というわけだ。

「政治の祝祭空間」は、人々の関心を掻きたてはするものの、激情に突き動かされた反理性の政治を招いてしまうことがある。一時の感情に左右されず、政治経済に関する豊かな判断力を養っていくためには、やはりイデオロギーの問題について、一貫した論理を構築していかねばならないだろう。

そこで本章では、「政治経済の羅針盤」というアンケートを用いて、政治経済に関する「右／左」のイデオロギーを検討してみたい。ここで「政治経済の羅針盤」と私が名づけるアンケートは、イギリスに拠点を置くホームページ「ポリティカル・コンパス」に触発されて自ら作成したものである。同アンケートを、日本の文脈に即して、『日本の論点』を参考にしながら大幅に改良している。

この「政治経済の羅針盤」では、人々のイデオロギー傾向をたんに「右」と「左」に区別するのではなく、縦軸と横軸の二つの軸を使って、四象限図式のなかに位置づける。一方の縦軸は、政治的・文化的・道徳的な「自由」について、他方の横軸は、経済的な「自由」について、それぞれ質問している。政治（文化・道徳）における「右／左」と、経済における「右／左」を組み合わせて、四つのタイプにイデオロギーを区別しようというわけである。詳しい説明は、アンケートの後で試みよう。とりあえず以下のアンケートに挑戦してみたい。

**政治経済の羅針盤**[46]

以下のそれぞれの命題に、A：そう思う、B：ややそう思う、C：ややそう思わない、D：そう思わない、のいずれかで答えてください。

I　政治（および文化・道徳）の問題

**I—1　憲法九条を改めて、自衛隊を防衛戦力として正式に位置づけるべきである**

二〇〇五年八月、自民党は新憲法草案の第一次案を発表。注目を集めたのは第九条の改定部分で、集団的自衛権の行使に道を開いている。これはいわば、「自衛軍」に各国軍隊と同等の資格を付与したものだ。自民党案にしたがえば、例えばもし、自衛隊がイラクで武力行使した場合、正当防衛などの国内刑法の法理で正当化できることになる。武力行使を正当化するために、このような仕方で第九条を改定すべきかどうか。

**I—2　国際紛争において米軍を支援する「集団的自衛権」の行使は、現行の憲法（九条）の下でも容認しうる**

現在、「集団的自衛権」を政府見解（政府の憲法解釈）として認めるかどうかをめぐって、論争が続いている。例えば、米軍への燃料補給、艦船・航空機の補修、米軍による民間空港や港湾の利用を前提とした民間による輸送・補給支援、米軍による自衛隊基地の共同使用など、合憲と違憲の狭間にあると見られる「グレーゾーン」において、米国との協力を拡大すべきかどうか。

**I—3　自衛隊の海外派兵は違憲である**

「日米同盟」は、アメリカが日本を庇護するという「国際的恩顧主義（クライアンテリズム）」にもとづくものであり、決して対等な同盟ではない。そして現在、この同盟は、日本に対してますます軍事的な役割を求める方向へと変化している。はたして日本は、日米同盟を固守する立場から、自衛隊の海外派兵を推進すべきであろうか。あるいはこの同盟を破棄してでも、平和憲法を守り、非戦国家として、国際貢献としてはNGO支援や非武装協力などを推進すべきであろうか。

**I—4　元日本軍「従軍慰安婦」に対する補償は、日本国家が行うべきである**

現在、日本政府は「従軍慰安婦問題は解決ずみ」との立場に立って、国家としては謝罪や補償を行っていないが、一九九五年に「女性のためのアジア平和国民基金」を設け、国庫からの出費を含めて、道義的に償いをしている。ただしアジアの諸団体は、基金の受入を拒否しており、補償はうまくいっていない。

**I—5　自発的な安楽死を幇助する行為を、法的に認めるべきである**

不治の病にかかり、食事から入浴から排泄の世話まですべて他人の手を借りなければならない状態になったとき、そして死ぬ日を待つだけの生活となったとき、自分の尊厳を守りながら死を遂げるために、例えば毒薬の注射の間接的な介助など、他人の手を借りて安楽死を遂げることは法的に認められるべきか。

**I—6　死刑制度を廃止すべきである**

死刑によって、犯罪がどれだけ抑止されるのかについては、科学的な実証が乏しい。そこで問題は、ある犯人を死刑にすることによって、被害者遺族の「応報感情」をどれだけ癒すことができるのか、という点に移っている。ただし被害者遺族といえども一枚岩ではなく、加害者に対する感情はさまざまである。

**I—7　いじめ問題は、学校や地域といった共同体による解決を期待すべきである（いじめ問題の解決は、学校への警察（警備）権力の導入、あるいは、転級制度や選択科目制度の拡充によって、制度的に対処したほうが有効である、とは言えない）**

もし加害者側の生徒たちが、家族の崩壊や学校教師の権威崩壊によって心のストレスを抱えているのだとすれば、学校側は、家庭でしつけるべき道徳をしっかりと教え込み、また教師の権威を回復しなければならない。また学校だけでなく、地域コミュニティも、生徒たちの心と振る舞いをケアするための活動をしなければならない。これに対して、もし加害者側の生徒たちが、管理教育によって心のストレスを抱えているのだとすれば、学校側は、校則などの規律をゆるめ、いじめられっ子がいじめっ子グループから容易に逃れるようにするために、教室の着席を自由にするとか、転級を自由に認めたり、学級ごとの授業を減らして自由に授業を選べるようにしたり、あるいは、授業を減らして学校側で生徒たちを拘束する時間を減らす、といった制度改革が必要になる。

**I—8　父親は家庭において健全な権威を取り戻すべきである**

戦後日本では、父母が子に対して、友達のように振舞うことが、リベラルな家庭の理想とされてきた。しかしそうした態度は子を無気力にし、品位を失わせ、規律ある生活を台無しにしてしまうのではないか。むしろ、健全な権威を取り戻すべきではないか、と言われる。

**I—9　男女共同参画社会を推進すべきである**

国連開発計画（UNDP）の『人間開発報告書二〇〇二年版』によると、人間開発指数（HDI）では、日本は百七十三ヵ国中、九位。しかし、女性の政治経済への参画の指標となる「ジェンダーエンパワーメント指数（GEM）」では、日本は六十六ヵ国中、三十二位である。

**I—10　ジェンダー・フリーな社会を築くべきである**

例えば、学校において「男らしさ／女らしさ」よりも「自分らしさ」を追求するような教育理念を掲げたり、男女混合名簿を用いたり、あるいは、体育祭や文化祭といった各種行事に際して、性差にもとづく役割分業を廃止したりするなどの実践をジェンダー・フリーという。

**I—11　援助交際を取り締まるよりも、売春社会を生きる知恵を伝達すべきである**

恵まれた家庭に生まれた女子高生が売春して数万円を稼ぐことは、基本的に個人の自由であって、これを叱ることはできても、法的には認められると考えるべきだろうか。また、売春する女子高生を道徳的に叱る前に、買春する側の中年男性の道徳的・法的責任を問うべきだろうか。業者を媒介しない売買春を取り締まることは、不可能に近い。実践的には、女子高生が危険な出来事に巻き込まれないように、性の売買にともなうリスク情報を伝授することが望ましい、との見解がある。

**I—12　「君が代・日の丸」への畏敬・敬愛の強制は、望ましくない**

**I—13　「君が代・日の丸」への敬意は、国際人として最低限のマナーである**

サッカーのワールドカップなどで、サポーターの若者たちは、君が代を歌い、日の丸を掲げるようになっている。こうしたナショナル・アイデンティティの表現は、国際標準であるとして歓迎すべき。君が代・日の丸への敬意は、国家間の友好関係を築くために必要な最低限の表現であるとの見方がある。しかし少なくとも「君が代」は、明治時代に作られた皇室礼賛の歌なので、これを国民全体に押しつけるべきではないとの意見もある。

**I―14　非配偶者間の体外受精を認めるべきである**

非配偶者の卵子を体外受精して配偶者の女性が出産するという医療行為は、それまで水面下でなされてきたものの、一九九八年、長野県の諏訪マタニティークリニックの根津八紘院長が、この医療行為に成功したことを国内ではじめて公表して話題となった。日本産科婦人科学会は、「非配偶者間の体外受精」は「重大な会告（ガイドライン）違反」であるとして、根津医師を除名処分したが、同学会の二十名の理事会によって、こうした生命倫理の問題を決めることが望ましいのか。広く国民的な議論を起こして、法を整備することが求められている。

**I―15　少年法を厳罰化すべきである**

一九九七年六月、神戸市須磨区で中三（当時十四歳）の少年による児童殺傷事件が発覚して以後、少年法厳罰化の流れが強まっている。厳罰化慎重論者たちによれば、凶悪な少年犯罪は、戦後一貫して減少しており、これ以上刑罰を厳罰化しても、少年犯罪の数は減らないだろうと予想され、予防効果がないという。これに対して、厳罰化を支持する人たちは、「正義が実現される」ことが大切との観点から、犯罪に対してふさわしい刑罰を科すべきだと主張している。

**I―16　少子化は、人々の自由な行為の帰結であって、それ自体として悪いことでも心配すべきことでもない（出産は社会的な事業であるから、育児保険の充実によって少子化を防ぐべきである、とは言えない）**

政府は、若年人口の維持を「一つの社会的事業」とみなして、子育て支援策を実施すべきであろうか。あるいは、いずれの子育て支援策もコストに見合わないだろうから、少子化を受け入れ、その上で配分の平等を考えるべきだろうか。二〇五〇年までに出生率が一・三九まで回復したとしても、出産可能年齢の女性の数が減るので、生まれる子どもの数は激減するともいわれる。

**I―17　途上国への政府開発援助（ODA）は、日本の国益に適うようになすべきである（ODAは、人道的配慮に比重を置くべきである、とは言えない）**

日本は例えば、天然資源の大半を途上国に依存しているので、これを確保するために援助することが有効である。また日本経済は輸出によって利益を上げる構造をもつため、自由貿易体制を維持・拡大するための援助を行う必要がある、との主張がある。

これに対して、ODAは紐付きではなく無償でなされるべきで、援助の内容については公開し、国民的な議論を通じて判断すべき、との意見がある。

**I―18　代理出産を認めるべきである**

「被害者のいない行為を刑事的に処罰してはいけない」

という自由主義刑法の理念、あるいは、「幸福追求権」の理念に従えば、代理出産は認められる。これに対して日本産科婦人科学会は、「人を生殖の道具としてはならない」との生命倫理から、代理出産に慎重な立場をとっている。例えば、身体的に無理のある五十代女性の出産を、数百万円の支払いで若い女性に代理してもらうという自由な取引は、「人権」の理念や「選択の自由」に照らして認められるべきであろうか。

**I―19　小学校に英語を導入すべきである**

文科省が二〇〇二年度に実施した調査によると、全国の公立小学校約二万二千校のうち、五六・一%が、六年生を対象にした「総合的学習の時間」に英会話の授業を採り入れているという。英語を身につけることは、グローバル経済で勝ち抜くための要請であり、日本の国力増大に資する、との見方がある。しかし他方で、最近の小学生の国語力は低下し、英会話はこなせても、抽象的思考に達しない子どもたちが増えていると言われる。

**I―20　十五歳までに避妊法を教えるべきである**

二〇〇二年、出会い系サイトが絡んだ事件は約千五百件。被害者の約八割が十八歳未満、その多くは児童買春や児童ポルノ禁止法違反だった。こうした性犯罪の低年齢化に応じて、小中学校で正しい性知識を身につけさせるべきだとの意見がある（人工妊娠中絶は、二〇〇一年において過去最高の四万六千五百十一件）。これに対して、性の自己決定を促すような教育をすると、一夫一婦制にもとづく婚姻制度や家族秩序が崩壊し、あらゆる性道徳を否定することになるのではないかとの疑義がある。

**I―21　裁判員制度が導入されれば、人々は積極的に市民的義務を果たすべきである**

裁判員制度の対象となる事件は、年間で約三千件程度。推計では、一生のうちに裁判員を経験する確率は、六十七人に一人。無作為に抽出された市民が、裁判官と対等に議論し、犯罪を国家が裁く現場に市民が参与することは、司法のチェック機能を果たす市民社会の理想との意見がある。

**I―22　内部告発者は欧米並みに保護されるべきである**

二〇〇二年の雪印食品・牛肉偽装事件で告発に踏み切ったのは、牛肉詰め替えの現場となった倉庫会社、西宮冷蔵の水谷洋一社長。ところが告発後、雪印食品ばかりか、他の荷主たちも同社との契約を打ち切り、国土交通省も「偽装に手を貸した」として、一週間の業務停止命令を出した。結局、同社は、負債一三億円を抱えていったん廃業。現在の保護法は、いきなり外部機関へ通報するような告発を保護せず、できるだけ企業の内部で自浄努力することを求めており、欧米の水準には及ばない。

**I―23　首相は、アジア諸国の人々に配慮して、靖国神社への参拝を控えるべきである**

中国がとくに問題視するのは、靖国神社には東條英機など十四名の「A級戦犯」が合祀されている点。日本の首相は、外交上の理由から、あるいは「政教分離」の原則から、靖国神社への参拝を控えるべきか。それとも、宗教にもとづく戦死者の鎮魂を公式になすべきか。

**I―24　夫婦は同姓であるべきだ**

日本では、夫婦の姓をどちらにするかは自由であるが、約九八%が夫の姓を選んでいる。夫婦別姓は、家族の崩壊につながり、社会秩序を失わせると主張する人々がいる。他方で、女性の人権、社会進出、アイデンティティや尊厳を重んじる立場から、夫婦別姓を求める声が上がっている。

## II　経済の問題

**II―1　規制緩和を推進しなければ、日本経済はやがて大きく傾くときがくる**

日本では、医療、教育、法務、保育などの分野において、消費者の権利を保護する反面、実際には高コスト部門の既得権益を保護している、との指摘がある。既得権を保護し、手厚い財政支出を続ければ、日本の株は売られ、経済の停滞を招くかもしれない。他方で、二〇〇二年に実施されたタクシー事業の規制緩和では、地域一律だった初乗り運賃の規制がなくなり、増車も自由となった。その結果、タクシー運転手の所得は下がり、過重労働から、運転の安全面での影響が指摘されている。

**II―2　規制緩和推進派の論理は、消費者のエゴにもとづくもので、文化的配慮に乏しいがゆえに支持し得ない**

規制緩和推進派の論理は、消費者主権と自己責任によって市場原理を貫徹すれば経済は活性化する、というもので、この論理にもとづく経済改革は消費者たる個人のエゴイズムにもとづく、との指摘がある。規制緩和政策では、例えば、グローバルな経済競争の結果としての多国籍企業の寡占状態を、解消することができない。また、生活の画一化や、文化的・伝統的な生活様式の崩壊をもたらしてしまうのではないか、との批判もある。

**II―3　国民年金は社会保障税の強制徴収によってまかない、国民の連帯を図るべきである**

東大教授、神野直彦氏は、国民年金であろうと厚生年金であろうと、あるいは共済年金であろうと、各人の賃金に比例して、社会保障税を課税することでまかなうべきだと主張する。ただし、賃金所得がない者にも、年金のナショナル・ミニマムを保障しなければならない。そのための財源は、社会保障税ではなく国税でまかなうべきだという。

**II―4　年金制度は基本的に各種の民間組織に任せて、積立方式にすべきである**

木村剛氏によれば、現行制度は初期の参入者だけが儲かる点でネズミ講と同じであり、不良債権問題と不良年金問題は、基本的に同じ、という。代案として木村氏は、夫婦で月一五万円程度の基礎年金を保障しつつも、上乗せがほしい人は民間の個人年金に加入すればよい、と主張する。大阪大学の大竹文雄教授も、公的年金は「ネズミ講」ではないかと指摘する。生まれたタイミングによって、公的年金の収益率が大幅に異なる。

Ⅱ—5　郵便事業の民営化は、これほど急ぐ必要はなかった

加藤寛氏は、もし郵政公社を民営化しなければ十年後に破綻していたのではないかと指摘する。郵便局が集めた資金は、納税義務のない特殊法人の下請け企業にながれ、無駄な公共事業や談合などで利益がピンハネされてきたからである。ただし、郵政民営化によって政府の財政赤字が減るかどうかについては、疑問の声もある。郵便局の問題点はその肥大化であり、「預け入れ限度額」を引き下げれば、多くの問題が解決されるのではないか、との見方がある。世界を見渡すと、アメリカでは郵便事業が国営であるのに対し、スウェーデンやフィンランドといった福祉国家では、すでに民営化されている、というねじれた現象が生じている。

Ⅱ—6　食料自給率を下げてでも、農業の自由化をすすめるべきである

二〇〇三年度の食料自給率は、カロリーベースで四〇%、穀物ベースで三〇%未満。先進諸国中最低水準である。自給率を上げるためには、かなりの財政支出が必要となる。むしろ途上国の農業を支援して、世界の食料安定供給を図るべき、との見方もある。

Ⅱ—7　高所得者に高率の所得税を課すよりも、消費税を引き上げるべきである

Ⅱ—8　日本経済を活性化するために、外資参入を拡充する必要がある

Ⅱ—9　専業主婦優遇税制は、女性を家庭に留めるインセンティヴが働く点で望ましくない

所得税や地方税には、配偶者控除や配偶者特別控除という制度がある。妻の年間給与収入が百十万円程度（各税において上限は異なる）以下の場合、所得税や住民税において、夫の所得額から控除が行われる。例えば、夫の年間給与収入が一千万円程度の人なら、戻る税金は、合わせて二十五万円位になる。これに対して年収三百万円で子ども二人の家族なら、配偶者控除で戻るお金はほとんどない。

Ⅱ—10　特殊法人を民営化すべきである

二〇〇一年、小泉内閣は、七十七の特殊法人と八十六の認可法人を「原則として廃止または民営化」するとして、まず七つの特殊法人の改革を打ち出した。日本道路

公団、首都高速道路公団、阪神高速道路公団、本州四国連絡橋公団の統合・民営化、住宅金融公庫、都市基盤整備公団、石油公団の廃止、である。しかしその後の成果としては、統廃合（十七法人）と民営化（四十五法人）を合わせても、全法人の四割程度だった。

**Ⅱ—11　政府系金融機関は、民業を圧迫している（政府系金融機関は、市場の失敗を補完する役割を果たしている、とは言えない）**

政府系金融機関は、国民や企業、公共団体等に対して、民間金融機関ではまかなえない分野に融資する機関のこと。住宅金融公庫、国民生活金融公庫などがあり、二〇〇八年十月からは、日本政策金融公庫などへの統合が予定されている。民間の金融機関は、政府系金融機関が民業を圧迫していると主張。これに対して政府側は、貸し渋りをする民間金融機関を補完していると主張してきた。

**Ⅱ—12　これだけ格差が広がった社会では、「機会の平等」よりも「結果の平等」を優先すべきである**

**Ⅱ—13　NHKは肥大化しており民業を圧迫している**

NHKの保有チャンネル数は、地上波二波、衛星三波、ラジオ三波の計八波。アメリカのネットワーク大手でも、これだけのチャンネル数は保有していない。ニュース報道では、NHKは圧倒的な取材網をもち、番組制作費や職員の数も、民放とは比較にならない。また、NHKエンタープライズなどの子会社・関連会社・関連団体は、三十四もある。グループ会社の合計収入額は、二六七三億円（二〇〇五年三月期）。これは民放キー局の売上高に匹敵する。さらに受信料収入なども含めれば、NHKグループ全体の収入は、八〇〇〇億円近い。

**Ⅱ—14　国立大学を民営化して、国家は奨学金制度のみを運営すればよい**

これまで国立大学は、文部科学省の文部行政の下におかれ、ほとんど自主性がないままに運営されてきた。予算配分だけでなく、教職員の定員管理、学部・学科の新設など、大学の裁量権はほとんどなかった。その反面、国立大学は政府に保護され、競争的な環境に晒されてこなかった。国立大学は、競争のない世界に安住し、非効率な運営、無駄な組織を温存させたままで、必ずしも社会から期待されるほどの研究・教育の実績をあげてこなかった、と批判されることもある。

**Ⅱ—15　介護のあり方を地域ごとに認め、サービスの向上を住民に委ねるべきである**

二〇〇〇年四月、朝日新聞が全国の市町村と東京二十三区を対象に、介護保険料の地域間格差をアンケート調査したところ、自治体間で最大三倍の開きがあることがわかった。回答があった全国の市町村（全体の約八割）で、最も高額だったのは、北海道厚田村（月額四四九九円）。最低額は、茨城県大子町の同一五三三円。こうした地域格差は、地域ごとの特性や個性の競い合いでもあり、多くの人々は、地方自治体間のサービス競争を容認する時代になったのではないか、との見方もある。

**Ⅱ—16　現行の解雇要件では、会社は正社員を雇うことに大きなリスクを抱えてしまうので、国は解雇要件を緩和すべきである**

企業の競争力を強化するためには、人的資源の流動化を進め、余剰人員を減らして高コスト体質を改めるべきとの主張がある。これに対して解雇が簡単に行われるようになれば、企業による従業員の選別化が進み、安心・安定した雇用環境を維持できなくなるとの主張がある。

**Ⅱ—17　経済を活性化するのであれば、サマータイム制を導入すべきである**

サマータイムは、世界の七十ヵ国以上で実施されている。ＯＥＣＤ三十ヵ国で実施されていないのは、日本を含めて三ヵ国のみ。もしサマータイムを実施すれば、余暇活動が増加して、社会全体で年間約六四〇〇億円の消費拡大がもたらされるとの推計がある。他方で、電気代等の省エネ効果は、約七七〇億円と期待されている。

**Ⅱ—18　大型店舗の出店は、歓迎すべきである**

一九七三年、大型店は個人商店を滅ぼすとの理由から、中心街での市場競争を抑制するために、旧大店法が制定された。大型店は郊外へ追いやられ、中心街には多数のコンビニが進出することになった。地方都市においては、個人商店が廃れる一方で、スーパー、コンビニ、ラーメン店、ガソリンスタンドなどチェーン展開される店舗が進出し、均質的な商業空間を作り出している。百三十万を超える個人商店の経営者の三〇％以上が、六十歳を超えており、後継者が育っていない。

**Ⅱ—19　企業福祉を充実させると、かえって人々の勤労意欲は減退してしまう**

日本経団連が二〇〇五年に発表した「福利厚生費調査結果」によると、企業が負担する従業員一人一ヵ月あたりの福利厚生費は、過去最高の十万円台になった。福利厚生費と退職金を合わせた額は、現金給与総額の三分の一を超える。現在、企業の財政を圧迫する福祉の見直しがなされ、一部の福祉事業から撤退する企業が相次ぐようになった。他方、進研ゼミで知られるベネッセ・コーポレーション社は、新しい企業福祉政策によって、すぐれた人材を確保している。企業託児施設の設置、育児短期間勤務制度、介護時短勤務制度など、女性の働きやすさに特化した企業福祉を提供している。

**Ⅱ—20　経済成長を優先する社会は、人々の豊かな心をむしばんでしまう**

**Ⅱ—21　相続税の税率を上げて、福祉のための財源を強**

**化すべきである**

そもそも富の蓄積は、一代では困難であり、数世代かけてなされる場合が多い。もし相続税を多く支払わなければならないとすれば、当人が事業で築いた人的資源を継承してもらうインセンティヴが働かず、実りある事業が育たないかもしれない。もっとも最近では、平均寿命が八十代半ばとなり、相続する側も六十代、ということもまれではない。相続した財産は、消費されずに次世代へ相続され、デッドストックになる可能性も高い。もし高率の相続税を課せば、金持ちは課税を避けるために、自らの資産を教育投資というかたちで自分の子どもに利用すると期待される。またその税収を高齢者福祉に向けることができる。

**Ⅱ—22　政府は企業に対して、非正社員の割合をできるだけ減らし、正社員化を促す政策を施すべきである**

バブル崩壊とともに一九九二年頃からはじまった「就職氷河期」は十年以上続いた。この間に就職活動を行った千九百万人の人々を、「ロスト・ジェネレーション」という。正社員になることができず、ニートやフリーターになった人も多いとされる。景気動向に左右される世代間所得格差を是正するために、非正社員の正社員化を求める声がある。二〇〇六年の「賃金構造基本統計調査」のデータを用いて試算すると、正社員の時給は二四一〇円、非正社員の時給は一二六三円。しかし正社員は、サービス残業や休日出勤や転勤を迫られる場合も多い。そこでオランダの制度を見習い、正社員と非正社員の待遇格差を是正すれば、非正社員でも豊かに暮らしていけるのではないか、との主張もある。

**Ⅱ—23　外国人労働者をもっと受け入れるべきである**

法務省入国管理局が発表した外国人登録者の数は、二〇〇五年末現在で、二百一万千五百五十五人。職業安定所の調べによると、このうち、事業所と正式に契約している外国人労働者は約三十四万人。この他、不法就労者は約二十二万人、働いている研修・留学生は、約二十万人といわれる。外国人労働者を多く受け入れると、労働力人口の補充や、高齢者福祉サービスの面で利点があるだろう。また、寛容で「人の和」を重んじる「多民族共存国家日本」が実現できる、との意見もある。他方で、外国人労働者の受け入れは、貧困、人種差別、若年労働者の賃金下落、階級対立、などを生じさせるのではないか、との懸念もある。

**Ⅱ—24　学校で「お金の使い方・稼ぎ方」を教えるべきである**

金融広報中央委員会は、二〇〇五年度を「金融教育元年」と位置づけた。とくに力を入れているのが、小中学生と高校生への金融教育。全国約百五十の学校を「金銭・金融教育研究校」に指定し、教材の提供や講師の派遣といった支援をしている。授業の内容は、店や料理をつくると仮定して必要な材料を買い集めるゲームや、悪徳商法への注意を呼びかける講演など。はたして金融教育は、現代社会で自立するために必要なのか、それとも放縦な拝金主義へと人を堕落させるのか。

以上の命題について、それぞれA~Dの評価で判断していただいた。その結果を、左の表にしたがって点数に換算してみよう。A：そう思う＝2点、B：ややそう思う＝1点、C：ややそう思わない＝-1点、D：そう思わない＝-2点である。

次に、その結果を以下の分類にしたがって集計すると、あなたの「政治的自由度」「経済的自由度」がそれぞれ算出される。Iの命題は、3、4、5、6、9、10、11、12、14、16、18、19、20、21、22、23が「政治的自由主義スコア」に該当し、1、2、7、8、13、15、17、24が「政治的反自由主義スコア」に該当する。前者の合計から後者の合計を引くと「政治的自由度」となる。同様にⅡについても、1、4、6、7、8、9、10、11、13、14、15、16、17、18、19、23、24が「経済的自由主義スコア」、2、3、5、12、20、21、22が「経済的反自由主義スコア」に該当する命題である。前者から後者を引くと、あなたの「経済的自由度」となる。

| | Ⅰ自由 | Ⅰ反自由 | | Ⅱ自由 | Ⅱ反自由 |
|---|---|---|---|---|---|
| 1 | | | 1 | | |
| 2 | | | 2 | | |
| 3 | | | 3 | | |
| 4 | | | 4 | | |
| 5 | | | 5 | | |
| 6 | | | 6 | | |
| 7 | | | 7 | | |
| 8 | | | 8 | | |
| 9 | | | 9 | | |
| 10 | | | 10 | | |
| 11 | | | 11 | | |
| 12 | | | 12 | | |
| 13 | | | 13 | | |
| 14 | | | 14 | | |
| 15 | | | 15 | | |
| 16 | | | 16 | | |
| 17 | | | 17 | | |
| 18 | | | 18 | | |
| 19 | | | 19 | | |
| 20 | | | 20 | | |
| 21 | | | 21 | | |
| 22 | | | 22 | | |
| 23 | | | 23 | | |
| 24 | | | 24 | | |
| 計 | ① | ② | | ③ | ④ |
| 政治的自由度＝①－② | | | 経済的自由度＝③－④ | | |

白いほうに、A=2、B=1、C=－1、D=－2と数字に置き換えて書き込んでください。例えば、①が5、②が－9の場合、5－(－9)=14で、政治的自由度は「14」になる

## 2 「政治経済の羅針盤」にもとづくイデオロギー分析

### 政治経済の羅針盤マップ

さて、あなたの「政治的自由度」と「経済的自由度」は、それぞれ、どんな値になったであろうか。この二つの値を、図5－1の四象限の図に位置づけてみよう。

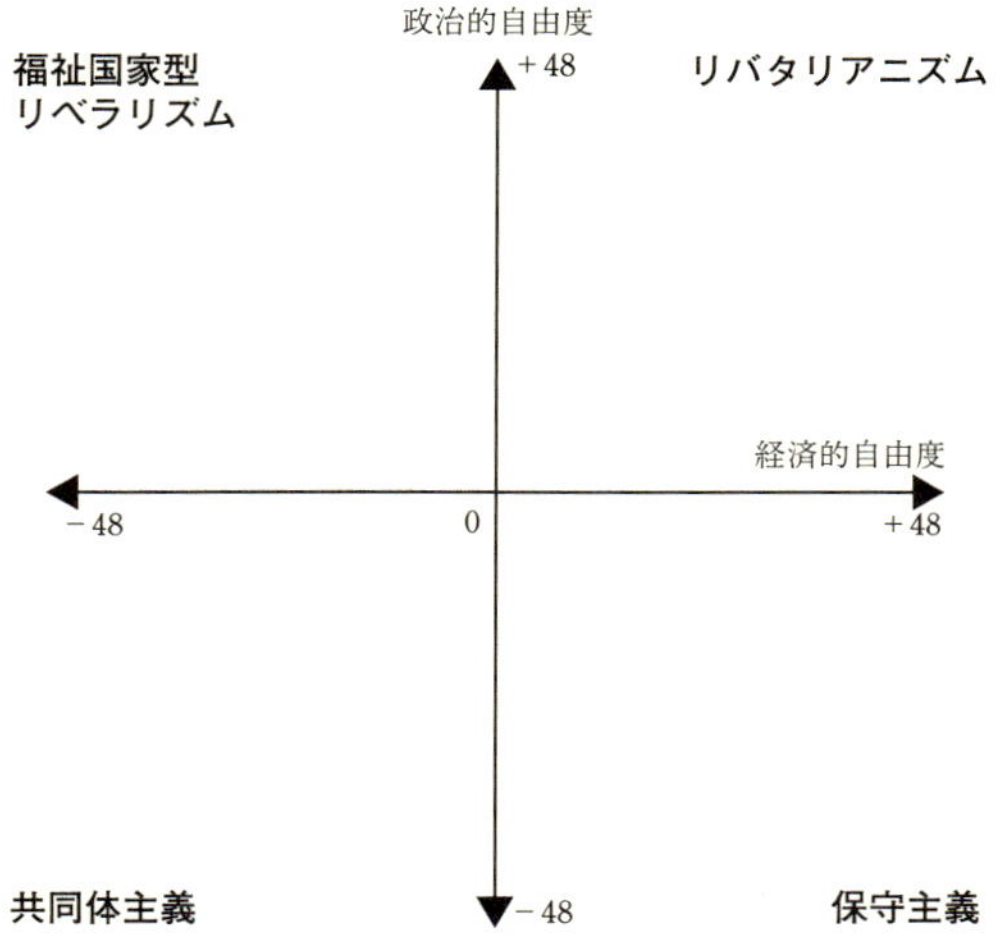


図5–1　政治経済の羅針盤マップ

図のように、「政治的自由度」と「経済的自由度」という二つの尺度を組み合わせると、四つの象限が生まれる。政治的自由度と経済的自由度がともにマイナスの場合は、これを「共同体主義」と呼ぶことにしよう[47]。共同体主義は、政治においても経済においても、自由を制約するタイプのイデオロギーである。この共同体主義の位置には、他にも「権威主義」や「共産主義」といった異なるイデオロギーも入ってくる。「政治的自由」と「経済的自由」を制約する場合、その理由として、共同体的な道徳の価値を掲げるのか、権威ある伝統の価値を掲げるのか、あるいは、人々が一体となって共振するコミュニオンの理想を掲げるのか。また、これらの諸価値にもとづいて、政治と経済をどのように運営するのか。こうした問題に応じて、イデオロギーの立場はさまざまに分岐するだろう。けれどもこの四象限図式において、「共同体主義」と「権威主義」と「共産主義」は、一つの同じ類型に分類されることになる。また「共産主義」と「全体主義」は、近い位置にある。「共同体主義」―「権威主義」―「共産主義」―「全体主義」。これらはいずれも相異なるイデオロギーであるが、ここでの分類では同じ位置にある。だからもしこの類型に分類された人は、自分がどのイデオロギーに近いのか、さらに検討してみなければならない。

これに対して、「政治的自由度」がプラスで、「経済的自由度」がマイナスの場合は、これを「福祉国家型リベラリズム」と呼ぶことができる。福祉国家型リベラリズムは、政治的には自由を求める一方で、経済的にはできるだけ市場競争の圧力に晒されず、生活において経済的関心よりも政治的・文化的な関心を優先し、品位ある市民生活を送ることが望ましいと考える。「戦後民主主義」と呼ばれる立場は、おそらくこの福祉国家型リベラリズムに分類されるであろう。この立場は、「権力抗争」と「利害抗争」をできるだけ避けて、批判的な理性にもとづく討議によって社会を運営することが望ましいと考える。他にも例えば、市民社会派、左派知識人、ポストモダン左翼、近代主義、社会民主主義、などのイデオロギーは、「福祉国家型リベラリズム」の立場を支持する傾向にあるといえる。

第三に、「政治的自由度」と「経済的自由度」がともにプラスの場合は、これを「リバタリアニズム」と呼ぶことにしよう。「リバタリアニズム」は、自由尊重主義とか自由放任主義と訳される。できるかぎり自由を求める立場である。しかし自由を最大限に求めるという人は、それほど多くない。

自由よりも豊かさが大切とか、自由よりも愛が大切、という人もいる。そこで「政治的自由」と「経済的自由」を実効的な範囲で求めるような立場は、「新自由主義」と呼ばれている。この四象限図式では、「新自由主義」は、「リバタリアニズム」の穏和な形態（あるいは不徹底な形態）として位置づけられる。もちろん「新自由主義者」は、温厚なリバタリアンとはかぎらない。自らのイデオロギーを擁護するための、より深い理由をもっている場合もある。

最後に、経済的自由度がプラスで、政治的自由度がマイナスの場合は、これを「保守主義」と呼ぶことにしよう。「保守主義」という言葉には、実にさまざまな意味がある。現状維持、伝統重視、失われた善き古き価値の再興、エリート帰依、反理性的な熟慮重視、などなど。しかしここで「保守主義」というのは、政治的自由をできるだけ制約し、経済的自由をできるだけ求めるような立場である。この立場がなぜ保守主義なのかといえば、それは歴史的にみて「福祉国家型リベラリズム」よりも前の時代の体制を理想としており、政府が諸々の市民権を保障する以前の社会にその故郷を求めるからである。もちろん現代の保守主義は、必ずしも小さな政府を求めない。政治的権威を復興するために、軍事予算の増強による大きな政府を志向するかもしれない。ここでいう「保守主義」には、古典的自由主義と呼ばれる古いイデオロギーと、新保守主義（ネオコン）と呼ばれる新しいイデオロギーの、二つの種類がある。

さて、読者はどの立場に分類されたであろうか。私たちは、「右」か「左」か、という問題から出発した。通念では、「右」とは、この図式のなかの「保守主義」であり、これに対して「左」とは、「福祉国家型リベラリズム」である。けれども、少し時代を遡って、二十世紀前半から中葉にかけての通念で言うと、「右」と「左」は、「共同体主義」内部の対立であり、すなわち、「右」は全体主義、「左」は共産主義であった。「右」と「左」という言葉は、時代によって、さまざまな意味を帯びてきた。だから私たちは、イデオロギーの中身を正確に捉えるために、「右」や「左」といった曖昧な言葉を避けて、この四象限図式（政治経済の羅針盤）を用いることにしよう（以上のイデオロギーの基礎文献については、巻末のブックガイドを参照願いたい）。

## 右／左という二分法の限界

ちなみに現代社会においても、「左」とか「右」という言葉で思想対立を論じることがある。現代の「左派」とは、人権や市民権を強調して愛国心や軍事積極主義を批判する立場であり、これに対して現代の「右派」とは、愛国心や軍事積極主義を強調して、人権や市民権を批判する立場である。左派とは、「進歩主義」であり、右派とは、「保守主義」であるといわれる。しかし「左」と「右」という言葉は、問題によっては必ずしも自明ではない。

例えば、「夫婦別姓」問題や、「街の景観規制」問題を考えてみよう。夫婦別姓を支持する立場は、いかにも進歩主義的にみえる。けれども夫婦別姓を支持する立場は、少子化現象のなかで、女子しか生まれなかった家系の伝統を廃れさせずに存続させるという、保守的な価値を強調することもある。夫婦別姓に賛成する立場も反対する立場も、保守的な価値を大切にするという意味では、どちらも「右派」ということになってしまう。また「街の景観を規制する」という問題は、伝統の再生や保存という点で「保守的」にみえるが、しかしこれまで伝統的な価値の存在しなかった郊外において新たな景観を創造する場合には、進歩的といわれるかもしれない。「街の景観規制」を支持する立場は、見方によって、保守的にも進歩的にもなる。

現代社会のイデオロギー問題は、進歩／保守の二分法では捉えられない、複雑な様相を呈している。そこで私たちは、進歩か保守か、ということよりも、「政治的自由」と「経済的自由」という二つの理念に照らして、「自由」を支持するのか、それとも「自由」に反対するのか、という問題に応答すべきであろう。「右＝保守主義」と「左＝進歩主義（＝福祉国家型リベラリズム）」という対立では、イデオロギーの対立が見えてこない。私たちは先の四象限図式を用いて、「共同体主義」「福祉国家型リベラリズム」「リバタリアニズム」「保守主義」という四つの類型を用いることにしよう。

## 四象限分類の注意点

ただし、この四象限の分類には、難点もある。政治的（文化的・道徳的）自由といっても、権力政治の次元では「自由支持」、文化意識の次元では「自由反対」、世論形成の基礎となる道徳の次元では「自由支持」、ということが生じるかもしれない。政治にもさまざまな次元があり、レベルに応じて人々の見解は、複雑に構成されているかもしれない。また、「経済的自由」といっても、コミュニティ（自発的な団体）の次元では「自由反対」、地方自治体の次元では「自由支持」、国家の次元では「自由反対」、グローバルな次元では「自由支持」、といったことが起きるかもしれない。経済にもさまざまな次元があり、レベルに応じて、どの程度の自由を求めるのか、実際には大変複雑な判断を迫られるだろう。けれどもここでは、問題を単純化して、一国レベルを想定し、政府というアクターが、「政治」ないし「経済」の分野で、どのような政策を採るべきか、という問題に焦点化したい[48]。

もう一つ、この四象限図式の「文脈依存性」について、触れておかねばならない。私が作成した「政治経済の羅針盤」は、必ずしも客観的とはいえない。アンケートにおける四十八の命題は、現代日本の問題状況をできるだけ公平に映しているとはいえ、その選び方には、私の主観的な関心が入りこんでいる。だから、もし自分の立場がゼロ地点に位置づけられたとしても、それは諸々のイデオロギーの中庸ということではない。アンケートの諸命題が変化すれば、自分の立場も異なる象限に分類されるだろう。また、時代が異なれば、あるいは文化が異なれば、あなたのイデオロギーは、別のカテゴリーに分類されたかもしれない。例えば、このアンケートのもととなったイギリスの「ポリティカル・コンパス」は、「政治経済の羅針盤」と比べて、「福祉国家型リベラリズム」の方向に中心点を少しずらしたものになっている。だから、もしあなたが先のアンケートで「福祉国家型リベラリズム」の立場に分類されたとしても、イギリスのポリティカル・コンパスでは、「保守主義」に分類されるかもしれない[49]。こうした問題が生じるので、自分のイデオロギーというものは、設問の種類や社会の文脈に依存していることに気づいておきたい。

## *3* 自分のイデオロギーを検討するために

### 学生たちの結果から見えること

さて、これまで私が「政治経済の羅針盤」のアンケートを学生に行ったかぎりでは、多くの人々は、自分のイデオロギー傾向を、四象限図式の中心付近に位置づける傾向にあった。多くの人々は、あまり極端な立場をとりたくない、ということだろうか。あるいは、まだ自分の立場が明確ではなく、それであいまいな回答をしたのだろうか。

ある人は、自分のイデオロギーがもっと極端だと思っていたのに、アンケートでは、図の中心付近に位置づけられてショックを受けたという。自分は風変わりな人間だと思っていたのに、実は、多くの人々の考え方とあまり変わらず、見解のちょっとした差に敏感になっていたことが判明したわけである。極端な立場を避けて、できるだけ中庸でありたいと望むのは、多くの人々の心理であろう。できるだけ人々の共感を得たいと望むのは、きわめて人間的な欲求であるように思われる。

しかし「中庸」であることと「イデオロギー的に軟弱」（あるいは「日和見主義」や「妥協主義」）であることは異なる。つねに極端を避け、偏らない立場に立とうとしても、それは結局、イデオロギー的にみて、骨のない軟弱な思考に陥るだけかもしれない。もし本気で「中庸」の理想を望むなら、さまざまなイデオロギー的立場を検討し、議論を尽くさなければならない。「中庸」を判断するためには、ラディカルなイデオロギーを知り、諸思想のあいだの闘争関係を踏破しなければならない。そのためには、書物を通じて、あるいは議論を通じて、さまざまな論客に学ぶ必要がある[50]。

むろん、ここで私は「中庸」の価値を賞揚しているのではない。ここで主張したいのは、諸々のイデオロギーを知ることで、「価値の全幅を経験する」ということである。ラディカルなイデオロギーの立場をおそれる必要はない。私たちは、思想的にラディカルな人々と、互いに啓発しあうような関係を築くことによって、人格の幅を広げていくことができる。

ただし誤解を防ぐために、付言しておこう。ラディカルなイデオロギーの立場に立つことが重要であるといっても、「いつも右」とか「いつも左」というのは、無思考的である。「右／左」の立場は、時間とともに変化していくからである。フランス革命期には、「右」と「左」のイデオロギー的意味が、目まぐるしく変化している。私たちがフランス革命から学ぶべき教訓は、次のようなものであろう。すなわち、筋のあるイデオロギーは、右と左の位置関係には依存していない、という事実である。筋のあるイデオロギーは、歴史状況の中で、あるときに「右」となり、あるときに「中間」となり、またあるときに「左」になる。

だから私たちは、自分のイデオロギー傾向が「右」か「左」かという疑問に、単純に答える必要はないだろう。いやむしろ、自分のイデオロギー傾向を「右」とか「左」と規定してしまう人は、一貫した思考を育んでいくことができないかもしれない。一貫したイデオロギー的立場を築くためには、「右」とか「左」といった概念を離れて、自分の立場を批判的に体系化していかねばならない。

## イデオロギーと政党政治

本章では、「政治経済の羅針盤」アンケートによって、四象限図式のイデオロギー類型をこころみた。読者は、この四象限図式のなかに自身のイデオロギーを位置づけることができたであろうか。またそのイデオロギー的位置から、投票の際にはどの政党、あるいはどの候補者に投票することがふさわしいか、みえてきたであろうか。最後にイデオロギーと政党政治の関係について考えてみよう。

イデオロギーと政党政治の関係は、単純なものではない。どの政党も候補者も、つねに一定のイデオロギーによって動いているわけではないからである。政党の内部では、さまざまなイデオロギーが混在し、政党間ではイデオロギーの重複がみられる。だから私たちは、自分のイデオロギーを明確にしたとしても、どの政党・候補者に投票すべきかについて、明確な指針を得るわけではない。政党や候補者の主張については、選挙ごとに立ち入って調べなければならない。

ところが私たちは、実際には、候補者の主義主張について深く調べずに、なんとなくイメージで政党や候補者に投票してしまうことがある。後になってから、政党や候補者に不満を抱いてしまうことも、まれではない。こうした問題を克服するために、最近「えらぼーと」や「投票ぴったん」といったウェブサイトでは、自分の主張と政党候補者の主張の「一致度」を測る試みがなされている。例えば「えらぼーと」[51]では、すべての政党候補者に、選挙で争点となっている二十一の論点に「イエス／ノー」で答えてもらい、そして政党ごとにどの政策をどれだけ推進するのかについて、集計値を出している。このウェブサイトのアンケートに答えてみると、私たちは、どの政党が自分の主張と最も一致するのか、ということを一目で理解することができる[52]。

同じ政党の候補者でも、政策についての見解はさまざまである。たとえば二〇〇五年の衆院選では、「ゆとり教育を継続か、見直しか」という問題に対して、自民党の候補者の見解は「継続」が一一％、「見直し」が八三％であった（六％は無回答）。私たちは、各政党の公式見解と各候補者の主張の差にも、敏感にならなければならない。例えば、自分が暮らす地域で自民党から公認を受けて立候補している人は、「ゆとり教育の継続」を主張しているが、しかし自民党全体としては「ゆとり教育の見直し」を支持している、という食い違いが起きるかもしれない。そこで「えらぼーと」のようなウェブサイトが役に立つ。

選挙の際にはこれらのウェブサイトを利用して、諸政党がどのような政策的主張を行っているのかについて調べてみたい。しばしば選挙の季節になると、政党がまだ政策的主張を明確にしていないにもかかわらず、自民党支持とか民主党支持といった立場をすでに決める人たちがいる。けれども私たちは、まず自分でよいと思う政策主張を判断し、それから「〇〇党」を支持する、という具合に発想したいものだ。本章の「政治経済の羅針盤」が、そのための道具となれば幸いである。

第六章

# 価値観マップを作ってみよう

## *1* 心理学的アプローチの必要性

### イデオロギーの背後にある価値観

イデオロギーの立ち位置を捉えるために、前章では「政治経済の羅針盤」を提示した。しかしこの「羅針盤」にも不十分な点がある。人々はもしかすると、自身のイデオロギーを柔軟に変化させる一方で、その背後では、比較的安定した価値観をもっているかもしれない。人は一見すると優柔不断にみえて、深いところでは一定の価値観を保持しているのかもしれない。そこで私たちは、人々の政治的態度を調べるために、イデオロギーの背後にある「価値観」にまでさかのぼって、検討する必要がある。

ここで「価値観」とは、「何が望ましいのか」についての判断の基礎を与えるような傾性（苗床）であり、それは意識的であれ無意識的であれ、人々の情動や信念によって支えられていると考えられる。「価値観」は、個々の価値判断を超えて、状況が変わった場合にも、一貫した基準から、社会の善し悪しを判断するためのビジョンを提供する。いわば、さまざまな価値判断についての抗状況的な立脚点となるのが、「価値観」である。

「価値観」は、イデオロギーの背後にあると考えられる。価値観は、人々の実際の政治行動を分析する際にも、重要になってくるだろう。例えば人は、「どの議員に投票するか」を決める際、必ずしも「リベラル」や「保守」といったイデオロギーの言語でもって判断しているわけではない。一九六四年に発表されたコンバースの古典的な論文、「公衆における信念体系の性質」［Converse 1964］によれば、アメリカ人のほとんどは、政治的態度を決める場合に、「リベラル（福祉国家型）」対「保守（小さな政府型）」という次元で物事を捉えていなかったという。別の実証分析によると、アメリカおよびイギリスでは、一九七四年から七五年にかけて、政党を評価する際にイデオロギーの用語を用いた人は、いずれも二一％にすぎなかったという［Dalton 2002］。

人は、「右か左か」とか「リベラルか保守か」と問われたら、その都度、自分の立場を明確にするだろう。けれどもふだんの生活において、政治経済の問題について、イデオロギーの用語を用いて考えているわけではない。これはしかし、やっかいな問題だ。

政治経済の問題は複雑であるから、イデオロギーの諸概念を用いなければ、価値合理的な判断をすることができないようにみえる。けれども人々は、イデオロギーとは別に、その背後にある「価値言語」でもって、意識的ないし直感的に、政治経済の問題を捉えているのかもしれない。人はときに「リベラル」となり、ときに「保守」となる。人はしかし、自分のイデオロギーを変化させるとしても、その背後の価値観において、一貫しているのかもしれない。だとすれば、私たちは背後の「価値構造」にまで踏みこんで、政治経済の問題を理解すべき、ということになろう。

そこで私たちは、政治心理学の最近の成果に接近してみたい。政治心理学のなかでも、イデオロギーの問題に踏みこんだ研究として、S・H・シュヴァルツとR・イングルハートの成果がある。本章では、この二人のアプローチを適宜修正しながら、「価値観」の問題を検討してみよう。読者は、どのような価値観を抱いて、政治経済の問題にアプローチしているのだろうか。イデオロギーの背後にある自身の価値観を、明示化してみたい。

## 2　ＰＶＱアンケート

### 価値に関する自画像を描く

最初に、イスラエルの心理学者、シャロム・Ｈ・シュヴァルツのアプローチから検討してみよう。なにはともあれ、まず以下のアンケートに答えてみたい。

このアンケートは、シュヴァルツが作成した「ポートレート的価値のアンケート（PVQ = Portrait Value Questionnaire）」（四十項目版）を翻訳して、さらに私が若干の項目を加えたものである。いわば「ＰＶＱの拡張版」である。以下の諸命題に対して、それぞれ、Ａ：とても自分に似ている／Ｂ：自分に似ている／Ｃ：どこか自分に似ている／Ｄ：少し自分に似ている／Ｅ：自分に似ていない／Ｆ：まったく自分に似ていない、のいずれかで答えてみよう。ただ回答の仕方には、注意が必要である。このアンケートの狙いは、「自分はどんな価値を評価するタイプの人間なのか」、あるいは、「自分はどんな価値を生きているのか、あるいは生きようとしているのか」という事柄を明確にすることである。「価値に関する自画像（ポートレート）」を明確にしよう、というわけである。だから例えば、ある特定の価値が、社会のなかで「一般にどれだけ重んじられているのか」を評価するのではない。

読者はもしかすると、このアンケートにおけるどの価値も、「自分にとって重要である」とか、「自分にとって重要ではない」、と感じられるかもしれない。しかしアンケートでは、それぞれの価値評価に、強弱をつけてみたい。自分は、とりわけどのような価値を求めるタイプの人間なのか、あるいは、求めないタイプの人間なのか。メリハリをつけて明確にしてみたい。

最後に、このアンケートに答える際に、価値の強弱の区分を、自分にとって有意義な仕方で設定してかまわないだろう[53]。例えば、それぞれの命題に表れる人物像について、その人が「自分に似ているかどうか」よりも、その人間像を「いまの自分がどれだけ必要としているのか」、あるいは「理想としているのか」、という点から判断することもできるだろう。回答の仕方として、「A：自分にとってとても理想的／B：自分にとって理想的／C：自分も重要と思う／D：自分もやや重要と思う／E：自分にとってあまり重要ではない／F：自分にとって重要ではない」といった区別をすることもできよう。あるいは、「A：自分にとって最高の価値をもつ／B：自分にとって意義深い／C：自分として評価できる／D：自分として評価してもよい／E：自分としてあまり評価しなくてもよい／F：自分としてとくに評価しなくてよい」といった区別をしてもよいだろう。このアンケートの主旨は、さまざまな価値のなかで、自分がどれをどれだけ重んじているのかについて、強弱をつけることにある。この点を念頭に置いて、アンケートに応じてみよう。

**PVQ拡張版アンケート**[54]

次の諸命題に、A：とても自分に似ている／B：自分に似ている／C：どこか自分に似ている／D：少し自分に似ている／E：自分に似ていない／F：まったく自分に似ていない、の6段階で答えてください。

1．新しいアイディアを考案したり、創造的になることは、彼にとって重要である。彼は、自分自身のオリジナルな仕方で、物事をなすことが好きである

2．お金持ちになることは彼にとって重要である。彼はお金を多く持って、それを物事に費やしたいと思っている

3．世界のすべての人々が平等に扱われることは、重要である、と彼は考えている。彼は見知らぬ人々に対しても、あらゆる人々に対して、正義を求めている

4．彼にとって、自分のさまざまな能力を示すことは、とても重要である。彼は人々から、自分がしていること

を褒められたいと思っている

5．安全な環境で生活することは、彼にとって重要である。彼は自己の安全を危険に晒すかもしれない事柄を避けようとする

6．彼は人生において、多くの異なる事柄をなすことが重要であると思っている。彼はいつも、試みるべき新しい物事を探している

7．人は、言われたことをなすべきである、と彼は信じている。たとえ誰も見ていなくても、人々はつねにルールに従うべきである、と彼は思っている

8．彼にとって、自分とは異なる人々に耳を傾けることは重要である。その人々に同意しない場合でさえ、彼はその人々を理解しようとする

9．彼は、人が自分でもっているものよりも多くを求めないことが重要である、と思っている。彼は人々が、自分のもっているもので満足すべきだと考えている

10．彼は、自分が楽しむことのできるあらゆる機会を探し求めている。彼にとって、自分が愉快になれることをなすことは、重要である

11．彼にとって、自分がなすことを、自分で決断することは重要である。彼は自分の活動を自分で自由に計画し、そして選択することが好きである

12．彼にとって、周囲の人々を助けることはとても重要である。彼は、他の人々の世話をしたいと思っている

13．大いに成功していることは、彼にとって重要である。彼は他の人々に、好ましい印象を与えることが好きである

14．自国（country）が内側からも外側からも脅かされずに安全であることは、彼にとってとても重要である

15．彼は危険を冒すことが好きである。彼はいつも、冒険を求めている

16．つねに適切に振る舞うことは、彼にとって重要である。彼は、人々が誤りだと言うであろう物事を、しないようにする

17．命令する立場に立って、他の人々になすべきことを告げることは、彼にとって重要である。彼は、人々が、自分の言うことをなしてほしい、と思っている

18．友人に対して忠実であることは、彼にとって重要である。彼は、親しい人々のために、自身を捧げたいと思っている

19．彼は、人々が自然を配慮すべきであると強く信じている。環境を配慮することは、彼にとって重要である

20．敬虔な心を持つことは、彼にとって重要である。彼は、自身の属する宗教（あるいは権威）の観点から求められている事柄を、努力して成し遂げようとする

21．物事が整然としていて誤りのないことは、彼にとって重要である。彼は、物事が乱雑であることを望んでいない

22．彼は、さまざまな物事に関心を抱くことが重要であると考えている。彼は好奇心を抱くことが好きであり、あらゆる種類の物事を理解しようとする

23．彼は、世界の人々が調和をもって生きていくべき

だ、と信じている。世界のあらゆる集団間で、平和を促すことは、彼にとって重要である

24. 野心的であることは重要である、と彼は思っている。彼は、自分がいかに能力があるかを示したい

25. 彼は、伝統的な仕方で物事をなすことが最善だと思っている。自分が習った習慣にしたがうことは、彼にとって重要である

26. 人生の喜びを享受することは、彼にとって重要である。彼は自分に「甘い（spoil）」態度をとることが好きである

27. 彼にとって、他の人々のニーズ（必要）に応じることは重要である。彼は、自分の知っている人々をサポートしようとする

28. 従順であることは、彼にとって重要である。彼は自分が、親や目上の人々に敬意を示すべきであると思っている

29. 彼は、たとえ自分が知らない人であれ、すべての人が公正に扱われることを望んでいる。彼にとって、社会において弱者が保護されることは重要である

30. 彼は、驚きが好きである。エキサイティングな生活をすることは、彼にとって重要である

31. 彼は、病気になることをできるだけ避けようと努めている。健康でいることは、彼にとってとても重要である

32. 人生において成功することは、彼にとって重要である。彼は、他人よりもすぐれたことをしようと努力している

33. 自分を誤解したり、不当に扱ったかもしれない人々を許すことは、彼にとって重要である。彼は、そのような人々にとって、何がよいことであるかを認識しようと努め、決して恨みを抱かない

34. 彼にとって、独立していることは重要である。彼は自分を頼りに生活したい

35. 安定した政府を得ることは、彼にとって重要である。彼は、社会秩序が保持されることに関心がある

36. 他の人々に対して、つねに礼儀正しく接することは、彼にとって重要である。彼は決して、他者を邪魔したりイライラさせたりしないようにする

37. 彼は、心から生活を楽しみたいと欲している。いい時間を過ごすことは、彼にとって、とても重要である

38. 謙遜で控えめであることは、彼にとって重要である。彼は、自分が注意を引かないように努力している

39. 彼はいつも、決定を下す人間になりたいと思っている。彼はリーダーになることが好きである

40. 彼にとって、自然に順応し、自然の中で上手に生きていくことは重要である。彼は、人々が自然を変化させるべきではない、と信じている

41. 彼にとって、自由に生きることは重要である。彼は、自分がやりたいことをして生活したい、と考えている

42. 彼は、たんなる生活経験に根ざした自分の考え方の未熟さを自覚している。彼は、賢明な英知を身につけた

いと思っている

43. 彼は、美的なものに価値を見出している。美の次元を大切にする人たちは、互いに理解しあうことができる、と彼は考えている

44. 正直に話すことは、彼にとって大切である。彼は、お互いに正直に話すことで、心を分かち合えると信じている

45. 彼は、極端に走らず、なんでも適度にすることが重要だと考えている。彼は、節度をわきまえて、穏和な生活をしたいと願っている

46. 人々が互いに是認しあうことは、重要である。そのようにして、信頼の関係を築くことが大切である、と彼は考えている

さて、上記のアンケートにA〜Fで答えたら、次ページのスコア記入欄にしたがって、それぞれの答えにスコアをつけてみよう。A＝4点、B＝3点、C＝2点、D＝1点、E＝0点、F＝-1点である。これらのスコアは、すぐ後で説明するように、二つの価値分類の仕方にしたがって計算されることになる。

記入欄にスコアを記入したら、今度はその分析に入ろう。ここで少々わずらわしい計算の作業になるが、辛抱していただきたい。以下の二つの分類に応じて、それぞれの価値スコアの「平均」を計算してみよう。例えば、分類1の最初の価値類型は、「パワー（権力）」である。これに該当するアンケート項目は、2、17、39の三つである。これら三つの項目のスコア平均は、該当するスコアを加算して、それを三で割った値である。このような仕方で、それぞれの価値類型のスコア平均を計算し、その値を次表に書きこんでみよう。するとその結果は、読者がどんな価値類型を評価しているか、ということを示している。

## PVQアンケートのスコア記入欄

| | 価値の種類 | 分類1 | スコア | 分類2 |
|---|---|---|---|---|
| 1 | 創造性（creativity） | 自己統御 | | 知的自律 |
| 2 | 富（wealth） | 権力 | | 階層支配構造 |
| 3 | 平等（equality） | 普遍主義 | | 平等主義 |
| 4 | 能力のある（capable） | 達成 | | 支配 |
| 5 | 家族の安全（family security） | 安全 | | 社会に埋めこまれた生活 |
| 6 | 変化に富んだ生活（varied life） | 刺激 | | 情緒的自律 |
| 7 | 自己規律（self-discipline） | 一致適合 | | 社会に埋めこまれた生活 |
| 8 | 心の広い（broad-minded） | 普遍主義 | | 知的自律 |
| 9 | 身の丈をわきまえる<br>（accepting my portion in life） | 伝統 | | 平等主義 |
| 10 | 愉快（pleasure） | 快楽派 | | 情緒的自律 |
| 11 | 目標を自ら選択する<br>（choosing own goals） | 自己統御 | | 支配 |
| 12 | 助けになる（helpful） | 慈愛心 | | 平等主義 |
| 13 | 成功的（successful） | 達成 | | 支配 |
| 14 | 国の安全（national security） | 安全 | | 社会に埋めこまれた生活 |
| 15 | 大胆な（daring） | 刺激 | | 支配 |
| 16 | 従順な（obedient） | 一致適合 | | 社会に埋めこまれた生活 |
| 17 | 社会における勢力（social power） | 権力 | | 階層支配構造 |
| 18 | 忠実な（loyal） | 慈愛心 | | 平等主義 |
| 19 | 自然との一体化（unity with nature） | 普遍主義 | | 調和 |
| 20 | 信心深い（devout） | 伝統 | | 社会に埋めこまれた生活 |
| 21 | 誤り・問題・障害のない（clean） | 安全 | | 社会に埋めこまれた生活 |
| 22 | 好奇心／詮索心の強い（curious） | 自己統御 | | 知的自律 |
| 23 | 世界平和（world at peace） | 普遍主義 | | 調和 |
| 24 | 野心的（ambitious） | 達成 | | 支配 |
| 25 | 伝統への敬意（respect for tradition） | 伝統 | | 社会に埋めこまれた生活 |
| 26 | 生活を楽しむ（enjoying life） | 快楽派 | | 情緒的自律 |
| 27 | 頼りになる（responsible） | 慈愛心 | | 平等主義 |
| 28 | 親や目上の人を敬うこと<br>（honoring parents and elders） | 一致適合 | | 社会に埋めこまれた生活 |

| | | | | |
|---|---|---|---|---|
| 29 | 社会的正義（social justice） | 普遍主義 | | 平等主義 |
| 30 | わくわくする生活（exciting life） | 刺激 | | 情緒的自律 |
| 31 | 健康（healthy） | 安全 | | ――― |
| 32 | 影響力のある（influential） | 達成 | | 支配 |
| 33 | 寛大な（forgiving） | 慈愛心 | | 社会に埋めこまれた生活 |
| 34 | 自律（independent） | 自己統御 | | 支配 |
| 35 | 社会の秩序（social order） | 安全 | | 社会に埋めこまれた生活 |
| 36 | 礼儀正しさ（politeness） | 一致適合 | | 社会に埋めこまれた生活 |
| 37 | 生活を楽しむ（enjoying life） | 快楽派 | | 情緒的自律 |
| 38 | 謙遜な（humble） | 伝統 | | 階層支配構造 |
| 39 | 権威（authority） | 権力 | | 階層支配構造 |
| 40 | 環境保護<br>（protecting the environment） | 普遍主義 | | 調和 |
| 41 | 自由（freedom） | 自己統御 | | 知的自律 |
| 42 | 賢明な英知（wisdom） | 普遍主義 | | 社会に埋めこまれた生活 |
| 43 | 美的世界（a world of beauty） | 普遍主義 | | 調和 |
| 44 | 正直（honest） | 慈愛心 | | 平等主義 |
| 45 | 節度のある（moderate） | 伝統 | | 社会に埋めこまれた生活 |
| 46 | 互恵的な是認<br>（reciprocation of favors） | 安全 | | 社会に埋めこまれた生活 |

## スコア平均の計算

| 分類1 | | 分類2 | |
|---|---|---|---|
| 【パワー（権力）】：社会的地位や名声、人々や財に対する支配や優越　2, 17, 39 | | 【階層支配構造（hierarchy）】：定められた役割や財を、階層的に割り当てることの正当性を強調する　2, 17, 38, 39 | |
| 【達成（achievement）】：諸々の社会的な基準にしたがって、力量を示して個人として成功すること　4, 13, 24, 32 | | 【支配（mastery）】：積極的な自己主張を行い、自然環境や社会環境を変化させて統御すること　4, 11, 13, 15, 24, 32, 34 | |
| 【快楽派（hedonism）】：自分のための愉快と感覚的満足　10, 26, 37 | | 【情緒的自律（affective autonomy）】：感情的に正の意味をもつ経験を、個人が自律的に追求することを促進・擁護する　6, 10, 26, 30, 37 | |

| | | | |
|---|---|---|---|
| 【刺激（stimulation）】：興奮、新奇さ、生活の変化　6, 15, 30 | | 【知的自律（intellectual autonomy）】：自己の知的な諸支配を追求するために、個人の自律した考え方や権利を促進・擁護する　1, 8, 22, 41 | |
| 【自己統御（self-direction）】：独立した思考による行為の選択、創造、探求　1, 11, 22, 34, 41 | | 【平等主義（egalitarianism）】：人々の厚生を促進するよう積極的に関わり、自己の利害を超越すること　3, 9, 12, 18, 27, 29, 44 | |
| 【普遍主義（universalism）】：理解、正しい評価力、寛容、人々の厚生の擁護、自然の擁護　3, 8, 19, 23, 29, 40, 42, 43 | | 【調和（harmony）】：環境・状況のなかに調和して適合すること　19, 23, 40, 43 | |
| 【慈愛心（benevolence）】：よく会う人々の厚生を守り促進すること　12, 18, 27, 33, 44 | | 【社会に埋めこまれた生活（embeddedness）／保守主義（conservatism）】：現状維持や礼儀作法の強調、連帯した集団や伝統的秩序を妨害するような行為・傾性の抑制　5, 7, 14, 16, 20, 21, 25, 28, 33, 35, 36, 42, 45, 46 | |
| 【伝統（tradition）】：尊敬、伝統的な文化や宗教がもたらす慣習と考え方を受け入れ、コミットメントすること　9, 20, 25, 38, 45 | | | |
| 【一致適合（conformity）】：他者を狼狽させたり害したりしがちな、あるいは、社会的な諸々の期待や規範を侵しがちな諸々の行為・傾性・衝動を慎むこと　7, 16, 28, 36 | | | |
| 【安全（security）】：社会や人間関係や自己について、安心・調和・安定であること　5, 14, 21, 31, 35, 46 | | | |

## 3　分類の説明

### シュヴァルツの分類

さて、これまで私たちは、二つの異なる分類表を用いて、自己の価値観を分析してきた。ここで二つの分類の主旨について説明しよう。この二つの分類表は、いずれもシュヴァルツが作成したもので、第一の分類は、「個人の主観レベル（あるいは動機レベル）」、第二の分類は、「各国の文化レベル」での価値観をそれぞれ類型化したものである[55]。シュヴァルツはこれら二つの分類表を、分析に応じて使い分けている。いずれも、ほぼ同じアンケートから作成された分類であるが、価値項目の分類の仕方が異なっている。

価値項目の位置が異なる理由は、個人レベルと文化レベルとでは、価値のカテゴリーにズレが生じるからである。例えば「社会における勢力」は、個人の主観では、「パワー（権力）」の一つとして求められるが、「パワー（権力）」への関心は、それ自体としては文化的価値とは言われない。シュヴァルツによれば、「文化」とは、他者との相互依存関係のなかで成立するものであり、文化的価値は「他者との関係」を配慮するものでなければならない。そこで文化レベルでは、「社会における勢力」は「階層支配構造（ヒエラルキー）」という文化価値に照らして求められる、とみなされる。

同様のことは、「快楽」価値にも当てはまる。「快楽」をそれ自体として追求することは、個人の主観では、「快楽派（快楽主義）」の一つとみなされよう。ところが「快楽派（快楽主義）」という言葉は、文化的価値とは言われない。そこでシュヴァルツは他者との関係を意識して、これを「情緒的自律」というカテゴリーのもとに分類している。快楽を求める人は、動機としては「快楽派」に属するかもしれないが、文化価値の次元では、情緒的な自律を目的としている、とみなされるわけである。

このようにシュヴァルツは、個人レベルと文化レベルの違いに注目して、二つの異なる価値類型を試みている。私たちは実際、価値の言語を用いるさいに、「個人の主観」レベルと「文化価値」のレベルを、使い分けているだろう。この使い分けに着目したシュヴァルツの研究は、次のような成果を挙げている。

まず、個人的主観の価値類型（分類1表）による分析では、シュヴァルツはなんと、世界各国の人々が、統計的に有意なかたちで、価値を同じように順位づけている、ということを実証している[56]。それぞれの国を代表する平均的な人々（十三ヵ国のデータ）の順位づけでは、⑴慈愛心、⑵＝⑶自己統御と普遍主義、⑷安全、⑸一致適合、⑹達成、⑺快楽派、⑻刺激、⑼伝統、⑽権力、という順になる。またこれとほぼ同様に、五十六ヵ国の「学校の先生たち」のアンケートでは、価値の順位づけは、⑴慈愛心、⑵自己統御、⑶普遍主義、⑷安全、⑸一致適合、⑹達成、⑺快楽派、⑻伝統、⑼刺激、⑽権力、となる。さらに、五十四ヵ国における「生徒たち」のアンケートでは、価値の順位づけは、⑴慈愛心、⑵自己統御、⑶普遍主義、⑷達成、⑸安全、⑹一致適合、⑺快楽派、⑻刺激、⑼伝統、⑽権力、となる。いずれにせよ、価値の順位づけは国ごとに異なるのではなく、むしろ「汎文化的」に普遍であり、職業や役割ごとに異なるということが、シュヴァルツによって明らかにされた。これは大きな研究成果であろう。世界の人々は、およそ価値の普遍的な構造のなかで思考し、しかも同じような仕方で価値を序列づけている、ということが明らかになったのだから。

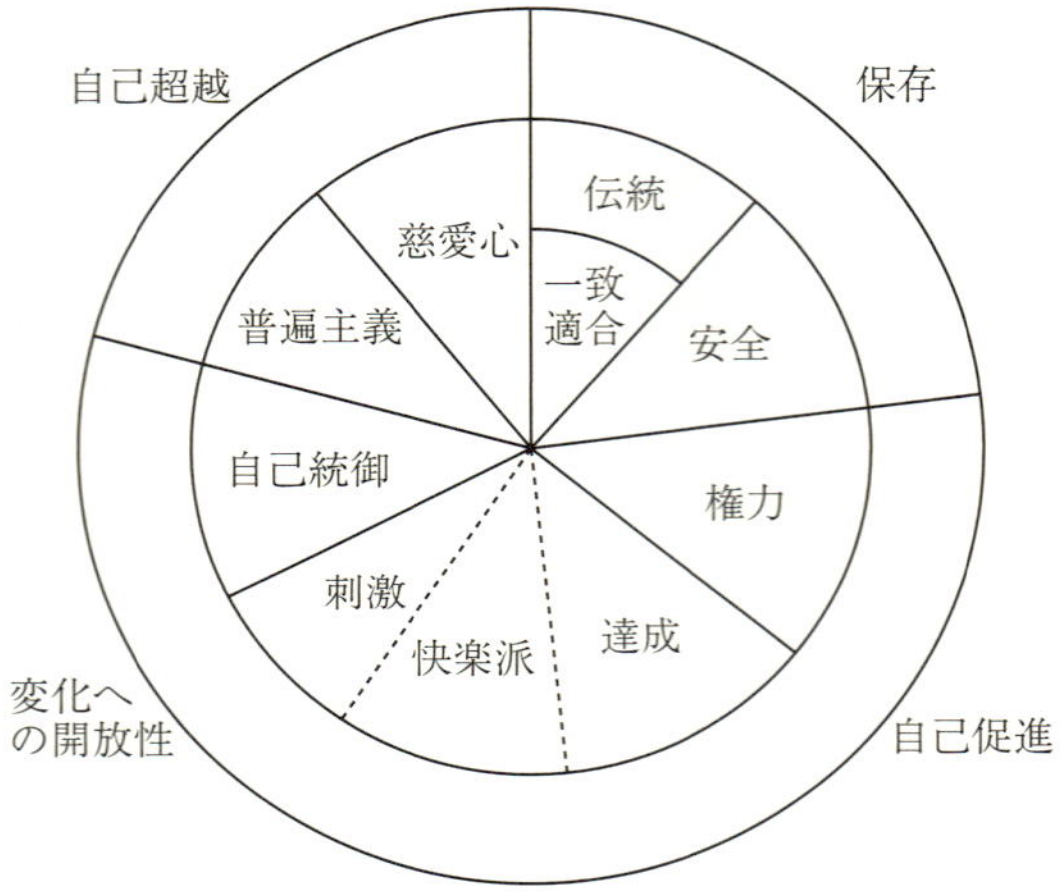


図6–1　価値類型の分類表1 57

## 価値構造の二つの図

この個人の主観レベルでの普遍的な価値構造を、シュヴァルツは、図6－1のように図示している（この後の図との関係で、約九〇度左に反転させてある）。シュヴァルツは、人間の抱く価値が「生物的・社会的なニーズ」によって規定されているとの発想から、価値の十類型を作り、さらにこれらの価値類型が、高次の次元では、「自己促進」対「自己超越」、および、「保存」対「変化への開放性」という二つの対立軸によって、緊張関係に置かれると考えた。例えば「達成」の追求は、「慈愛心」の追求と拮抗する。こうした価値の拮抗関係は、アンケート結果の九五％から実証される、とシュヴァルツはいう。自己を促進しようとする関心は、自己を超越しようとする関心と拮抗し、自己を保守しようとする関心は、変化に対して開かれていることと対立する。こうした二つの拮抗関係のなかで、人々は自分の軸足を、いずれか一方の価値へと下ろすことになる、と考えられる。

他方で、シュヴァルツは文化レベルでの価値構造を、図6－2のように図示している。先の図6－

1（個人の主観レベルの価値構造）と比較してみると、個人の主観レベルでは「保存」と呼ばれたものが、文化レベルでは「依存的関係形成」とほぼ対応している。また、個人の主観レベルでは「自己促進」と呼ばれたものが、文化レベルでは「現実の受容と正当化」とほぼ対応している。ただ、この文化レベルの価値構造図式は、先の個人レベルの価値構造図式ほど普遍的とはいえない。むしろこのモデルにはシュヴァルツの価値関心が表れているように思われる。この点について、すこし説明を補いたい。

シュヴァルツが「文化レベルの価値」において注目するのは、次の四つの対立軸である[59]。

(1)「人々の関係のなかに自発的に参加する自律した主体」対「相互依存関係の内部に意味を見出す主体」（「知的自律／情緒的自律／平等主義」対「社会に埋めこまれた生活」）

(2)「平等の選好」対「人々および資源分配に関する階層的な対処」（「平等主義」対「階層支配構造／支配」）

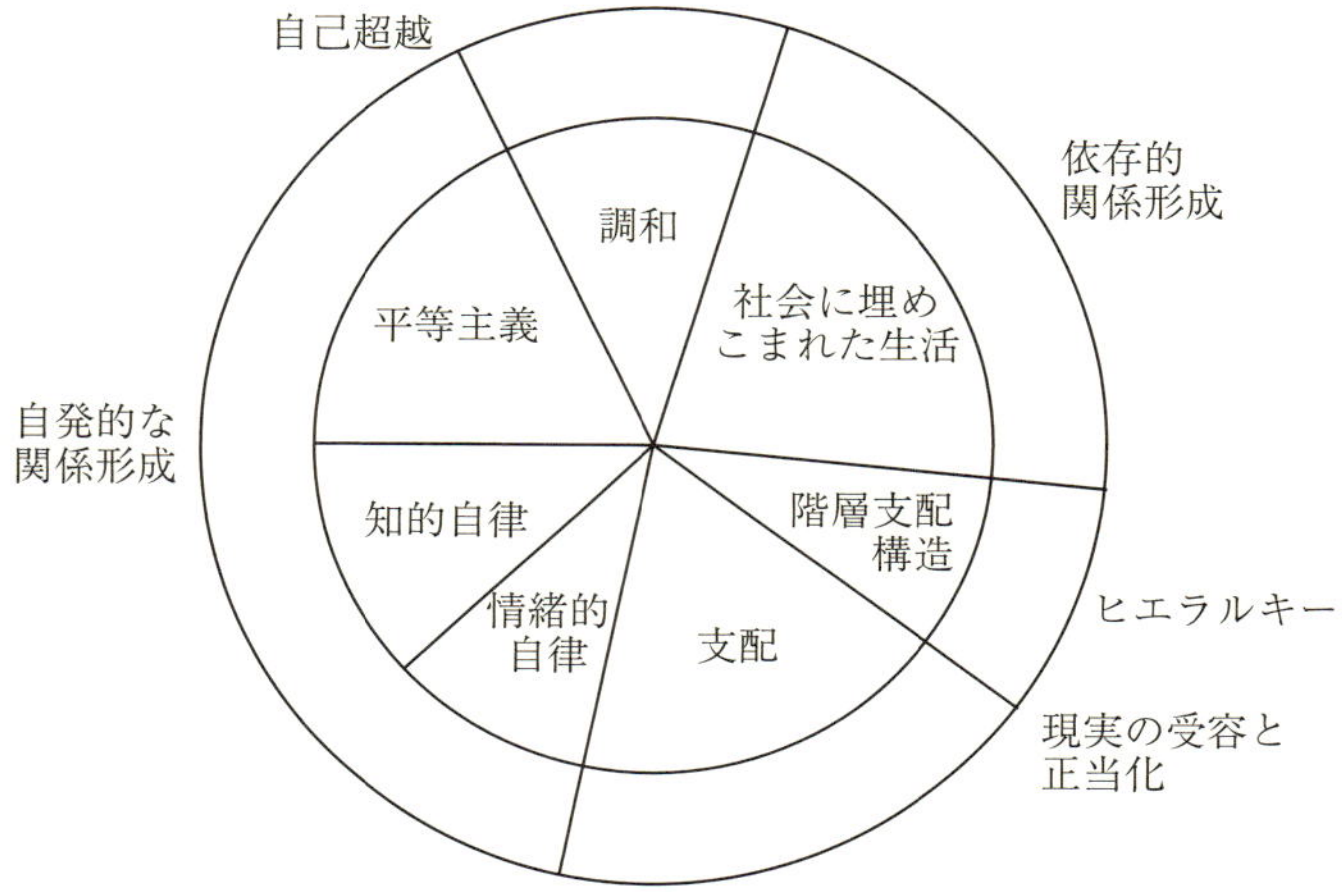


図6-2　価値類型の分類表2 58

(3)「変化の選好」対「社会的・物質的環境の保存」(「支配／ある程度の情緒的自律」対「調和／ある程度の社会に埋めこまれた生活」)

(4)「個人ないし集団の利害追求の正当化」対「自己および集団内の利害を超越すること」(「階層支配構造／支配」対「平等主義／調和」)

このうち、(3)と(4)は、大雑把に言って、個人の主観レベルの価値構造図式における二つの対立軸、すなわち、「自己促進」対「自己超越」、および、「保存」対「変化への開放性」のふたつに対応している。これに対して、(1)の対立軸は、「自発的結社／非自発的集団」という区別への関心から、そして、(2)の対立軸は、「設計主義的な平等化政策／階級不平等社会」という、社会主義的理想への関心から、それぞれ類型化されている。つまり、シュヴァルツの文化価値理論は、「自発的な集団形成にもとづく平等の実践」という価値への関心から、それぞれの価値項目を並べ替えているわけである。私たちは、こうしたシュヴァルツの価値関心に、留意しておかねばならない。

シュヴァルツの価値関心である「自発的な集団形成にもとづく平等の実践」は、戦後の日本社会においても高く掲げられた理想であった。戦前・戦時中の日本社会は、封建的かつ全体主義的な倫理風土の中で、人々は、なかば強制的に国家に従属させられ、階層的な支配構造のなかで抑圧されてきたといえる。これに対して戦後日本の知識人たちは、新たな市民社会を形成すべく、「自発的な集団形成」と「非-階層支配的な秩序(すなわち平等な人間関係)」を理想としてきた。おそらくシュヴァルツの場合も、全体主義の時代経験から、同様の価値関心にもとづいて、「文化レベルの価値構造」を分類したのかもしれない。

## 4 文化的価値構造とイデオロギーの関係

### 世界各国の結果をマッピング

いずれにせよ、シュヴァルツはこの文化レベルの価値構造図式を用いて、興味深い研究を行っている。文化価値に関する人々の評価平均を各国ごとに計算し、その値を図6－3のようにマッピングしたのである［Schwartz 2004］。この図をみると、いろいろなことが分かってくる。例えば、スウェーデン、ノルウェー、フィンランドといった北欧諸国は、「平等主義」を重んじる傾向がみられる。しかも同じ傾向にある国として、スペインやイタリアが位置づけられる、というのも興味深い。また、ドイツ、オーストリア、デンマーク、スイス、フランスといった欧州諸国は、「知的自律」を重んじる傾向がみられる。これまで日本の知識人が、なぜこれらの国の文化を評価してきたのかといえば、それは、これらの国が「知的自律」を評価する風土をもっていたからであろう。

こうした欧州諸国とは対照的に、オーストラリア、アイルランド、ニュージーランド、イギリスといった英語圏の国々は、「知的自律」よりも「情緒的自律」を重んじる傾向がみられる。これらの国では、「知識」よりも「刺激や快楽」が求められる。十八世紀から十九世紀にかけて、ヨーロッパ大陸で培われた「大陸型の合理主義＝フランス啓蒙主義による知的自律の思想」と、イギリスで培われた「経験的合理主義＝スコットランド啓蒙思想による慣習的合理性の思想」の違いは、思想史上の大きな対立とされている。この対立は現在においても、「知的自律」と「情緒的自律」の対比となって

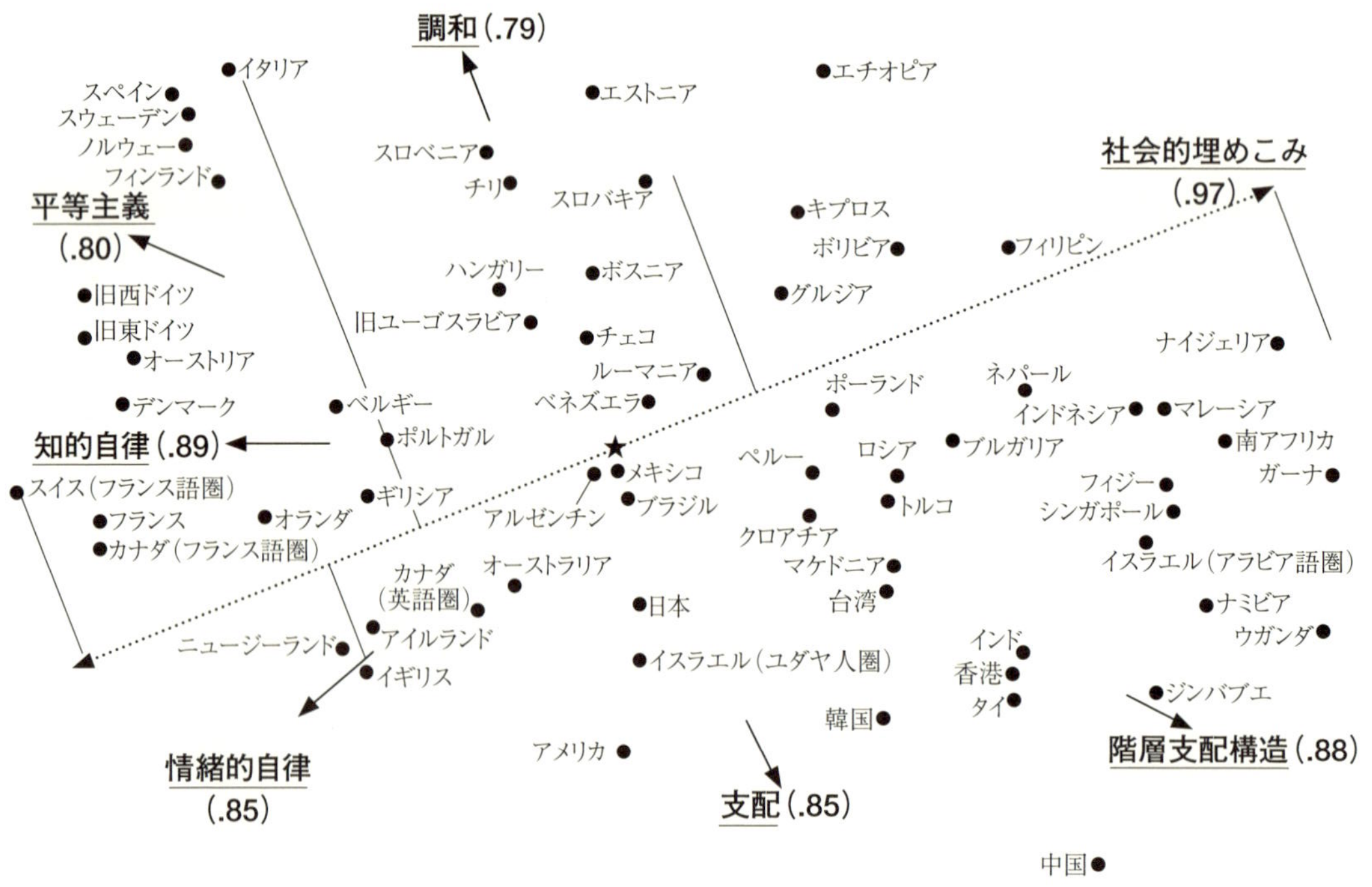


図6-3　文化価値に関する評価平均のマッピング

現れている、とみなすことができよう。

アジアの諸国はどうかといえば、台湾、インド、香港、タイ、韓国、中国といった国々は、すべて「階層支配構造」と「支配」を重んじる傾向にある。俗に「アジア的価値」と呼ばれているのは、こうした二つの文化的価値であろう。

## 日本人の例外的な価値構造

ただここで注意したいのは、日本人の文化的価値観である。シュヴァルツは日本人の文化価値について、重要な注釈を加えている[60]。それによると、世界のなかで日本人だけは著しい例外であり、日本人は例えば、「階層支配構造」と「調和」という相反する価値を同時に支持する。けれども日本人は、ちょうどそのあいだに位置する「社会に埋めこまれた生活」を重んじていない。また日本人は、「知的自律」を重んじるけれども、ちょうどそれに近接する価値、すなわち「平等主義」を重んじていない。それゆえシュヴァルツによれば、日本の文化価値の特色は、図の中央付近に位置づけられるものの、その意味する内容は、他の諸国とはまったく異なるというのである。

もともとシュヴァルツは、次のような仮説から分析を行った。すなわち、人がある価値を支持する場合には、その価値を単独で支持するのではなく、それに近接するさまざまな価値を同時に支持している、という仮説である。この仮説は、ほとんどすべての国で実証されており、価値の隣接関係を図で表示したものが、先の「価値類型の分類表1、2」であった。しかしこの図式において、日本人だけが例外であり、ある価値を支持する際に、それと隣接する価値を支持しないケースがみられる。価値の隣接関係が、世界標準とズレているのである。日本人だけが、世界標準の価値構造とは別の、例外的な価値構造をもっているというのは、興味深い発見である。この点を考慮した上で、シュヴァルツの文化価値分析から得られる最大の理論的知見は、次のようなものであろう。

## 人々はイデオロギーを簡単に変える?

一般に、平等主義とリバタリアニズム（自由放任主義）は、対極に位置するイデオロギーであるとみなされる。平等主義は経済的自由を否定し、リバタリアニズムはこれを全面的に肯定するからである。しかしシュヴァルツの研究によれば、これら二つのイデオロギーは、心理的に近いところにある。文化的価値としては、平等主義と自由は、心理的に隣接している。この二つの価値の対極にあるのは、「階層支配構造（ヒエラルキー）」である。平等主義とリバタリアニズムはいずれも、階層支配構造を否定する点で、心理的に類縁している。だから人々は、自らの文化的な価値構造を一定にしたまま、「平等主義」から「リバタリアニズム」へ、あるいは反対に「リバタリアニズム」から「平等主義」へと、容易にイデオロギーを変更することができると考えられる。

同様に、地域コミュニタリアニズム（地域共同体主義）と国家コミュニタリアニズム（国家共同体主義）は、国家の役割と意義をめぐって、対極にあるイデオロギーである。地域コミュニタリアニズムは、「社会に埋めこまれた生活」を重んじて、そこに国家が官僚主義的に介入することを嫌う傾向にある。これに対して、国家コミュニタリアニズムは、「社会に埋めこまれた生活」をいったん解除し、国家による社会の包摂を企てる。地域コミュニタリアニズムは「反（脱）近代主義」、これに対して、国家コミュニタリアニズムは「近代主義」、という大きな違いがある。ところが心理学的にみると、「社会に埋めこまれた生活」と「階層支配構造」は、いずれも類縁した価値である。だから人々は、自らの文化的な価値構造を一定にしたままで、「地域コミュニタリアニズム」から「国家コミュニタリアニズム」へ、あるいは反対に、「国家コミュニタリアニズム」から「地域コミュニタリアニズム」へと、容易にイデオロギーを変更することができるだろう。

これに対して、イデオロギーとしては親和的だが心理的に難しいのは、「地域コミュニタリアニズム」から「リバタリアニズム」に移ることであり、また、「国家コミュニタリアニズム」から「平等主義」へ移ることである。イデオロギーの点では、「地域コミュニタリアニズム」と「リバタリアニズム」は、いずれも国家の規模を縮小しようとする点で類似している。また「国家コミュニタリアニズム」と「平等主義」は、いずれも、国家の役割に大きな期待を寄せる点で類似している。しかし心理的には、いずれのペアも、相容れないイデオロギーなのである。

最後にもう一つ、シュヴァルツの研究から得られる知見として、人々はもしかすると、文化レベルにおける自身の価値構造を安定させたまま、政治経済上のイデオロギーを容易に変更するかもしれない。「右派」から「左派」へ転向したり、「左派」から「右派」へ転向することは、もしかすると、比較的安定した文化的価値構造のなかで遂げられるかもしれない。イデオロギーの変更は、人生の大転換ではないかもしれない。ただしこの推論は、あくまでも仮説であって、長い時間でみると、実は「文化的価値構造」も変化していくだろう。数十年という長期でみれば、イデオロギー的立場のほうがあまり変化しないかもしれない。少なくとも私の場合、この十年間で変化したのは、相対的にみて、文化的価値構造のほうであって、イデオロギー的傾向は比較的安定している。こうしたことも起こるので、ここで得られる知見は、あくまでも仮説にすぎないことを、断っておかねばならない。

## 5　文化的価値構造と下部構造

私たちは自分のイデオロギー的な立場よりも、その背後にある文化的価値構造を一貫させようとする。これがシュヴァルツの研究から得られる知見（推測）であった。では「文化的価値の構造」は、どのように形成されるのだろうか。また文化的価値の構造は、時代や状況に応じて、どのように変化するのだろうか。

### 下部構造が規定するのか

マルクス的に考えてみると、文化的価値の構造は、経済の下部構造によって規定されている、と言えるかもしれない。では実際、文化的価値は、どの程度まで、経済の下部構造によって影響されるのだろうか。こうした問題を考える際に、ロナルド・イングルハートの研究が大いに参考になるだろう。イングルハートはシュヴァルツと並び称される政治心理学者で、これまで、価値観の変化について、世界的な統計を駆使して総合的な研究を行ってきた。以下ではイングルハートの研究を参照しつつ、文化的価値構造の変化について考えてみたい。

ここで問題となるのは、次の点である。多くの人々は、無意識のうちに、一定の「文化的価値構造」を抱いているだろう。人々の「文化的価値構造」が安定しているとすれば、それは、人々の生活があまり変化していないか、あるいは、私たちの暮らす社会が比較的安定しているからかもしれない。とすれば、各人の「文化的価値構造」は、自分で形成したものというよりも、むしろ社会的・経済的な要因によって、すでに他律的に形成されてしまったもの、といえる。

このように考えてみると、人々の価値観は、つまるところ被決定的であって、自主的に生み出されたものではない。私たちが自分自身の「文化的価値構造」を言語化して一貫させようとしても、それは結局、自分が置かれた社会的・経済的な影響関係を、明らかにするにすぎないのかもしれない。私たちは、自分の「文化的価値構造」について、主体的な意見を形成していない。文化的価値構造は、下部構造の反映にすぎないかもしれない。

こうした考え方は、しかし、どこまで正しいのだろうか。前節で紹介したシュヴァルツの研究は、イデオロギーの背後にある文化的価値の構造を明らかにし、その価値に関する各国の平均値が、それぞれ異なることを明らかにした。けれども時系列的にみて、文化的価値の構造がどのように変化するのかを、明らかにしたわけではない。これに対してイングルハートの研究は、文化的価値構造と下部構造（社会の発展段階）の関係を考える上で、大いに示唆的である。

## 二つの対立軸

イングルハートの分析は、シュヴァルツの分析よりも単純ではあるが、単純なだけ、いっそう明快な結論を導き出すことに成功している。シュヴァルツは価値観の四つの対立軸に注目したが、イングルハートは、二つの対立軸のみに注目する。すなわち、「伝統的価値」対「世俗‐合理的価値」、および、「生存価値」対「自己表現価値」である。

ここで「伝統的価値」と「世俗‐合理的価値」の対比は、いわば「前近代社会の価値観」と「近代社会の価値観」の対比である。社会が近代化するにつれて、封建的な社会におけるさまざまな価値は衰退し、代わって、世俗社会を合理的・理性的に運営するための、さまざまな価値が台頭する。「世俗‐合理的価値」は、近代の合理化とともに進展すると考えられる。

これに対して、「生存価値」と「自己表現価値」の対比は、いわば「産業社会の価値観」と「ポスト産業社会の価値観」の対比である。産業社会（工業社会）においては、知的自律や市民活動、あるいは自己表現や自分らしさといった事柄よりも、なによりもまず、社会全体を発展させ、またそのなかで、自らの経済的・物質的な水準を引き上げることが重視される。文化的に贅沢なことよりも、社会のなかでサバイバル＝生存するための、厳しい規律や道徳が要求される。これに対して、社会がある程度まで豊かになり、モノが溢れる「ポスト産業社会（サービス産業社会）」になると、サバイバルの圧力は弱まり、代わって人は、「人間らしさ」や「文化的多様性」を求めるようになる。いま以上に物質的な豊かさを追求するよりも、自分の実存的な問題や、他者に対する寛容の問題のほうが、重要になってくる。これらの価値を、イングルハートは、まとめて「自己表現価値」と呼んでいる。「自己表現価値」とは、その人が「自己表現欲」を旺盛にもっているかどうか、ということではない。むしろ、経済的・物質的な水準を確保することとは別に、人間的・文化的に大切とみなされる諸々の価値を指している。

以上の二つの対立軸、すなわち、「伝統的価値」対「世俗‐合理的価値」と、「生存価値」対「自己表現価値」という対立軸に照らして、読者は自身の価値観を、どのように位置づけるであろうか。読者は、伝統的価値と世俗的‐合理的価値の、どちらをどれだけ重んじるだろうか。また読者は、生存価値と自己表現価値の、どちらをどれだけ重んじるだろうか。この問題について、イングルハートが作成したアンケートの拡張版を用いて、検討してみよう。

## 6　イングルハートのアンケート［拡張版］

### 自分の価値傾向を知る

イングルハートは、「伝統的価値」対「世俗‐合理的価値」という価値対立と、「生存価値」対「自己表現価値」という価値対立について、それぞれ具体的な諸命題を用いたアンケートを作成している［Ingrehart and Welzel 2005: Ch.2.］。アンケートの仕方は簡単である。以下の諸命題に対して、端的に「イエス」か「ノー」で答えると、読者は自分の価値傾向を知ることができる。

なお、カッコ内の数字は、その命題が、「伝統的価値／世俗‐合理的価値」の対比にどれだけ相関しているかを示している。例えば、カッコ内の数字が0.89の場合、この命題を支持する人は、八九％の程度で、伝統的価値を支持する、という意味になる。反対に、もしこの命題を支持しない人は、八九％の程度で、世俗‐合理的価値を支持する、という意味になる。以下のアンケートでは、それぞれの命題に対して、まず「イエス／ノー」で答え、次にその答えを（+1/−1）で評価し、その値にカッコ内の数字をかけ合わせてみよう。そしてその値をすべて加算した値が、自身の価値観の値となる。例えば、以下の二十九の命題に対して、すべて「イエス」と答えると、それはすべて「伝統的価値」を支持するという意味なので、価値観の値は、(1×0.89)+(1×0.88)+(1×0.81)……=17.8となる。反対に、もしすべての命題に「ノー」と答えるなら、それはすべて「世俗‐合理的価値」を支持するという意味になり、その値は、−17.8となる。

「生存価値」対「自己表現価値」に関するアンケートも、同様の計算方法である。もしすべての命題に対して「イエス」と答えると、その値は22.85となり、反対に、もしすべての命題に対して「ノー」と答えると、その値は、-22.85となる。では、以下の二つのアンケートに挑戦してみよう。

**「伝統的価値」対「世俗 - 合理的価値」に関するアンケート**

（以下の諸命題に、「イエス／ノー」で答えてください。そして、カッコ内の数値に、イエスなら1をノーなら-1をかけ合わせ、その値を集計してください）

1 宗教は人生においてとても重要である（0.89）
2 天国（極楽）の存在を信じている（0.88）
3 人生の主な目標の一つは、両親が自分を誇りに思うようになることである（あった）（0.81）
4 地獄の存在を信じている（0.76）
5 規則的に教会に出席している（0.75）
6 国の諸教会に、大きな信頼を寄せている（0.72）
7 宗教から、なぐさめや、よりどころを得ている（0.71）
8 自分を「信心深い人」であると思う（0.66）
9 安楽死はけっして正当化することができない（0.65）
10 労働は、生活においてとても重要なことである（0.63）
11 いま暮らしている場所では、輸入品の販売に対して、もっと厳しい規制を設けるべきである（0.61）
12 自殺はけっして正当化することができない（0.60）
13 親の義務は、自身の生活を犠牲にしてでも、子供のために最善を尽くすことである（0.57）
14 政治については、めったに、あるいはまったく、議論しない（0.57）
15 右派 - 左派という図式でいうと、自分は右派に位置づけられる（0.57）
16 離婚はけっして正当化することができない（0.56）
17 善と悪について、諸々の絶対的に明確な基準（ガイドライン）が存在する（0.56）
18 自身の諸選好を明確に示すことは、他者の諸選好を理解することよりも、重要である（0.56）
19 自国の環境問題は、それに対処するためのいかなる国際的取り決めがなくても、解決することができる（0.53）
20 もし妻が夫よりも多く稼ぐ場合には、ほとんど必ず問題が生じるだろう（0.49）
21 人は両親を、その振る舞いがいかなるものであれ、つねに愛し、尊敬しなければならない（0.45）
22 家族は、人生においてとても重要である（0.43）

23　軍部が国を統治することを、比較的好ましいことだと思う（0.41）
24　比較的多くの子供をもつことは、好ましいと思う（0.40）
25　神は、人生においてとても重要である（0.70）
26　子供にとって、独立や自己決定を学ぶことよりも、従順さや宗教的信念を学ぶことのほうが重要である（0.61）
27　妊娠中絶は、けっして正当化することができない（0.61）
28　国の誇りについて、敏感である（0.60）
29　権威を比較的敬うほうである（0.51）

「生存価値」対「自己表現価値」に関するアンケート

1　男性は女性よりもすぐれた政治的指導者になる（0.86）
2　自分の家計の状況に不満を抱いている（0.83）
3　女性は、人生に満足するためには子供をもつ必要がある（0.83）
4　外国人、ホモセクシュアル、あるいはエイズ患者を、隣人として受け入れたくない（0.81）
5　技術の発展について、もっと強調すべきだと思う（0.78）
6　環境を守るために、モノをリサイクルしたことがない（0.78）
7　環境を守るための集会に参加したり、請願書に署名したりしたことがない（0.75）
8　職を探すときに重要な点は、達成感を得ることや好きな人々といっしょに働くことよりも、よい収入と安全な仕事を得ることである（0.74）
9　国営の企業や事業を、比較的好ましいと思う（0.74）
10　子供は、父親と母親の両方が幸せに育ててくれるような家庭を必要としている（0.73）
11　自分の健康状態を「とてもよい」と言葉で表現することはしない（0.73）
12　人は両親を、その振る舞いがいかなるものであれ、つねに愛し、尊敬しなければならない（0.71）
13　職が少ない場合には、男性は女性よりも職を得る権利がある（0.69）
14　売春は、けっして正当化することができない（0.69）
15　政府は、誰もが食べていけるように保証するために、もっと責任をもつべきである（0.68）
16　自分の人生は、それほど自由に選択したり制御したりすることはできない（0.67）
17　高等教育（大学）は、女子よりも男子にとって、いっそう重要である（0.67）
18　お金や物質的な所有をあまり強調しないことは、好まない（0.66）
19　前科のある人を、隣人として受け入れたくない

(0.66)

20 一生懸命に勉強することは、子供に教えるべき最も重要な事柄の一つである (0.64)

21 想像力（イマジネーション）は、子供に教えるべき最も重要な事柄の一つではない (0.62)

22 他者に対する寛容と敬意は、子供に教えるべき最も重要な事柄の一つではない (0.62)

23 諸々の科学的発見は、人間性を損なうよりも、むしろ人間性に貢献するだろう (0.60)

24 余暇は、生活においてあまり重要ではない (0.60)

25 友人は、生活においてあまり重要ではない (0.58)

26 議会や選挙に悩まされる必要のない強力な指導者を得ることは、政府のすぐれた形態といえるかもしれない (0.56)

27 ボイコット運動には参加したことがないし、また参加しないだろう (0.56)

28 国営・公営の企業や事業を増やすべきである (0.55)

29 民主主義は、最善の政府形態というわけではない (0.45)

30 より貧しい国々に対して経済援助を送ることには反対である (0.42)

31 自己表現や生活の質よりも、経済的・物質的な水準の確保が優先される (0.49)

32 自分はあまり幸福ではない (0.59)

33 ホモセクシュアルは、けっして正当化されない (0.58)

34 請願書や陳情書に署名したことはないし、これからもしないだろう (0.54)

35 人を信用するときは、とても注意深くあらねばならない (0.44)

以上の二つのアンケートにおいて、それぞれ価値観の集計値を計算してみよう。自分は、どれだけ伝統的価値を重んじているだろうか、また、どれだけ生存価値を重んじているだろうか。図6－4のなかにその値を位置づけてみよう。

## 7 イングルハートの価値マップ

## やはり下部構造が要因か？

以上はイングルハートのアンケートの拡張版であったが、イングルハートはこのアンケートの簡略版を用いて各国の平均値をそれぞれ算出し、さまざまな分析結果を導き出している［Ingrehart and Welzel 2005: Ch.2］。ここで簡易版のアンケートとは、「伝統的価値」対「世俗－合理的価値」に関するアンケートの25から29までの五つの命題と、「生存価値」対「自己表現価値」に関するアンケートの31から35までの五つの命題の、合わせて十命題からなる。この十命題は、他の命題と比べてとくに重要というわけではないが、命題の数をうまく絞ることで、イングルハートは各国のデータを有意義に比較している。

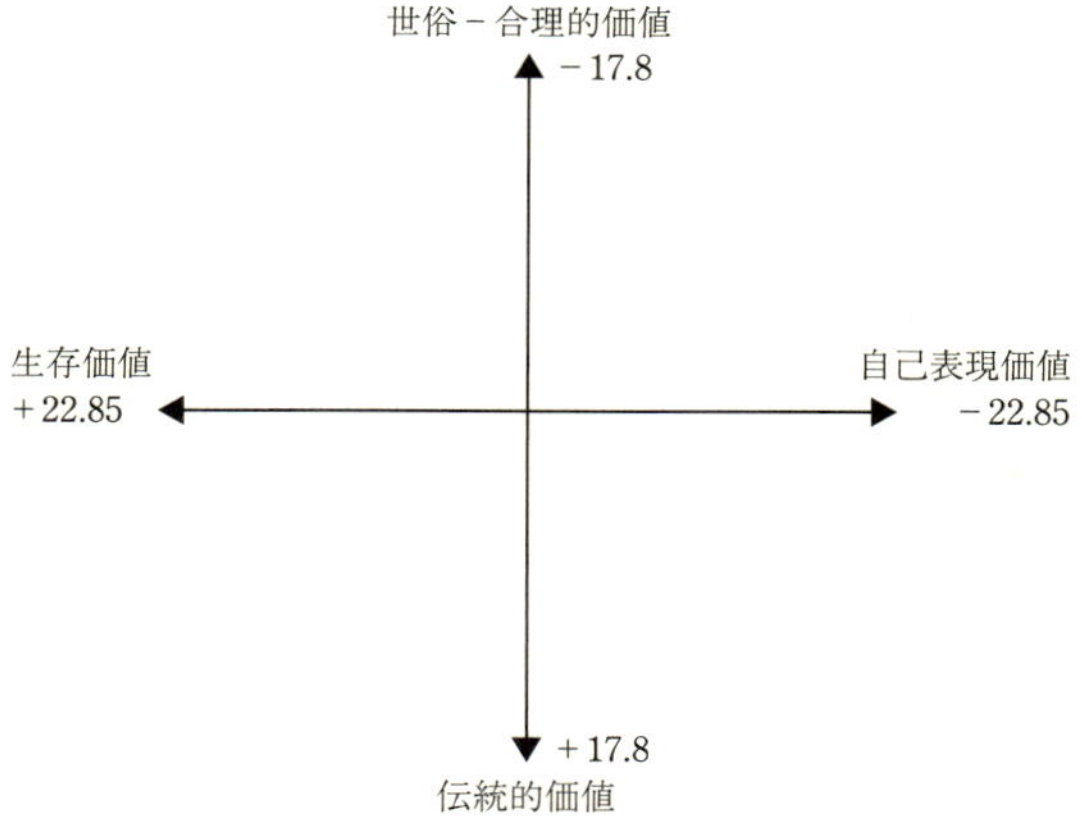


図6–4　伝統的価値／世俗－合理的価値、生存価値／自己表現価値

まずイングルハートは、「伝統的価値」対「世俗－合理的価値」という対立軸が、どれだけ「経済の近代化」と関係するのかについて分析する。図6－5は、縦軸に「伝統的価値」と「世俗－合理的価値」に関する数値をとり、横軸に各国の農業－工業比率（工業に従事している人口の割合から、農業に従事している人口の割合を引いた値）をとり、そして各国の平均値を位置づけたものである[61]。この図をみると、およそ農業段階から工業段階へと社会が発展するにつれて、人々の

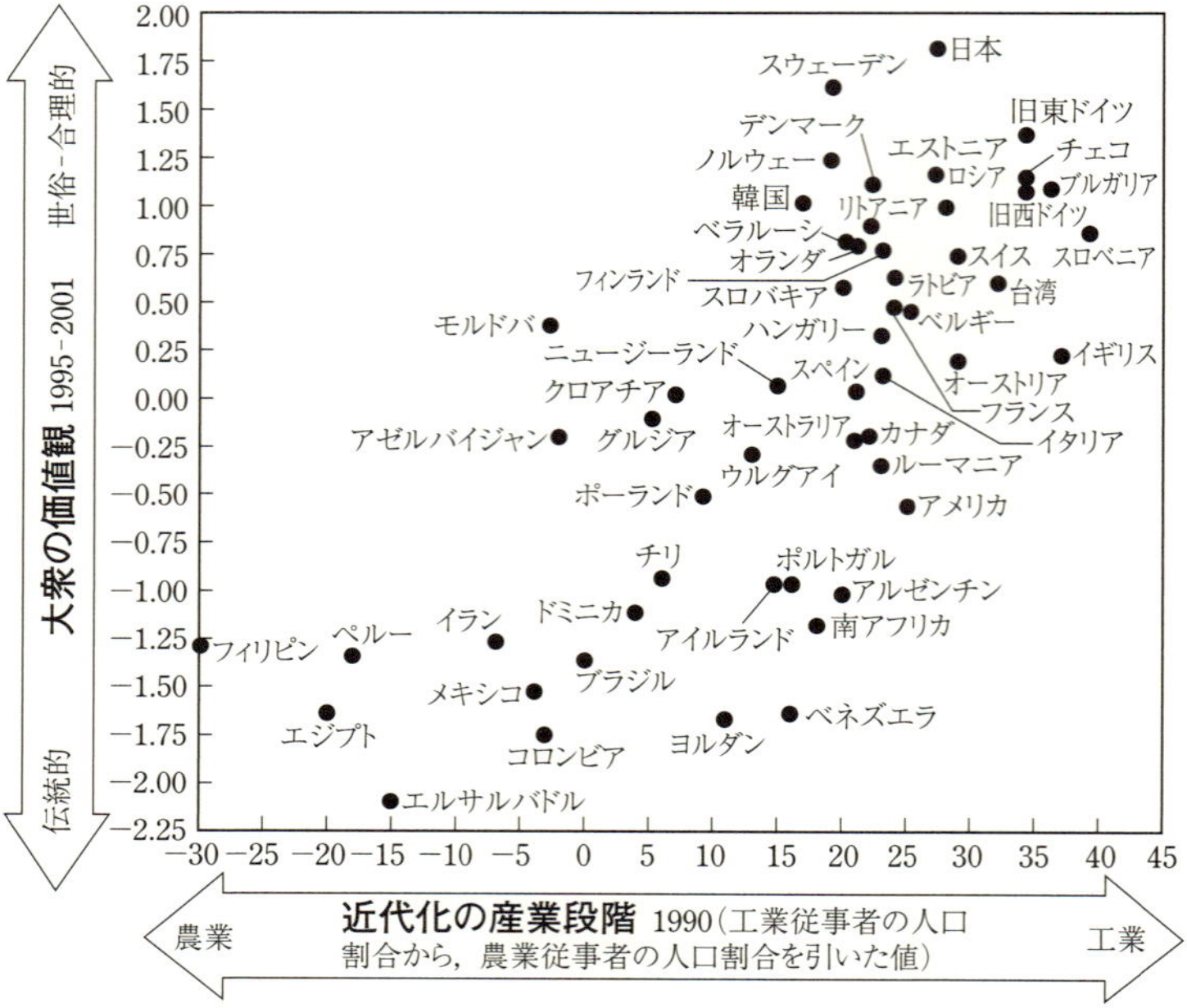


**図6–5　伝統的／世俗－合理的価値の産業への影響**

価値観は、「伝統的」なものから「世俗－合理的」なものへと移っていくことが分かる。もし私たちが「世俗－合理的価値」を支持するとすれば、それは、私たちが主体的にそのような価値観を抱くようになったというよりも、社会の近代化（工業化）とともに、いわば社会の下部構造の変化に応じて、そのような価値観を抱くようになった、といえそうである。

　次に、イングルハートのもう一つの価値対立軸、すなわち、「生存価値」対「自己表現価値」という対立軸が、どれだけ「経済のポスト産業化」と関係するのかについてみてみよう。**図6－6**は、縦軸に「生存価値」と「自己表現価値」に関する数値をとり、横軸に

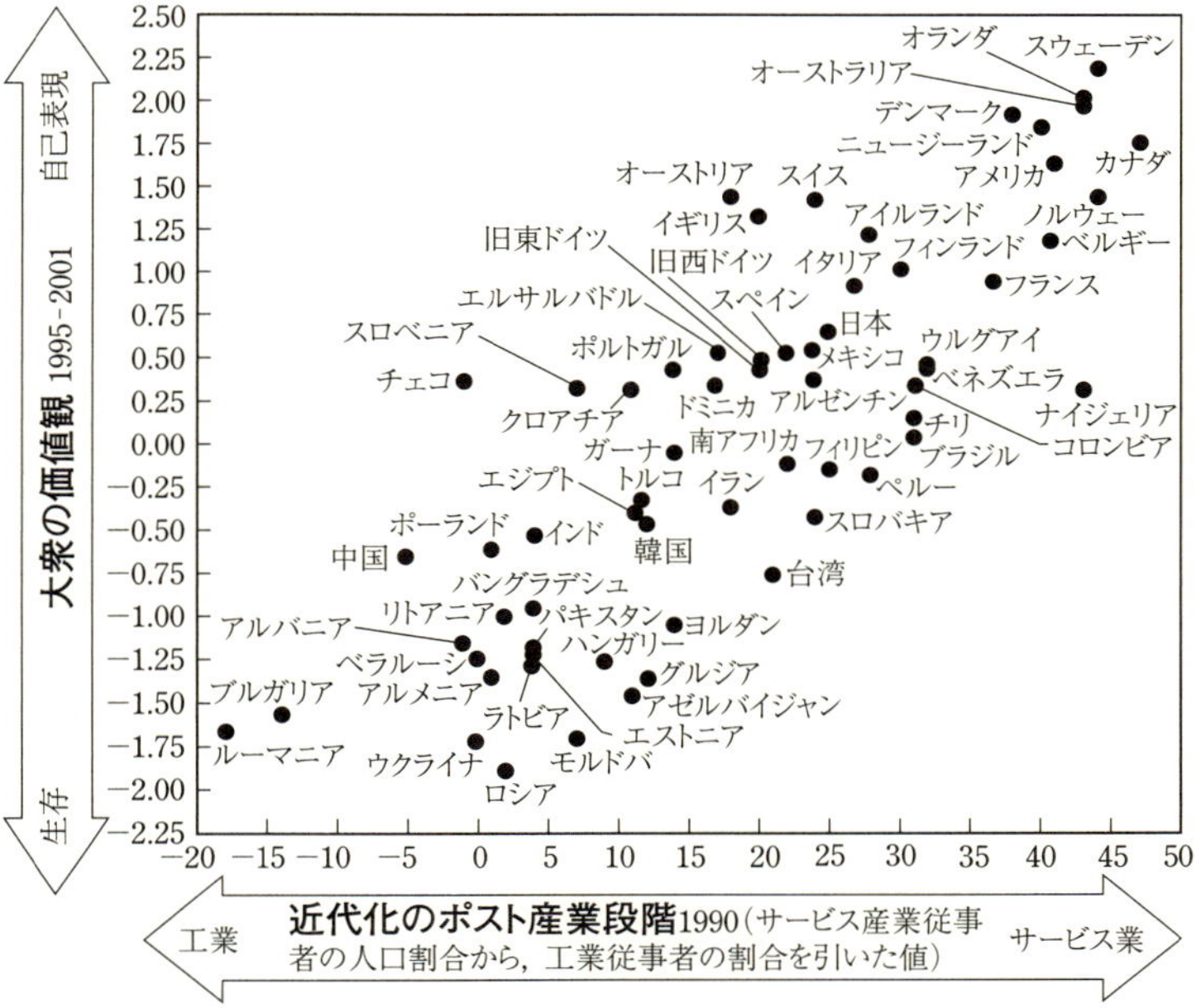


図6-6　生存／自己表現価値のポスト産業社会への影響

各国のサービス業－工業比率（サービス産業に従事している人口の割合から、工業に従事している人口の割合を引いた値）をとり、各国の値を位置づけたものである[62]。この図をみると、およそ社会が工業段階からサービス産業段階へと発展するにつれて、人々の価値観は大まかに言って、「生存価値」から「自己表現価値」へと移っていくことが分かる。したがってもし私たちが「自己表現価値」を支持するとすれば、それは私たちが主体的にそのように考えるというよりも、社会のポスト産業化とともに、社会の下部構造の変化に応じて、そのような価値観を抱くようになったといえそうである。

以上の二つの図から、私たちは

さらに、次のように推測することができる。もし私たちが「世俗－合理的価値」を高く評価するとすれば、それは、国全体が工業化を遂げたというだけでなく、自身の暮らす家庭や地域が、主として工業によって成り立っているから、ということかもしれない。親の職業が、また地域の暮らす人々の職業が、もし工業に関係している場合には、自身の抱く価値観は、いっそう「世俗－合理的価値」を志向することになるかもしれない。他方で、もし私たちが「自己表現価値」を高く評価する場合、それは、国全体がポスト工業化を遂げたというだけでなく、自身の暮らす家庭や地域が、主としてサービス産業によって成り立っているからかもしれない。親の職業や地域に暮らす人々の職業が、もしサービス産業に関係している場合には、自身の抱く価値観は、いっそう「自己表現的価値」を志向することになるかもしれない。

### ポスト産業化社会では、下部構造では説明できない

このように私たちの価値観は、自分のおかれた生活環境という「下部構造」によって、大きく規定されている可能性がある。しかし「伝統的価値」対「世俗－合理的価値」と、「ポスト産業化」の関係という点では、私たちの価値観は、下部構造にあまり影響されていないかもしれない。イングルハートの次図をみてみよう。

図6－7は、縦軸に「伝統的価値」と「世俗－合理的価値」に関する数値をとり、横軸に各国のサービス業－工業比率をとり、各国の値を位置づけたものである[63]。この図をみると、およそ、社会が工業段階からサービス産業段階へと発展しても、人々の価値観は、国によってバラツキがあることが分かるだろう。経済の下部構造が「工業段階」から「ポスト産業段階」へと移行しても、「世俗－合

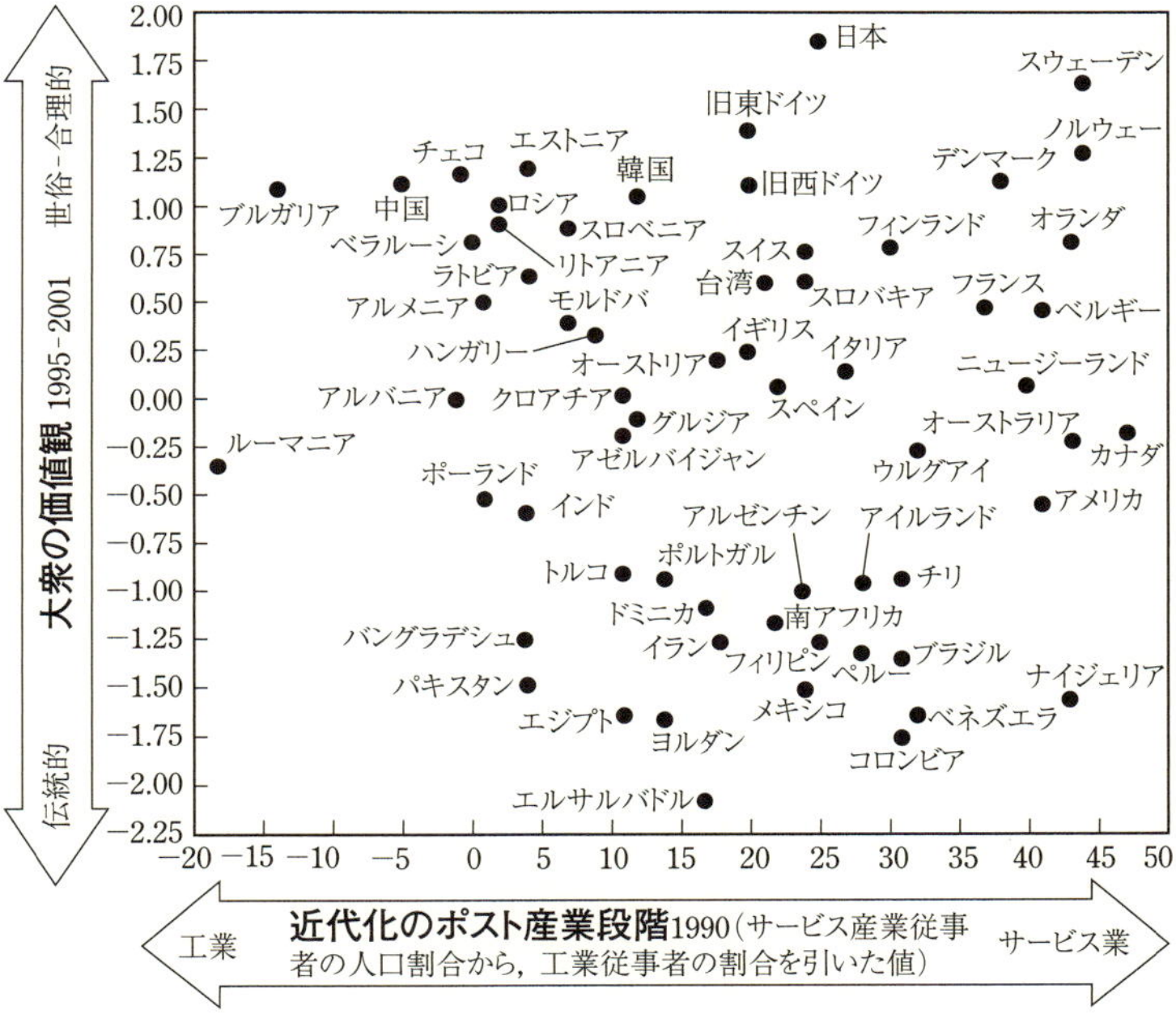


図6-7　伝統的／世俗合理的価値のポスト産業社会への影響

理的価値」は必ずしも支持されず、「伝統的価値」の復活がみられる。ところがその復活も各国ごとによってさまざまであり、およそ「下部構造」によって「価値観」の変化を説明することは難しい。

　これは重要な発見であるように思われる。私たちのポスト産業社会では、「伝統的価値」の復活がみられる。しかし「伝統的価値」と「世俗－合理的価値」のいずれが優位なのかは、下部構造によって説明することができない。では、この二つの価値の対立を規定するのは、人々の主体的な価値判断なのだろうか。それとも、他の要因によって説明できるのだろうか。

　イングルハートはこの問題に答

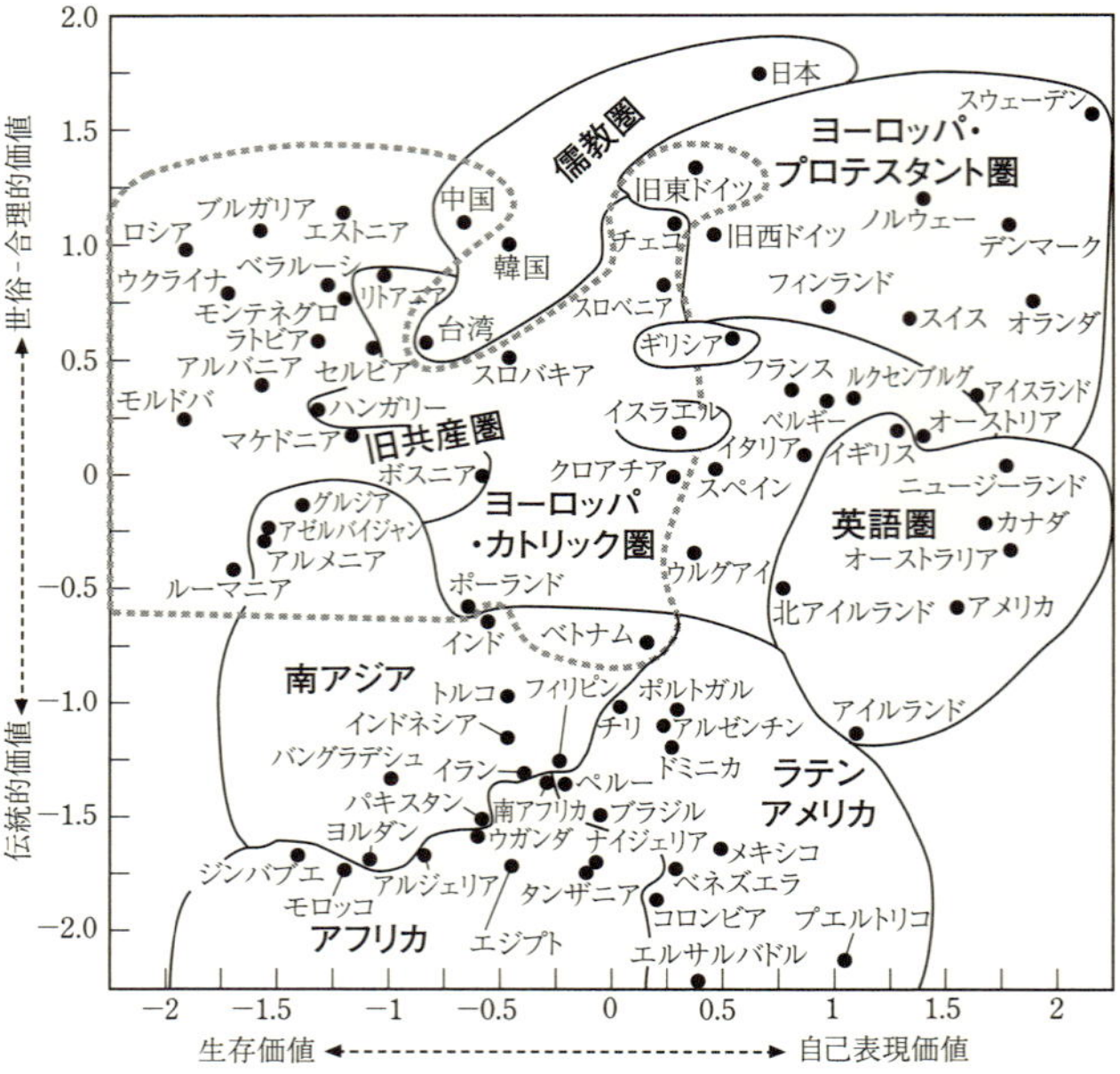


図6–8　イングルハートの価値マップ（2000年）

えていない。ただ彼の分析から、私たちは、「言語文化」や「宗教文化」、あるいは「地政学的位置」や「共産主義イデオロギー」の重要性を読み取ることができるだろう。すなわち、ポスト産業社会における人々の価値観は、下部構造によって規定されるというよりも、上部構造や歴史的経緯、あるいは地勢的位置によってさまざまに規定される、と考えられる。

## 「価値マップ」の驚くべき発見

さて、ここからがイングルハートの分析の醍醐味である。図6－8をみてみよう[64]。この図は「イングルハートの価値マップ」と呼ばれるもので、縦軸には「伝統的価値」と「世俗－合理的価値」に関する数値、横軸には、「生存価値」と「自己表現価値」に関する数値をそれぞれとり、各国の価値観の平均値を位置づけたものである。

この図は、驚くべき発見に満ちている。各国の位置は、例えば「儒教圏」とか「プロテスタント派のヨーロッパ諸国」、あるいは、「英語圏」とか「旧共産主義諸国」といったカテゴリーによって、一つのまとまり（クラスター）をなしている。例えば日本の位置をみてみよう。日本人の平均的な価値観は、「世俗‐合理的価値」を他のどの国の人よりも重んじ、「自己表現的価値」をやや重んじる傾向にある。日本の位置に最も近いのは「旧東ドイツ」である。またスウェーデン人も、日本人と類似の価値観を抱いている。これに対して、韓国人や中国人は、日本人とはやや異なる価値観を抱いている。けれども、同じ儒教圏に属する国々の位置（中国・台湾・韓国・日本）を括ってみると、その領域のなかには、別の国が含まれない。つまり、儒教圏の国々は、一つのクラスターとして、特定の価値観を共有していると考えられるのだ。同様のことは、「プロテスタント派のヨーロッパ諸国」、「カトリック派のヨーロッパ諸国」、「英語圏の諸国」、「旧共産主義諸国」、「南アジア諸国」、「ラテンアメリカ諸国」、「アフリカ諸国」についても、それぞれ当てはまる。

もちろんこうした価値観のグループ化は、必ずしもうまくいくわけではないだろう。各国の価値観は、時とともに変化するだろうし、またこの図に含まれていない諸国は、意図的に排除されているのかもしれない。けれどもイングルハートの価値マップから、私たちは、次のような知見を得ることができる。すなわち、人々の価値観は、言語、宗教、地政学的な位置、共産主義イデオロギーの影響などによって、大方規定されている、ということである。むろん、こうした規定関係には幅がある。また各国内部でも、当然、人々の価値観には多様性がみられるだろう。

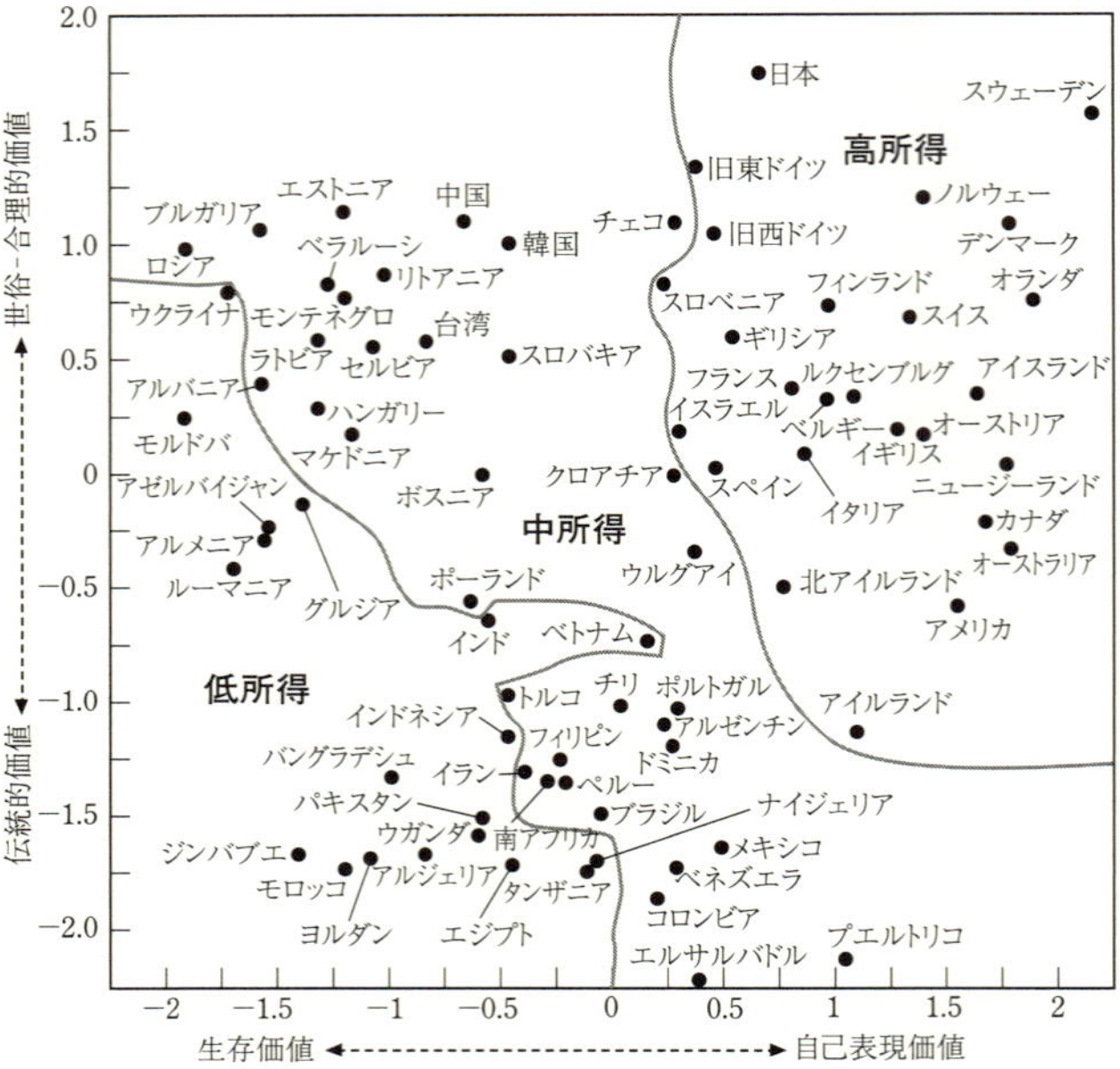


**図6–9　経済水準ごとに分類したイングルハートの価値マップ**

最後に、イングルハートの別の分析を紹介してみよう。図6－9は、先の「価値マップ」を「所得水準」によって分類したものである[65]。この図をみると、「高所得国」「中所得国」「低所得国」の三つの類型（この定義は世界銀行の定義に従う）は、この「価値マップ」のなかで、明確な境界線によって区別されることが分かる。「高所得国」は右上に、「中所得国」は左上から右下までの位置に、そして「低所得国」は左下に、それぞれ位置づけられる。所得が上がれば、人々の価値観は、一方では「世俗－合理的価値」のほうへ、他方では「自己表現価値」のほうへ、それぞれ移行すると考えられる。

ただ興味深いのは、中所得の国の分布は、一方には「世俗‐合理的価値」を肯定しながら「生存価値」を支持する国と、他方では「伝統的価値」を肯定しながら「自己表現価値」を支持する国に分かれる、という点である。また高所得の国といえども、例えば「日本」と「アメリカ／カナダ／オーストラリア」は、対称的な位置にあるといえる。高所得国のなかでは、日本は、「世俗‐合理的価値」を尊重しつつ、「自己表現価値」を相対的に重んじないのに対して、「アメリカ／カナダ／オーストラリア」は、相対的にみて、「伝統的価値」を尊重しつつ「自己表現価値」を重んじている。

この最後の分析から分かることは、ポスト産業社会であれ、他の段階の社会であれ、各国の価値観はある程度まで、所得水準に依存している、ということである。ただそれは「ある程度まで」ということであって、他の文化的要因も重要であることに変わりはない。この分析から得られる知見は、ある意味で穏当なものである。すなわち、私たちの価値観は、「下部構造」のみならず、「言語文化」や「宗教・芸術・文化」、あるいは「地政学的位置」や「イデオロギー」などにも影響されている、ということである。またここでは分析されていないが、各人の価値観は、自身の「心理学的性格（キャラクター）」にも依存しているかもしれない。

私たちの価値観は、さまざまな影響関係のなかで形成されている。では、私たちの価値観は、他律的・依存的に決定されるにすぎないのだろうか。あるいは私たちは、自分で「これが望ましい価値観だ」という自律的な主義主張を抱くことができるのだろうか。自分の価値観を主体的・自律的に形成するためには、たんに自分がこれまで抱いてきた価値観を明確にするのではなく、例えば、次のような実践が必要であろう。すなわち、

「下部構造」（生活環境・生活習慣）を変化させる
別の言語文化を習得する
別の宗教・芸術・文化に触れる
地政学的位置を変える（引っ越す、あるいは留学する）
諸々のイデオロギーを検討する
自分の性格を変える

といった企てである。こうしたさまざまな試行錯誤のなかで、自分の価値観を改めて明確にしていくなら、私たちは勇気をもって「これが望ましい」という価値観を述べることができるかもしれない。ある意味で現代の「教養」とは、こうしたさまざまな実践、さまざまな試行錯誤のなかで、自分の価値観を形成していくことではないだろうか。自分の価値観を、試行錯誤の幅を広げながら形成し、さまざまな価値観をもった人々との対話関係のなかで、自身の経済倫理やイデオロギーの立場を明確にしていく。それができれば、私たちは自分のイデオロギーを変更する際にも、もっと豊かなビジョンや価値観に至ることができるのではないか。

## 8　まとめ

**さまざまな影響関係の中での試行錯誤を**

本章では政治心理学に学びながら、イデオロギーの背後にある価値観の問題を検討してきた。人々はイデオロギーを一貫させるよりも、むしろ価値観を一貫させているのかもしれない。その価値観にもとづいて、イデオロギーを変更する際にも、比較的安定したアイデンティティを保っているのかもしれない。そのような仮説から、私たちはシュヴァルツとイングルハートの理論を検討してきた。シュヴァルツは、個人レベルと文化レベルの違いに注目して、二つの異なる価値類型を試みた。シュヴァルツによれば、個人的主観の価値類型においては、世界各国の人々は価値を同じように順位づける。個人の主観的な価値の評価においては、人類は普遍的な発想をしている。しかし他方で、文化レベルの価値評価は、各国さまざまである。どの価値をどれだけ評価するのかについては、国ごとに特色がみられる。

では、国別の相違をもたらす「文化的価値の評価」は、どのように形成されるのか。この問題を考えるために、私たちはイングルハートの分析に向かった。イングルハートのアプローチは、社会の発展段階によって、人々の価値観が変化していくことを明らかにしている。農業段階から工業段階への移行にともなって、人々の価値観は一般に、「伝統的価値」から「世俗‐合理的価値」へと移行する。また、工業段階からポスト産業段階への移行にともなって、人々の価値観は一般に、「生存価値」から「自己表現価値」へと移行する。ただし、工業段階からポスト産業段階への移行によって、「伝統的価値」と「世俗‐合理的価値」の対比は、各国ごとに多様化する。

イングルハートの分析から得られる知見は、人々の価値観は、下部構造（社会の発展段階）によって影響を受けるだけでなく、言語文化や宗教文化、あるいは地政学的位置やイデオロギーなどの指標によって、ある程度まで規定されている、ということである。人々の価値観は、さまざまな要因によって形成されている。私たちはそれらの要因を、注意深く分析していく他ないだろう。

他方で私たちは、自分がどんな価値観を抱いているのかだけでなく、今後、自分がどのような価値観を形成していくのかについても関心がある。自分の価値観を主体的・自律的に形成することは、さまざまな影響関係を遮断することではない。むしろ、社会のさまざまな影響関係のなかで、どれだけ試行錯誤の幅（人生の幅）を増幅することができるか、にも依存している。試行錯誤がなければ、さまざまな影響関係を相対化することはできず、したがって主体的に価値を選ぶことはできないであろう。

# おわりに——自分の鋳型を疑ってみよう

これまでのいろいろなアンケートによって、読者はどのような立場に分類されたであろうか。またそれぞれの分類における立場は、相互に一貫したであろうか。

自分のイデオロギーを一貫させるという作業は、なかなか難しい。例えば、最初のアンケートでは「リバタリアニズム」に分類されたのに、別のアンケートでは「コミュニタリアニズム」に分類されることも生じたりする。そうした矛盾に陥った場合、まず、アンケートの分類方法を疑ってみよう。アンケートに使われた事例が別のものであれば、別様に判断した可能性もあるだろう。またアンケートの分類そのものが恣意的である可能性もあるだろう。

あるいはひょっとして、自分のイデオロギーは、本当に一貫していないのかもしれない。その場合はなぜ一貫していないのか、あるいは一貫していなくてもよいのかどうか、検討してみたい。

さて、本書のアンケートを通じて自分のイデオロギーが判明したら、今度はその考え方を、できるだけ多くの人々に説明して、他者を説得してみたい。自分が「よい」と思う社会を、ストレートに「よい」と表現して、少しでも多くの人たちに呼びかける。実はそうした実践こそ、経済倫理の営みに他ならない。

アンケートを用いた私の授業では、学生たちのあいだで、自分の考え方を互いに説得しあう（あるいは説得されあう）という実践をしてもらった。たんに自分の見解を明確にするだけでなく、他人を説得するための弁論術（レトリック）を身につける。それが経済倫理の実践的な目標となる。

ところが他人を説得しようとすると、骨が折れる。ある程度の年齢に達した人なら、誰しも「人生経験の厚み」というものがあるだろう。その経験にもとづいて形成されたイデオロギーは、簡単に変更できるものではない。また若い人であれば、誰しも自分の若さと感覚に自信をもち、その感覚は、しばらくのあいだ揺るぎのない確信となって持続するだろう。だから若者が年寄を説得することも、反対に、年寄が若者を説得することも、いずれも難しい。

私たちは、往々にして、自分だけに固有の「経験や感覚」というものを、イデオロギーの基点としてしまいがちである。ところが、誰もが自分の「経験や感覚」に自信をもってしまうと、今度は、お互いにその「経験や感覚」を尊重しあうのみで、誰も説得することができない。

たしかに、他者のイデオロギーを心から受け入れるとか、あるいは心から納得する、ということはほとんどないだろう。経済倫理学が求めているのは、そのような「受容」や「納得」のためのレトリック（弁論術）を磨くことではない。むしろ「納得できないが理解はできる」というレベルから出発して、そこからさらに、「一部承認できる」とか、「あなたの立場は私の立場よりも一貫した説明力がある」といった具合に、その立場に立つ人が示す「弁論的な優位」を認めていくことである。

「弁論的な優位」は、必ずしもその人の「経験や感覚」には依存していない。多くを経験しても、あるいは感覚能力にすぐれていても、自分の立場をうまく弁論できないかもしれないからである。そこで私たちは、一方の足を「経験や感覚」に置きつつも、他方の足を「諸々の思想伝統」に置いて思考を育んでいかねばならない。自分の経験や感覚だけで相手を説得することはできない。むしろ自分のイデオロギー的未熟さから出発して、自分よりも一貫したイデオロギーや弁論術をもった思想家たちに学びたい。

いずれにせよ本書は、経済倫理の入門書にすぎない。諸々のイデオロギーを学ぶためには、本書で紹介したさまざまな本に分け入って、思索と弁論術の訓練を続けたい。しかし本書を通じて、読者が自分のイデオロギーを相対化し、客観的に捉えることができるようになれば、幸甚である。例えばある学生は、これまで「新保守主義（ネオコン）」の考え方を批判してきたけれども、本書の分類では不本意にも「ネオコン」に位置づけられて、次のように述べている。

私がネオコンだと判別されたときには正直驚いた。今まで自分がどんな思想を持っているのかを真剣に考えたことがなかったが、まさか保守主義思想をもっているとは思いもしなかった。講義で行われた判断テストのようなものでは、このような結果となったが、結果だけにこだわらずに、他主義の考え方も深く知ることで、柔軟で広い視野で物事を見ていきたいと思う。（北大一年生）

思想や倫理の問題について、自分の考え方はいつのまにか、あるパタンにはまっているということがあるだろう。いったい自分は、なぜこのような考え方をするのか。自分は自主的に「〇〇主義」の立場をとったのではなく、なんとなく生活しているうちに「〇〇主義」を選んでしまっている。ということはつまり、自分の考え方は、これまでの経験や出来事の累積によって形成されてきたのであり、既存の社会環境によって規定されている。

マルクス的に言えば、これまでの社会環境（とくに経済関係）によって、人間の考え方が制約されることを、「意識は下部構造によって規定される」という。およそ人は、親や兄弟、地域での人間関係、あるいは、ニュースや新聞といったメディアの影響のなかで自身の考え方を形成していく。だから「自分の考え」といっても、ほとんどの場合、それは社会的に規定されたものにすぎない。この規定関係を自覚し、相対化することが、マルクス主義のいう「イデオロギー批判」の実践である。

本書において私は、読者が自分の立場を明確にして、その立場をできるだけ論理的に一貫して擁護してほしい、と求めた。しかしどの立場も、完璧に擁護できるような論理的一貫性をもっているわけではない。どこかで論理的に「ほころび」が出るようになっている。だから、ムキになっていまの自分の立場を論理的に擁護するよりも、ある部分では自分の態度を「あいまい」にしておいたほうがよいかもしれない。そしてときどきその問題について考え、自分の考え方を軌道修正していきたい。もし私たちが真に主体的なイデオロギー選択をすることができるとすれば、それはマルクス的なイデオロギー批判の徹底を経たものでなければならない。

思想やイデオロギーの問題に敏感になるためには、これまでの思考習慣が根本的に問われるような経験、例えば、海外旅行やボランティア、異文化体験や芸術の至高体験、といった経験を豊富にもちたい。多感な若者であれば、例えばアフリカを一ヵ月間旅するだけで、まったく異なる「主義」をもつことになるかもしれない。私たちが自分の考え方を「自主的」に形成していくためには、これまでの生活環境からいったん自由になり、さまざまな生活環境を経験するなかで、本当に自分が望ましいと思う倫理・思想を模索する必要がある。そのためには、生活環境を変えたり、あるいは、これまで出会ったことがないような人と議論したりして、人生の幅を広げたい。

「あなたはなに主義?」と問われたら、まずもって重要なのは「自分の立場を明確に述べること」であるが、しかしそれ以上に重要なことは、「これまでの自分の立場に囚われず、〇〇主義の鋳型に収まらないような、自由で批判的な思考力を身につけること」である。ただし、次のような罠にも気づいておきたい。すなわち、「自分は、自由で批判的な思考力を大切にするので、どの立場にも立ちたくない」というタイプの人は、決してイデオロギーの問題を深く理解しないだろう、という点である。イデロオギーの深みは、コミットメント（傾倒）の深みとともに育まれていく。だから大切なのは、批判とコミットメントの往復である。この二つを往復するための、豊かな力を身につけたい。

# ブックガイド（イデオロギーを鍛えるための基礎文献）

本書で言及したイデオロギーの基礎文献を紹介してみよう（なるべく邦訳のある範囲にとどめている）。各種イデオロギーの説明については、第二章第一節および第五章第二節を参照されたい。

【新保守主義】翻訳で読める古典として、アーヴィング・クリストルの論文集『活路』がある。この他、ベストセラーとなったダニエル・ベル著『資本主義の文化的矛盾』、社会学の古典とされるピーター・バーガー著『聖なる天蓋』、また、政治社会学の名著とされるマーティン・リプセット著『政治のなかの人間』などが、新保守主義の思想的資源と言える。ロバート・ニスベット著『想像力の復権』『共同体の探求』も、新保守主義の思想的方向性を伝える。新保守主義の全体像を知りたい人は、拙著『帝国の条件』の第6章「新保守主義（ネオコン）論」が参考になるかもしれない。

【新自由主義】ハイエク著『自由の条件』、および、M&R・フリードマン著『選択の自由』が古典とされる。ハイエクはこの他、『貨幣発行自由化論』や「一立憲政体モデル」（『法・立法・自由Ⅲ』所収）といった、まだ実現されていないラディカルな制度を提案している。フリードマンはこの他、『資本主義と自由』を著している。この他、J・ブキャナン著『自由の限界』も基本文献。一九九〇年代以降の新自由主義を知るためには、例えば大前研一著『平成維新』や、ギデンズ著『第三の道』（新自由主義と社会民主主義の中間を探るシナリオだが、現在では新自由主義の思想とみなされる）を参照。新自由主義を左派の側から徹底的に分析した著作として、D・ハーヴェイ著『新自由主義』も読み応えがある。

【リベラリズム】ロールズ著『正義論』（川本隆史氏による新訳が進行中）が最大の古典。日本では井上達夫著『共生の作法』および『他者への自由』が、ロールズ以降の最も重要な理論的貢献といえる。この他、ローティ著『アメリカ未完のプロジェクト』は、リベラリズムをアメリカの時代経験の中から擁護した佳作。入門書として、稲葉振一郎著『リベラリズムの存在証明』がある。

【コミュニタリアニズム】「国家型コミュニタリアニズム」は、M・サンデル、C・テイラー、M・ウォルツァーなどの思想家によって、「地域型コミュニタリアニズム」は、A・

マッキンタイアによって代表される。ただしこれらの思想家の思想を十分に理解するためには、国家型／地域型という単純な二分法では通用しない。コミュニタリアニズム全体の基本文献として、テイラー著『自我の源泉』（翻訳進行中とされるが未確認）、マッキンタイア著『美徳なき時代』、サンデル著『自由主義と正義の限界』および『民主主義とその不満』（翻訳進行中）、ウォルツァー著『正義の領分』を挙げたい。また日本を代表する若手コミュニタリアンの著作として、中野剛充著『テイラーのコミュニタリアニズム』がある。入門書としては、菊池理夫著『日本を甦らせる政治思想　現代コミュニタリアニズム入門』が参考になる。

【リバタリアニズム】古典として、ノージック著『アナーキー・国家・ユートピア』、森村進著『財産権の理論』、ミーゼス著『ヒューマン・アクション』、ロスバード著『自由の倫理学』、ナーヴソン著『リバタリアンの理念』（未訳）、ランド著『水源』などがある。また日本の若手リバタリアンの独創的な著作として、橋本祐子著『リバタリアニズムと最小福祉国家』、および蔵研也著『無政府社会と法の進化』がある。入門書として、森村進編『リバタリアニズム読本』も参照されたい。

【平等主義】基本文献として、立岩真也著『自由の平等』、マイケル・オーツカ著『不平等なしのリバタリアニズム』（未訳）がある。この他、必ずしも平等「主義」ではないが、平等「理論」の基本文献として、ロナルド・ドゥウォーキン著『平等とは何か』、ジョン・ローマー著『分配的正義の理論』、コーエン著『自己所有権・自由・平等』、および、アマルティア・セン著『不平等の再検討　潜在能力と自由』がある。入門書として、竹内章郎著『現代平等論ガイド』がある。

【全体主義】全体主義を肯定的に論じた思想として、シュパン著『眞正國家論』、および、ヒトラー著『わが闘争』がある。しかし思想書としては、これらの著作よりも、全体主義を批判した著作のほうが重要な貢献をなしている。ハイエク著『隷属への道』、フロム著『自由からの逃走』、および、アーレント著『全体主義の起原』は、いずれも名著。

【共産主義】この思想を明快に示したのは、近代最大の思想家、カール・マルクスである。マルクス著『経済学・哲学草稿』、マルクス／エンゲルス著『共産党宣言』『ドイツ・イデオロギー』は、いずれも古典である。マルクス以後の左派思想家たちは、しかし、共産主義の理想をあまり明確に語っていない。理想をブラック・ボックスにしたまま、ブラック・ボックスの観点から現代社会批判の方法を練り上げてきた。

共産主義の理想像を知るためには、むしろこの思想を徹底的に批判した著作、すなわち、小泉信三著『共産主義批判の常識』やポパー著『開かれた社会とその敵』のカール・マルクスを論じた部分が重宝する。この二冊は、二十世紀の共産主義思想の輪郭をよく伝える。

日本において共産主義の思想に身を投じた最大の思想家は、廣松渉であった。しかし廣松渉は、理想的な社会体制の具体的なビジョンを示さず、もっぱら哲学の刷新と社会運動に貢献してきた。共産主義の理想については、誰も明快に描いていないという点にこの思想の貧困があるわけだが、ただし近未来の共産主義、あるいは現代において可能なコミュニズムの実践を探った著作として、柄谷行人『原理　ＮＡＭ』『可能なるコミュニズム』が重要である。

【共同体主義の別形態】本書第五章において定義した「共同体主義」は、いくつかの思想の複合形態である。その中の一つに、愛国心なる共通価値を求める福祉国家主義や、美徳による国家統治を求める共和（＝徳）主義も含まれるが、これら二つの立場は、現代の日本において論壇の一角を占めている。例えば佐伯啓思著『日本の愛国心』などを参照されたい。

【福祉国家型リベラリズム】ケインズの論文「自由放任主義の終焉」、およびロールズ著『正義論』が有名である。この他、福祉国家を支持する思想は、さまざまな思想家たちによって多様に論じられてきた。入門書として、小峯敦編『福祉の経済思想家たち』が参考になる。また、二十世紀において市民権の確立を主導した古典として、ハロルド・ラスキ著『近代国家における自由』がある。さらに、市民国家の確立を導いた政治的指導者として、インドのガーンディーや、南アフリカ共和国のネルソン・マンデラがいる。ガーンディー著『真の独立への道』、および、ネルソン・マンデラ著『自由への長い道　ネルソン・マンデラ自伝』は、リベラルな国民国家思想の古典といえよう。

【保守主義】Ｅ・バーク著『フランス革命についての省察』、および、Ｍ・オークショット著『政治における合理主義』が古典とされる。ただし政治と経済をあわせて論じた決定的な本がない。日本で保守主義のイデオロギーをよみがえらせた思想家として、西部邁の貢献は大きい。氏の入門書として、『保守思想のための39章』を挙げておきたい。

# 参考文献

天野正子［1996］『「生活者」とはだれか　自律的市民像の系譜』中公新書。
Arendt, Hannah［1968=1972-74］*The Origins of Totalitarianism*, New York: Harcourt, Brace & World. アーレント『全体主義の起原I-III』大久保和郎／大島通義／大島かおり訳、みすず書房。
浅羽通明［2006］『右翼と左翼』幻冬舎新書。
Bataille, Georges［1949=1973］*La Part Maudite: Essai D'économie Génerale: La Consummation*, Paris: Les amis des Éditions de Minuit. バタイユ『呪われた部分』生田耕作訳、二見書房。
Bell, Daniel［1976=1977-1976］*The Cultural Contradictions of Capitalism*, Basic Books. ベル『資本主義の文化的矛盾（上・中・下）』林雄二郎訳、講談社学術文庫。
Buchanan, James. M.［1975=1977］*The Limits of Liberty: Between Anarchy and Leviathan*, Chicago: University of Chicago Press. ブキャナン『自由の限界　人間と制度の経済学』加藤寛監訳、黒川和美／関谷登／大岩雄次郎訳、秀潤社。
Berger, Peter［1967=1979］*The Sacred Canopy: Elements of a Sociological Theory of Religion*, New York: Doubleday. バーガー『聖なる天蓋』薗田稔訳、新曜社。
Burke, Edmund［=2000］Reflections on the revolution in France, and on the proceedings in certain societies in London relative to that event : in a letter intented to have been sent to a gentleman in Paris. バーク『フランス革命についての省察（上・下）』中野好之訳、岩波文庫。
Cohen, G.A.［1995=2005］*Self-ownership, Freedom, and Equality*, Cambridge University Press. コーエン著『自己所有権・自由・平等』松井暁／中村宗之訳、青木書店。
Converse, P.E.［1964］"The nature of belief systems in mass publics," in D.E. Apter ed., *Ideology and Discontent*, New York: Free Press.
Dalton, R.［2002］*Citizen Politics*, New York: Chatham House.
DeGeorge, Richard T.［1982=1995］*Business Ethics*, Macmillan. ディジョージ『ビジネス・エシックス　グローバル経済の倫理的要請』麗澤大学ビジネス・エシックス研究会訳、明石書店。
Dworkin, Ronald M.［2000=2002］*Sovereign Virtue: The Theory and Practice of Equality*, Harvard University Press. ドゥウォーキン『平等とは何か』小林公／大江洋／高橋秀治

／高橋文彦訳、木鐸社。

Freedman, Milton〔1963=1975〕*Capitalism and Freedom*, Chicago: University of Chicago Press. フリードマン『資本主義と自由』熊谷尚夫／西山千明／白井孝昌訳、マグロウヒル好学社。

Freedman, Milton and Rose〔1980=1980〕*Free to Choose*, Harmondsworth: Penguin Books. M&R・フリードマン『選択の自由』西山千明訳、日本経済新聞社。

Fromm, Erich〔1941=1951〕*Escape from Freedom*, New York: Holt, Rinehart and Winston. フロム『自由からの逃走』日高六郎訳、東京創元社。

Galbraith, John Kenneth〔1958=1960〕*The Affluent Society*, Cambridge : The Riverside Press. ガルブレイス『ゆたかな社会』鈴木哲太郎訳、岩波書店。

Gandhi, Mahatma〔1922=2001〕ガーンディー『真の独立への道　ヒンド・スワラージ』田中敏雄訳、岩波文庫。

Giddens, Anthony〔1998=1999〕*The Third Way: The Renewal of Social Democracy*, Cambridge: Polity Press. ギデンズ『第三の道　効率と公正の新たな同盟』佐和隆光訳、日本経済新聞社。

花崎皋平〔2001〕『アイデンティティと共生の哲学　増補版』平凡社。

長谷川如是閑〔1989〕『長谷川如是閑評論集』飯田泰三／山領健二共編、岩波文庫。

橋本努〔1994〕『自由の論法』創文社。

――〔1999〕『社会科学の人間学』勁草書房。

――〔2007a〕『帝国の条件』弘文堂。

――〔2007b〕『自由に生きるとはどういうことか』ちくま新書。

橋本祐子〔2008〕『リバタリアニズムと最小福祉国家』勁草書房。

Havey, David〔2005=2007〕*A Brief History of Neoliberalism*, Oxford University Press. ハーヴェイ『新自由主義』渡辺治監訳、作品社。

Hayek, Friedrich August von〔1944=1992〕*The Road to Serfdom*, London: Routledge. ハイエク『隷属への道』西山千明訳、春秋社。

――〔1960=1986-87〕*The Constitution of Liberty*, London: Routledge. ハイエク『ハイエク全集5-7　自由の条件Ⅰ-Ⅲ』気賀健三／古賀勝次郎訳、春秋社。

――〔1973-76=1987-88〕*Law Legislation and Liberty*,『ハイエク全集　8-10　法と立法と自由Ⅰ-Ⅲ』矢島鈞次／水吉俊彦訳（Ⅰ）、篠塚慎吾訳（Ⅱ）、渡部茂訳（Ⅲ）、春秋社。

Hitler, Adolf〔1925-26=2001〕*Mein Kampf*, ヒトラー『わが闘争（上・下）』平野一郎／将積茂訳、角川文庫。

Illich, Ivan [1981=1990] *Shadow Work*, Marion Boyars. イリイチ『シャドウ・ワーク　生活のあり方を問う』玉野井芳郎／栗原彬訳、岩波書店（同時代ライブラリー）。
稲葉振一郎 [1999]『リベラリズムの存在証明』紀伊國屋書店。
Ingrehart, R. and Welzel, C. [2005] *Modernization, Cultural Change, and Democracy: The Human Development Sequence*, New York: Cambridge University Press.
井上達夫 [1986]『共生の作法』創文社。
――― [1999]『他者への自由』創文社。
Jacobs, Jane [1994=1998] *Systems of Survival: A Dialogue on the Moral Foundations of Commerce and Politics*, New York: Vintage Books. ジェイコブズ『市場の倫理　統治の倫理』香西泰訳、日本経済新聞社。
柄谷行人編 [2000]『可能なるコミュニズム』太田出版。
柄谷行人 [2000]『原理　ＮＡＭ』太田出版。
桂木隆夫 [2002]『自由とはなんだろう　グローバリゼーションと日本人の倫理観』朝日新聞社。
経済企画庁経済研究所国民経済計算部 [1997]「無償労働の貨幣評価について」。
Keynes, J.M. [1926=1980] *The End of Laisse-Faire*, London: Hogarth Press. Ｊ・Ｍ・ケインズ「自由放任主義の終焉」『世界の名著69　ケインズ』宮崎義一訳、中央公論新社、所収。
菊池理夫 [2007]『日本を甦らせる政治思想　現代コミュニタリアニズム入門』講談社現代新書。
北澤肯 [2007]「ニッポンのフェアトレードの不思議さ　ラベル認証機関の体験から見えること」『季刊ａｔ（あっと）』第8号、所収。
小泉信三 [1949→1976]『共産主義批判の常識』講談社学術文庫。
小峯敦編 [2007]『福祉の経済思想家たち』ナカニシヤ出版。
Koslowski, Peter [2001] *Principles of Ethical Economy*, Kluwer Academic Publishers.
Kristol, Irving [1978=1980] *Two Cheers for Capitalism*, Basic Books. クリストル『活路』朱良甲一訳、叢文社。
蔵研也 [2007]『無政府社会と法の進化』木鐸社。
Laski, Harold [1930=1974] *Liberty in the Modern State*, London: Faber & Faber. ラスキ『近代国家における自由』飯坂良明訳、岩波文庫。
Lipset, Martin [1959=1963] *Political Man: the Social Bases of Politics*, Doubleday & Company, Inc. リプセット著『政治のなかの人間　ポリティカル・マン』内山秀夫訳、東京創元新社。
MacIntyre, Alasdair, C. [1981=1993] *After Virtue: a Study*

*in Moral Theory*, University of Notre Dame Press. マッキンタイア『美徳なき時代』篠崎榮訳、みすず書房。

Mandela, Nelson［1994=1996］*Long Walk to Freedom: The Autobiography of Nelson Mandela*, London: Little, Brown Book Group. マンデラ『自由への長い道　ネルソン・マンデラ自伝（上・下）』東江一紀訳、日本放送出版協会。

Marshall, Alfred［1907=1991］"The Social Possibilities of Economic Chivalry," in *The Economic Journal*, Vol. 17, No. 65, 7-29. Mar., 1907. マーシャル「経済騎士道の社会的可能性」『マーシャル経済論文集』永澤越郎訳、岩波ブックセンター、所収。

Marx, Karl［1932=1964］*Ökonomisch-philosophische Manuskripte aus dem Jahre 1844*, Karl Marx Friedrich Engels historisch-kritische Gesamtausgabe, im Auftrage des Marx-Engels-Instituts, Moskau, herausgegeben von V. Adoratskij, Abt. 1, Bd. 3, Marx-Engels-Verlag G. M. B. H., Berlin. マルクス『経済学・哲学草稿』城塚登／田中吉六訳、岩波文庫。

Marx, Karl and Engels, Friedlich［1845=1951］*Manifest der Kommunistischen Partei*. マルクス／エンゲルス『共産党宣言』大内兵衛／向坂逸郎訳、岩波文庫。

――――［1958=2002］*Die deutsche Ideologie: 1845-1846*, Karl Marx-Friedrich Engels Werke, Band 3, Dietz Verlag, Berlin. マルクス／エンゲルス『ドイツ・イデオロギー』廣松渉編訳、小林昌人補訳、岩波文庫。

Mises, Ludwig von［1949=1991］*Human Action: A Treatise on Economics*, London: W. Hodge. ミーゼス『ヒューマン・アクション』村田稔雄訳、春秋社。

森村進［1995］『財産権の理論』弘文堂。

――――［2001］『自由はどこまで可能か　リバタリアニズム入門』講談社現代新書。

森村進編［2005］『リバタリアニズム読本』勁草書房。

中野孝次［1992］『清貧の思想』草思社。

中野剛充［2007］『テイラーのコミュニタリアニズム　自己・共同体・近代』勁草書房。

Narveson, Jan［1988］*The Libertarian Idea*, Philadelphia: Temple University Press.

Næss, Arne［1976=1997］*Økologi, samfunn og livsstil : utkast til en økosofi*, Oslo: Universitetsforlaget. ネス『ディープ・エコロジーとは何か　エコロジー・共同体・ライフスタイル』斎藤直輔／開龍美訳、文化書房博文社。

Nisbet, Robert［1976=1980］*Sociology as an Art Form*, New York: Oxford University Press. ニスベット『想像力の復権』青木康容訳、ミネルヴァ書房。

――――［1953=1986］*The Quest for Community : a Study in the Ethics of Order & Freedom*, Oxford University Press.

ニスベット『共同体の探求』安江孝司ほか訳、梓出版社。
西部邁［2002］『保守思想のための39章』ちくま新書。
西川潤、生活経済政策研究所編［2007］『連帯経済』明石書店。
Nozick, Robert［1974=1992］*Anarchy, state, and Utopia*, Oxford, UK: Basil Blackwell. ノージック『アナーキー・国家・ユートピア　国家の正当性とその限界』嶋津格訳、木鐸社。
Oakeshott, Michael J.［1962=1988］*Rationalism in Politics and Other Essays*, New York: Basic Books. オークショット著『政治における合理主義』嶋津格ほか訳、勁草書房。
奥村宏［2006］『株式会社に社会的責任はあるか』岩波書店。
大前研一［1989］『平成維新』講談社。
Otsuka, Michael［2003］*Libertarianism without Inequality*, New York: Clarendon.
Popper, Karl［1945=1980］*The Open Society and its Enemies I-II*, London: George Routledge & Sons. ポパー『開かれた社会とその敵Ⅰ-Ⅱ』内田詔夫／小河原誠訳、未來社。
Rand, Ayn［1943=2004］*The Fountainhead*, Blakiston. ランド『水源』藤森かよこ訳、ビジネス社。
——［1957=2004］*Atlas Shrugged*. ランド『肩をすくめるアトラス』脇坂あゆみ訳、ビジネス社。
Rawls, John［1971］*A Theory of Justice*, Cambridge, Mass.: Belknap Press of Harvard University Press.
Ritzer, George［1996=1999］*The McDonaldization of Society*, Pine Forge Press. リッツア『マクドナルド化する社会』正岡寛司監訳、早稲田大学出版部。
Roemer, John［1996=2001］*Theories of Distributive Justice*, Cambridge, Mass.: Harvard University Press. ローマー『分配的正義の理論　経済学と倫理学の対話』木谷忍／川本隆史訳、木鐸社。
Rorty, Richard［1998=2000］*Achieving Our Country*, Harvard University Press. ローティ『アメリカ未完のプロジェクト　20世紀アメリカにおける左翼思想』小澤照彦訳、晃洋書房。
Rothbard, Murray［1982=2003］*The Ethics of Liberty*, Atlantic Highlands, N.J.: Humanities Press. ロスバード『自由の倫理学　リバタリアニズムの理論体系』森村進／森村たまき／鳥澤円訳、勁草書房。
佐伯啓思［2008］『日本の愛国心』NTT出版。
斎藤美奈子［2007］『それってどうなの主義』白水社。
Sandel, Michael J.［1982=1992］*Liberalism and the Limits of Justice*, New York: Cambridge University Press. サンデル『自由主義と正義の限界』菊池理夫訳、三嶺書房。

Schwartz, Shalom [1992] "Universals in the content and structure of values: Theory and empirical tests in 20 countries," in M. Zanna (ed.), *Advances in Experimental Social Psychology*, Vol. 25.

——— [1994a] "Are there universal aspects in the content and structure of values?," in *Journal of Social Issues*, 50.

——— [1994b] "Beyond individualism/collectivism: New cultural dimensions of values," in U. Kim, H.C. Triandis, C. Kagitcibasi, S-C. Choi, & G. Yoon (eds.), *Individualism and Collectivism: Theory, Method and Applications*, Newbury Park, CA: Sage.

——— [2003] "A proposal for measuring value orientations across nations," in *Questionnaire development report of the European social survey* (chap.7).

——— [2004] "Mapping and interpreting cultural differences around the world," in Henk Vinken, Joseph Soeters, and Peter Ester (eds)., *Comparing Cultures: Dimensions of Culture in a Comparative Perspective*, Brill: Netherlands.

Schwartz, S.H. and Bardi, A. [2001] "Value hierarchies across cultures: Taking a similarities perspective," in *Journal of Cross Cultural Psychology*, 32.

Schwartz, S.H., Melech, G., Lehmann, A., Burgess, S., and Harris, M. [2001] "Extending the cross-cultural validity of the theory of basic human values with a different method of mesurement," in *Journal of Cross Cultural Psychology*, 32.

Schwartz S.H. and Sagiv, L. [1995] "Identifying culture specifics in the content and structure of values," in *Journal of Cross Cultural Psychology*, 26.

Sen, Amartya [1992=1999] *Inequality Reexamined*, Oxford: Oxford University Press. セン『不平等の再検討　潜在能力と自由』池本幸生／野上裕生／佐藤仁訳、岩波書店。

塩野谷祐一 [2002]『経済と倫理　福祉国家の哲学』東京大学出版会。

Sorel, Georges [1908=2007] Réflexions sur la violence, *Feuilles Libres*. ソレル『暴力論（上・下）』今村仁司／塚原史訳、岩波書店。

Spann, Othmar [1921=1934] *Der wahre Staat*, Leipzig : Quelle & Meyer. シュパン『眞正國家論』阿部源一／三澤弘次共譯、章華社。

——— [1934=1938] *Kämpfende Wissenschaft*. シュパン著『全體主義の原理』（部分訳）、秋澤修二譯、白揚社。

鈴木謙介 [2005]『カーニヴァル化する社会』講談社現代新書。

竹中恵美子 [1995]『女性論のフロンティア』創元社。

竹内章郎［1999］『現代平等論ガイド』青木書店。

立岩真也［2004］『自由の平等　簡単で別な姿の世界』岩波書店。

Taylor, Charles［1989］*Sources of the Self: the Making of the Modern Identity*, Cambridge, Mass.: Harvard University Press.

照屋林助［1998］『てるりん自伝』みすず書房。

辻信一［2001］『スロー・イズ・ビューティフル』平凡社。

内田弘［1993］『自由時間　真の〈豊かさ〉を求めて』有斐閣。

Utz, Arthur［1994=2002］*Sozialethik mit internationaler Bibliographie, 4 Teil: Wirtschaftsethik*, Bonn: Politeia. ウッツ『経済社会の倫理』島本美智男訳、晃洋書房。

Walzer, Michael［1983=1999］*Spheres of Justice: a Defence of Pluralism and Equality*, New York: Basic Books. ウォルツァー『正義の領分』山口晃訳、而立書房。

Weber, Max［1921-22→1987］ウェーバー『官僚制』阿閉吉男／脇圭平訳、恒星社厚生閣。

# あとがき

「倫理」というのは、やはり少しうさん臭い気がする。「倫理」について語る人は、なにか自分が、他人よりも「生きるに値する」と思っていないだろうか。それで少しばかり他人よりも優位に立った気になって、おごっていないだろうか。そんな印象を与えてしまうことがしばしばある。

自分が他者よりも倫理的であるとした上で「もっと倫理的になろう」と呼びかけても、あまり通じない。相手に不遜な印象を与えてしまうからである。思慮深い人は、むしろ不言実行によって、倫理の大切さを示そうとするだろう。倫理についてあれこれと語らず、「自己との内なる対話」によって沈思黙考し、実践において倫理的であろうとするだろう。

だから倫理は、往々にして、個人のモノロジカル（単一論理的）な思考と実践で完結している。倫理は、ディアロジカル（対話的）なコミュニケーションによって活性化されているわけでは必ずしもない。経済倫理学の場合も同様で、書き手はしばしば、自分の主張をモノロジカルに展開する。そして「これが思慮深い倫理的判断であろう」という結論が導かれる。読者はそれを読んで納得するか、そうでなければ反対に、「倫理というのはうさん臭いなあ」という違和感を抱いて終わりとなってしまう。これまで経済倫理学の内容が読者と取り結んできた関係は、「納得」か、さもなくば「反発」であった。読者はいわば、思考停止の状態に追いやられてきた。

実はこの思考停止状態に、倫理そのものが抱える問題があるように思われる。倫理をモノロジカルに考えるかぎり、私たちは事柄の本質に、深く切りこむことはできないだろう。モノロジカルな思考では、未熟な人は取り残され、熟慮ある人はその熟慮におごることになりかねない。倫理の問題は、むしろ実体としてはイデオロギーの問題であって、ディアロジカルな闘争に開かれているとみるべきではないか。他者との対話や論争を通じてこそ、倫理の問題はその本質を顕すのではないか。

本書はこうした問題関心から、経済倫理のディアロジカル（あるいはポリロジカル＝論理多元的）な理論を企てている。別言すれば、本書は、イデオロギーの理論を、現実の経済倫理に照らして述べなおそうとしている。もちろん、現代の倫理学者たちのなかには「対話」を強調する人もいる。対話はしかし、最も重要な倫理というわけではない。倫理とは、まずもって対話の中身であり、私たちは中身のある対話をしたいと思っている。すぐれた対話には、争うに値する内容がなければならない。問題はそれゆえ、私たちがいかにして、争うに値する倫理内容を育んでいくか、ということだ。まず、対話に値する思考内容をもつ。さらに対話を通じて、他者との緊張関係を生きる作法を身につけていく。これが本書の背後にある私のメタ倫理的関心（成長論的自由主義へのメタ・コミットメント）である。本書は、拙著『社会科学の人間学』第四章第二節「闘争論」の理論を、現代の文脈に照らして具体的に展開したものである。世俗化した現代社会において、いかなる「神々の闘争」が可能なのか。この問題を討究している。

本書の成立までに、さまざまな方にお世話になってきた。第一章は、拙稿「あなたはなに主義？——経済倫理上の一貫した立場形成に関する研究」（田中成明『国際比較からみた日本社会における自己決定と合意形成』財団法人国際高等研究所、二〇〇七年十二月、所収）を大幅に書き換えたものである（そのもととなる原稿は二〇〇六年二月に、同プロジェクトの研究会において報告・検討された）。また第四章は、拙稿「『自由』で『不自由』な社会を読み解く　第11回　市場の経済倫理」（『しゃりばり』二〇〇五年二月号所収）を大幅に改変・拡張したものである。それ以外の章は書下ろしである。なお本書の草稿は、チャールズ・テイラー研究会や、北海道大学や放送大学での講義等において検討されてきた。さらに草稿の最終段階では、桑田学、瀬田宏治郎、瀧川裕貴、西健一、原谷直樹、山田陽の各氏から、有益なご助言とご批判をいただいた。批判的な討議を経て本書の刊行に至ったことを私は幸せに思う。拙稿を検討していただいた皆様に、心から感謝申し上げたい。そして本書の刊行に際し、レイアウトや図表の作成に至るまで、とにかく膨大なお仕事をお引き受けいただいた編集部の青山遊氏に、心から敬意を表したい。

二〇〇八年六月

橋本努

# 註

1 この他にも、次のような感想をいただいた。「先日の講義のチェックによると、私は新保守主義者（ネオコン）らしいのである。ネオコンには不快感を持っていた私が彼らと同じ思想の持ち主だというのにはかなりショックを受けた」（北大三年生）。また「マルクス主義」を選んだ学生は、次のように述べている。「以前マルクス主義について学んで『なんて非現実的な主張なんだ！』と感じたが、自分もかなり実現困難な企業モデルを構想していると思った。創造的破壊や社会的責任を果たしながら公正を重んじ、さらに内部からの信頼が厚く利潤も出せる企業など稀有である。しかしながら、理想は理想として、少しでも理想の方向に向かおうとする企業が増えれば、社会も変わっていくと思う」（北大一年生）。

2 1929-2005：ポップス、漫談、構成作家、川柳から人生相談まで、多彩な活躍をした。歌と笑いの集団「ワタブーショー」を率いて一世を風靡する。一九九四年に沖縄市文化功労賞。

3 実は、私が現在掲げている「自生化主義」という思想も、マルクスとハイエクを融合するという、ある種のチャンプラリズムにもとづいている。

4 例えば生活協同組合の実践は、組合員の私生活を道徳的なものにすることには関心がなく、むしろ組合員の経済活動を集団的・政治的な理性によってコントロールすることに関心をもっている。あるいは環境運動の取り組みは、人々の生活を商慣行のような倫理に埋めこむのではなく、社会にはまだ埋めこまれていない「自然」の超越的価値によって、経済活動を律することに関心をもっている。こうした関心はいずれも、道徳的というよりも政治市民的な理念に導かれており、表1－1の分類ではXになる。

5 奥村宏［2006］はこの問題を指摘する。

6 同様に、社会的責任投資（SRI=Socially Responsible Investment）も、現在のところ、儲かるから行われている、という側面が強い。

7 『朝日新聞』二〇〇七年三月四日付参照。

8 他の立場については、ここでは傍流として扱った。地方自治体の善を擁護する地域型コミュニタリアニズムは、マクロ経済の問題に対しては、あまり議論の蓄積がない。また、X―2やY―2（リバタリアニズムやマルクス主義や保守主義）の立場について考えるためには、経済倫理学の範囲を超えて、経済思想上のやや突っ込んだ議論をする必要があるだろう。ここではしかし、現実の主要問題に即して、経済倫理上の争点を「公正」対「安定・成長」という問題に焦点化している。

9 ただし社会民主主義の立場については、それが現代において分裂していることを次章で論じる。

10 具体的な裁判の事例としては、トヨタの工場で働いていた男性が、自主的とされる「QC（クオリティ・コントロール）サークル活動」を含めて長時間労働していた場合に死亡したケースについて、名古屋高等裁判所は、過労死の認定を下している。ここでは問題をもっと一般化して提示してみたい。

11 もし額面通り受けとめなければ、社員は自身の健康管理について、自主的・自発的な判断をすることがいつまでたってもできないかもしれない。

12 北海道開発局に二〇〇四年度に寄せられた「談合情報」は、前年度比の三・四倍になった。仕事を分け合うという業界秩序が崩れつつあるようだ。

13 イリイチは、こうしたフェミニストの考え方に必ずしも賛同していない。イリイチにとって重要な問題は、現代の女性が、経済的見地からみて報酬が支払われていないということだけでなく、自立・自存の見地からみても実を結ばない労働を強いられている、という点にある[Illich 1981=1990: 226]。

14 http://www5.cao.go.jp/j-j/doc/unpaid-j-j.html

15 桂木[2002: 99]は、セクハラを受けたOLを「生存競争の弱者」とみなし、そのOLが「転職してよかったと思える」ような、多様な職場環境を市場経済が生み出すべき、と論じている。

16 例えば、竹中[1995]を参照。

17 ただし「解雇しやすい」雇用条件にすれば、失業率は減るだろう。二〇〇七年の失業率は、日本が三・九%、アメリカが四・六%、OECDに加盟しているヨーロッパ諸国の平均が七・一%である。これに対してOECD加盟国の「解雇しにくさ」のランキングでは、上位十ヵ国はほとんどEU諸国が占めるのに対して、日本は十八位、アメリカは二十八位である（OECD "Employment Outlook 2004"）。

18 ここでの類型化は、あくまでも仮説である。それぞれのイデオロギー的立場が原理的にこのように分類されるというわけではなく、また、実際に個々の論者たちの主張がこのように分類されるということが実証されたわけでもない。ところがこの八類型は、これまで私がアンケートを試みた範囲では、経済とイデオロギーの関係について、説明力をもつようにみえる。理論的にさらに精緻化するためには、本章における経済倫理の四つの主要問題を、「企業－中間集団レベル／マクロ社会レベル」と「経済価値－非経済価値の優先問題／倫理における個別主義志向と普遍主義志向の問題」という二つの軸に分け、この二つの軸から四つの問題を摘出したほうが望ましいかもしれない。すなわち、Aの問題は「企業‐中間集団レベルと経済的‐非経済的価値」の関係、Bの問題は、「マクロ社会レベルと経済的‐非経済的価値」の関係、Cの問題は、「企業‐中間集団レベルと倫理における個別主義志向と普遍主義志向の問題」の関係、Dの問題は、「マクロ社会レベルと倫理における個別主義志向と普遍主義志向の問題」の関係である、と。以上の指摘は瀬田宏治郎氏による。ただしこのように分類するとX―2やY―2の位置づけがうまくいかない。理論的精緻化とイデオロギー内容の説明力の関係について、さらなる探求が必要である。

19 新保守主義の俗流理解および国際関係論については、拙著『帝国の条件』を参照されたい。

20 リベラリズムは、実際には経済政策について多様な考え方を含んでいる。大まかに分ければ、資本主義と社会主義の混合体制を主張する「福祉国家型」と、資本主義（経済的自由）の徹底を求める「反福祉国家型」の二つのタイプがある。しかし後者の立場は「リバタリアニズム」（後述）とも呼ばれるため、リベラリズムという言葉は現在、前者の「福祉国家型」を指す場合が多い。そこで私たちもこの区別にならい、リベラリズムを福祉国家型として分類することにしよう。

21 以下の叙述は、拙稿「事典項目「マルクス主義」」『現代倫理学事典』弘文堂、二〇〇六年所収、を改変した。

22 以下の叙述は、拙稿「定義集「社会民主主義」」、井上達夫（責任編集）『岩波　新哲学講義7――自由・権力・ユートピア』岩波書店、一九九八年所収、を改変した。

23 国際高等研究所における課題研究「国際比較からみた日本社会における自己決定と合意形成」でのアンケート（法学系の研究者十五名）では、新保守主義（一人）、新自由主義（二人）、リベラリズム（四人）、リバタリアニズム（一人）、国家コミュニタリアニズム（二人）、マルクス主義（一人）、平等主義（一人）、その他（四人）となった。また二〇〇六年度講義「人文科学入門」（北大文科系一年生の選択必修授業）におけるアンケート結果は、次のようになった。新保守主義（十二人）、新自由主義（七人）、リベラリズム（二十八人）、リバタリアニズム（一人）、国家コミュニタリアニズム（一人）、地域コミュニタリアニズム（一人）、マルクス主義（二人）、平等主義（十三人）、その他（二十一人）、立場を取らなかった人（八人）、である。さらに、二〇〇七年度北大経済学部「政治経済学Ⅱ」における調査結果では、新保守主義（二十三人）、新自由主義（八人）、リベラリズム（四十一人）、リバタリアニズム（一人）、国家コミュニタリアニズム（七人）、地域コミュニタリアニズム（二人）、マルクス主義（八人）、平等主義（九人）、その他（十五人）、立場を取らなかった人（なし）、となった。この他、北大大学院や放送大学面接講義でアンケートを試みた。なお本書の執筆に際して、アンケート項目の詳細を一部変更したので、これまでのアンケート結果は正確に事態を反映していない可能性がある。

24　ディープ・エコロジーの古典として、Næss [1976=1997] を参照。

25　ディープ・エコロジストたちは、社会的・経済的関係の具体的改革には関心を寄せない点で、社会派のエコロジストたち（例えばマレイ・ブックチン）から批判されてきた。だから「国家型ディープ・エコロジー」という呼称は、形容矛盾にみえるかもしれない。桑田学氏はこのX, X, X, Xの立場を「国家型急進的環境主義」と呼ぶべきではないか、と提案している。たしかにこのような呼び方が適切である。しかしここであえて「国家型ディープ・エコロジー」と呼ぶのは、この立場の矛盾した思考を表現するためである。X, X, X, Xの立場は、そもそも世俗社会を崩壊させて、形而上学的な革命を国家の名の下に進めるという、高度に抽象的で空想的な理念である。にもかかわらず、このような思想が、例えば省エネやフェア・トレードといった、日々の環境実践・経済実践を導くことがある。このような理念と実践の結びつきがなぜ誠実な人間の倫理として生じるのかについては、さらなる検討が必要だ。

26　「温情主義」とは、パターナリズム（父権主義）の訳語であり、政府が人々に対して、父権的な関心によって配慮すべきであるとみなす立場をいう。「パターナリズム」の反対概念は「マターナリズム（母権主義）」であるが、通常の政策論議においては、いずれも「上からの配慮」ないし「親の子供に対する配慮」という意味で用いられる。経済政策における「パターナリズム」の反対概念は、「反パターナリズム」、つまり「不介入主義」である。

27　現在、厚生労働省は、非正社員を「正社員化」するために、次のような諸政策を検討しているという。例えば、①三十五歳よりも年長のフリーターには、一人につき月六万円の予算をつけて、正社員採用を前提とした実習訓練や資格取得支援を行う。②パート労働者の職能評価を正社員と同様にする企業や事業団体に助成金を出す。③高校生には正社員とフリーターの生涯賃金格差などを盛り込んだ就職ガイダンスをする。④ハローワーク（就職斡旋所）では、企業に正社員求人を勧め、キャリアサポーターを配置する、などである。こうした政策案はいずれも、「主体化型」の包摂主義にもとづく発想である。

28　もちろん、「非正社員化」によって、人々の労働意欲が失われるのでは、「サバイバル型」の意図に反する。サバイバル型は、人々に「たくましく生きる」ことを求めているからだ。たくましく生きるための前提として、非正社員の年金積立てを促すべきかもしれない。

「朝日新聞」のアンケートによると、現在、「正社員」よりも「非正社員」のほうが、生活に満足している（『朝日新聞』二〇〇七年一月五日付参照）。二十五歳から三十五歳までの正社員と非正社員の生活感・労働観にかんするインターネット調査の結果によると、「仕事上の人間関係に満足している」と答えた男性は、正社員で五九％、非正規雇用（派遣・契約）で六一％、非正規雇用（パート・アルバイト・フリーター）で六二％となっており、非正社員のほうがやや満足している。女性の場合、同じ質問に対する答えは、正社員で五九％、非正規雇用（派遣・契約）で六四％、非正規雇用（パート・アルバイト・フリーター）で六九％となっており、非正社員のほうが人間関係に満足している。また女性の場合、「仕事をしているときは楽しい」と答えた人は、正社員で四四％、非正規雇用（派遣・契約）で四七％、非正規雇用（パート・アルバイト・フリーター）で五四％と、こちらもやはり、非正社員のほうが満足している。「最大多数の最大幸福」という功利主義の考え方からすれば、正社員と非正社員の割合は、いずれの仕事の満足度も同じ程度になるように調整されるべきであり、もし「非正社員」の満足度が高いのであれば、「非正社員」を増やす方向に、雇用政策を転換すべきということになる。それゆえ功利主義的に発想した場合には、サバイバル型が望ましい。

29 日本のたばこの平均価格は、二八〇‐三〇〇円で、男性の四七％、女性の一三％（平均二九％）が喫煙している（二〇〇四年のデータ）。イギリスの煙草は九〇〇‐一〇〇〇円で、男性の二七％、女性の二五％（平均二六％）が喫煙、アメリカ（ニューヨーク）の煙草は六三〇‐七九〇円で、男性の二五％、女性の二〇％（平均二三％）が喫煙している（二〇〇二年のデータ）。

30 ちなみにブータンは、二〇〇四年から、屋外のすべてを事実上禁煙にして、世界初の禁煙国家となった。

31 貸金業規制法第四三条にもとづく。

32 二〇〇六年十二月に成立した法律によって、貸金業の上限金利は、二〇〇九年末をめどに、年二九・二％から一五—二〇％へと下がり、グレーゾーンの金利はなくなることになった（ただし二年間の特例措置として、金利の上限を二五・五％とすることになった）。二〇〇七年一月二十日、もはやグレーゾーン金利が無効だと分かると、消費者金融大手のアイフルは、店舗数を半減するという、大きなリストラに乗り出した。しかも有人店舗数は、今後、五分の一にまで削減する予定である。新しい法案では、金融業者が貸すことのできる総額は、借り手の年収の三分の一までとされる。これに違反すると、業務停止などの行政処分を受けることになる。

33 二〇〇八年一月、東京地裁は日本マクドナルド社に対し、「店長を管理職とみなし、残業代を支払わなかったのは違法」との判決を下した。全国に千七百人もいるといわれるマクドナルドの店長の給与は、その一〇%が部下を下回り、四〇%は部下をわずかに上回る水準だったという（『朝日新聞』二〇〇八年一月三十日付参照）。しかし他方、マクドナルドの店長の平均年収は、七〇〇万円以上ともいわれる。

34 フランスでは一律ではないが、一週間の労働時間が三十五時間を超える場合、二十人以上の企業において、三十六―四十五時間分の給与が二五%増しとなる（ただし、イギリスやドイツでは、法定の割増率は存在しない）。また日本では、住宅手当や賞与を除いた基本給に残業代の割増率をかけるのに対して、ヨーロッパでは、賞与や手当も含めたすべての賃金に割増率をかけるので、実際の残業代はかなり高くなる。

35 イギリスではすでに「オプト・アウト」（「オプト」とは「選ぶ」という意味。「オプト・アウト」で「仕事などの業務を逃れる」という意味の成句となる）と呼ばれる制度によって、労働者の同意があれば、時間契約を外すことができるようになっている。EU諸国では週四十八時間以上の労働を規制しているが、これに対してイギリスでは、週四十八時間以上働く人は約三百三十万人（一三%）にすぎず、他のEU諸国と比べると経済も好調である。もっとも、多くのイギリス人にとって、「オプト・アウト」制度は、自らすすんで選ぶのではなく、「人並み」を維持するために選ばざるをえない、という側面がある。あまりにも多くの人々がこの制度を利用しているので、もしこの制度を利用しなければ、生活水準は人並み以下に下がってしまう。だからイギリス人にとって、「オプト・アウト」制度は、「自らすすんで奴隷になる」という、自発的隷属の状況をもたらしていると批判されることもある。

36 例えば、二〇〇五年度に悪質なサービス残業をめぐって労働基準監督署から指導された事業所は、残業代一〇〇万円以上の事例にかぎっても、約一五〇〇社にのぼったという。約十七万人の労働者がその対象で、二三〇億円の不払い残業代が、のちに支払われている。無論、これは氷山の一角にすぎないであろう。

37 市民的存在という意味。

38 最近では、「CSR」といった企業の社会的貢献度を測るための指標が開発されているが、こうした指標はしかし、「それを満たせば、結果として儲かる」から採用される、と批判されることもある。

39 この他にも、経済倫理の問題は、いろいろある。例えば、「生活保護費をどのように支給すべきか」とか、「破綻した自治体をどのように処遇すべきか」といった問題である。ここで「生活保護費」の問題についてごく簡単に触れておくと、「祭司型」であれば、「給付基準の緩和と十分な給付による救済（国家への従属化）」を求めるであろう。「主体化型」であれば、「主体化や社会復帰のプログラムを付した給付」を求めるであろう。「ヒューマニズム型」であれば、「給付の用途についてはまったく管理しない」であろう。そして「サバイバル型」であれば、最低限の給付を施して、不足は各種のＮＧＯ組織のたくましい活動に期待するであろう。

40 二〇〇七年度北海道大学経済学部における講義「政治経済学Ⅱ」での調査結果。学部の三―四年生を対象としている。

41 Weber [1921-22→1987] を参照。

42 この「生活者」の定義は一九九〇年代の市場論をベースに構成しているが、同時期に市民派の側から論じられた「生活者」論として、天野 [1996] を参照されたい。

43 Galbraith [1958=1960] を参照。

44 代表的な著作として、辻 [2001] を参照。

45 代表的な著作として、花崎 [2001] を参照。

46 文藝春秋編『日本の論点』に依拠した自家版ポリティカル・コンパスである。一九九七年版から二〇〇八年版までの十二年間分の『日本の論点』から、重要と思われる論点を抽出して加工した。

47 本書第一章および第二章の分析では、この立場は直接には「国家型コミュニタリアニズム」ないし「マルクス主義／啓蒙主義(1)」に相当する。他の類型も、政治的自由に関する見解に応じて、ケース・バイ・ケースでこの立場（共同体主義）に相当するだろう。

48 もちろん、問題を一つのレベルに絞り込むからといって、別のレベルの問題が重要でないわけではない。あくまでも問題の単純化であり、うまく答えられない場合には、さまざまなレベル（政治的／文化的／道徳的の区別や、コミュニティ／地方自治体／国家／国際の区別）における自由について、思考を広げてみたい。

49 イギリスの「ポリティカル・コンパス」の日本語意訳については、著者のホームページを参照。なお「日本版ポリティカル・コンパス」を作成した個人ホームページもあり、大いに参考になった。

50 イデオロギーの問題について自身の思考を鍛えるために、巻末のブックガイドを参照。また毎年刊行されている『日本の論点』は、現代日本の論争点について、両極の立場の主張を紹介している。

51 毎日新聞のウェブサイトで提供。以下は二〇〇五年の衆院選挙版について。ただしウェブサイトは、現在は休止中。

52 投票者がどの論点を重要と考えるかに応じて、一致度の計算は変化する。例えば、「郵政民営化」を重要な論点であるとみなす場合、その一致度は二倍の比重で計算される。

53 質問表現に関する問題点の検討について、Schwartz, Melech, Lehmann, Burgess, and Harris [2001: 523] を参照。

54 シュヴァルツの作成した四十項目のアンケートは、彼の作成した「価値の分類」に対応していない。シュヴァルツの「価値の分類」に対応するアンケートを完成させるために、新たに41から46の項目を追加した（シュヴァルツの価値項目は合計45であるが、「喜び（pleasure）」に関するアンケートが二種類あり、アンケート項目の数は46となる）。Schwartz [2003] を参照。なお、「自己の公共イメージの保持（preserving my public image）」、「社会的承認（social recognition）」、「知能の高い（intelligent）」、「自尊心（self-respect）」、「帰属の感覚（sense of belongings）」、「真の友情関係（true friendship）」、および、「成熟した愛（mature love）」については、アンケート項目が欠けている。ただこれらの項目は、シュヴァルツの新たな価値分類との対応関係がないので、あえてアンケート項目に加えなかった。

55 第一の分類表は一九九二年 [Schwartz 1992] に、第二の分類表は一九九四年 [Schwartz 1994b] に、それぞれ発表されている。

56 Schwartz and Bardi [2001]

57 Schwartz and Sagiv [1995: 96]

58 Schwartz [2004: 47]

59 Schwartz [1994b: 106]

60 Schwartz [2004: 59]

61 Ingrehart and Welzel [2005: 59, F-2.2a]

62 Ingrehart and Welzel [2005: 61, F-2.3a]

63 Ingrehart and Welzel [2005: 62, F-2.3b]

64 Ingrehart and Welzel [2005: 63, F-2.4]

65 Ingrehart and Welzel [2005: 57, F2.1]

# 経済倫理《けいざいりんり》＝あなたは、なに主義《しゅぎ》？

二〇〇八年八月一〇日第一刷発行　二〇二二年一一月八日第七刷発行

著者　橋本《はしもと》　努《つとむ》



発行者　鈴木章一

発行所　株式会社講談社

東京都文京区音羽二丁目一二—二一　郵便番号一一二—八〇〇一

電話（編集）〇三—三九四五—四九六三　（販売）〇三—五三九五—四四一五

（業務）〇三—五三九五—三六一五

装幀者　山岸義明　本文データ制作　講談社デジタル製作

印刷所　株式会社新藤慶昌堂　製本所　大口製本印刷株式会社

定価はカバーに表示してあります。

落丁本・乱丁本は購入書店名を明記のうえ、小社業務あてにお送りください。送料小社負担にてお取り替えいたします。なお、この本についてのお問い合わせは、「選書メチエ」あてにお願いいたします。



ISBN978-4-06-258419-7　Printed in Japan

N.D.C.154　278p　19cm

# 講談社選書メチエ　刊行の辞

書物からまったく離れて生きるのはむずかしいことです。百年ばかり昔、アンドレ・ジッドは自分にむかって「すべての書物を捨てるべし」と命じながら、パリからアフリカへ旅立ちました。旅の荷は軽くなかったようです。ひそかに書物をたずさえていたからでした。ジッドのように意地を張らず、書物とともに世界を旅して、いらなくなったら捨てていけばいいのではないでしょうか。

現代は、星の数ほどにも本の書き手が見あたります。読み手と書き手がこれほど近づきあっている時代はありません。きのうの読者が、一夜あければ著者となって、あらたな読者にめぐりあう。その読者のなかから、またあらたな著者が生まれるのです。この循環の過程で読書の質も変わっていきます。人は書き手になることで熟練の読み手になるものです。

選書メチエはこのような時代にふさわしい書物の刊行をめざしています。

フランス語でメチエは、経験によって身につく技術のことをいいます。道具を駆使しておこなう仕事のことでもあります。また、生活と直接に結びついた専門的な技能を指すこともあります。

いま地球の環境はますます複雑な変化を見せ、予測困難な状況が刻々あらわれています。

そのなかで、読者それぞれの「メチエ」を活かす一助として、本選書が役立つことを願っています。

一九九四年二月　　野間佐和子

KODANSHA